Eretz Yisrael

以色列
朝聖之旅

以色列美角——約阿咪

目錄

作者序 & 關於作者 004
編輯室提醒 & 如何使用本書 005

歡迎來到以色列 006

以色列，好神祕的國家 008
三大宗教聖地——來耶路撒冷朝聖 010
以色列，超級大熔爐 013
希伯來民族與以色列歷史速覽 014
豐富多元美食盡在以色列 016
買買買，來以色列必買！ 022
來以色列過節 026
治安和旅遊注意事項 037

交通面面觀 038

本古里安國際機場 (TLV) 040
快樂離境 042
下飛機後怎麼去市區 043
以色列大眾交通 046
以色列火車 052
大眾交通不方便時的選擇 055
自駕沒有想像中的難 056
在以色列停車 058
在以色列加油 059
行程規劃 060

耶路撒冷 064

平安之城平安不易 066
耶穌時期，舊城內景點 074
耶穌時期，舊城外景點 110
新城區與郊區景點 128
食住行最前線 138
特輯：圖解猶太文化 146

西岸地區／猶大撒瑪利亞 154

從流奶與蜜之地到以巴衝突 156
耶利哥 160
希伯崙 166
伯利恆 172
伯大尼／示劍／其他地區 178
食住行最前線 190

死海與曠野　194

在世界最低點聽話語的聲音	196
死海	198
內蓋夫曠野	207
食住行最前線	214

加利利與戈蘭高地　216

耶穌此生待最久的地方	218
特輯：聖經中的植物	222
拿撒拉與周遭	224
加利利周遭	238
戈蘭高地	254
食住行最前線	265

地中海沿岸平原　268

篳路藍縷的回家路	270
特拉維夫雅法	273
海法	282
阿卡	286
食住行最前線	290

實用旅遊資訊　296

旅遊生活小錦囊	296
跨境旅遊資訊	302

地圖索引 Maps

中東地理位置地圖	封面裡
以色列全圖	封面裡
死海周邊景地點	封面裡
耶路撒冷景點地圖	070
耶路撒冷郊區景點地圖	073
西岸地區與死海曠野景點地圖	159
耶利哥景點地圖	161
希伯崙景點地圖	167
伯利恆景點地圖	173
伯大尼景點地圖	179
加利利與戈蘭高地景點地圖	221
拿撒勒景點地圖	225
提比哩亞景點地圖	239
特拉維夫雅法景點地圖	274
特拉維夫景點地圖	275
雅法景點地圖	278
海法景點地圖	283
阿卡景點地圖	287

金色的陽光灑在哭牆上，批著白色禱告巾的猶太人們在禱告。

那是第一眼見到耶路撒冷，不算是一見鍾情，卻有一份莫名的熟悉感，一份「根」的歸屬感。當下就知道有天我一定還會「回來」。聽說耶路撒冷的美，將毫無保留的獻給喜愛她的人。這塊土地彷彿在說話，要把關於她的故事分享出去，因為她確實是塊被愛的土地。

寫本書真不容易，但卻是好大的榮幸，從2019年開始醞釀，這本期待已久的旅遊工具書，終於能夠與大家見面了！在有限的篇幅中，每一頁都是費盡腦汁整理出的精華，從旅人的角度提供實用的旅遊資訊，並透過易懂卻又不失深度的語言，來解釋這個歷史悠久、有強勢外表、內心超複雜、不怕被誤會、有著堅忍生命力的國家。

以色列並不是「度假型」的旅遊國家，而且常讓人先聯想到戰火頻頻、政治衝突、宗教歷史背景很複雜，但她就是無可取代，這裡是世界的中心，每個人都應該來一趟。

奇妙的是，外面再怎麼亂，站在這塊土地時卻有種踏實感，能感受到因為有一份不改變的約，這裡充滿著穩定的愛，原來，這裡是「家」。

「從來不是要完美了才值得被愛。」

希望大家能讓這本書陪著你，一起飛到美麗的以色列，去認識她、感受她、接近她。千萬不要覺得自己還沒準備好，一定會有值得珍惜的回憶，是比待在原地更吸引人的，也一定會有專屬超越文字的感動，是無法被複製的。

作者簡介 以色列美角—約阿咪

從小在教會長大，21歲那年不小心獨自跑到以色列，透過沙發衝浪認識了不太有朝聖fu的以色列。2017年開始因著媽媽的鼓勵，經營「以色列美角」部落格，分享著關於以色列文化、旅遊、省錢的眉眉角角，為最完整的以色列自助旅行入門中文網站。

曾撰寫以色列相關雜誌與新聞專欄，錄製Podcast、經營Youtube自媒體與辦旅遊講座，在2021年來到耶路撒冷希伯來大學攻讀以色列研究碩士，在這裡順利完成學業與婚姻大事，並於2023年升格當了媽媽，對於擁有超過50個國家旅遊經驗的她，在以色列擁有全方位的生命體驗，談到以色列，儼然是將她最愛的家鄉介紹給大家。

🌐 以色列美角：www.israelmega.com
📘 臉書粉專：israeltravelmega

臺灣太雅出版編輯室提醒

出發前，請記得利用書上提供的通訊方式再一次確認

每個城市都是有生命的，會隨著時間不斷成長，「改變」於是成為不可避免的常態，雖然本書的作者與編輯已經盡力，讓書中呈現最新的資訊，但是，仍請讀者利用作者提供的通訊方式，再次確認相關訊息。因應流行性傳染病疫情，商家可能歇業或調整營業時間，出發前請先確認。

資訊不代表對服務品質的背書

本書作者所提供的飯店、餐廳、商店等等資訊，是作者個人經歷或採訪獲得的資訊，本書作者盡力介紹有特色與價值的旅遊資訊，但是過去有讀者因為店家或機構服務態度不佳，而產生對作者的誤解。敝社申明，「服務」是一種「人為」，作者無法為所有服務生或任何機構的職員背書他們的品行，甚或是費用與服務內容也會隨時間調動，所以，因時因地因人，可能會與作者的體會不同，這也是旅行的特質。

新版與舊版

太雅旅遊書中銷售穩定的書籍，會不斷修訂再版，修訂時，還區隔紙本與網路資訊的特性，在知識性、消費性、實用性、體驗性做不同比例的調整，太雅編輯部會不斷更新我們的策略，並在此園地說明。您也可以追蹤太雅IG跟上我們改變的腳步。

🅞 taiya.travel.club

票價震盪現象

越受歡迎的觀光城市，參觀門票和交通票券的價格，越容易調漲，特別Covid-19疫情後全球通膨影響，若出現跟書中的價格有落差，請以平常心接受。

謝謝眾多讀者的來信

過去太雅旅遊書，透過非常多讀者的來信，得知更多的資訊，甚至幫忙修訂，非常感謝大家的熱心與愛好旅遊的熱情。歡迎讀者將所知道的變動訊息，善用我們的「線上回函」或直接寄到taiya@morningstar.com.tw，讓華文旅遊者在世界成為彼此的幫助。

【資訊、地圖使用圖例】

http 網址	$ 價錢	🕮 經文出處	🚡 纜車站	📷 景點
📍 地址	➡ 交通指引	🚉 車站	🚲 自行車站	🍴 餐廳
☎ 電話	⁉ 注意事項	🚌 巴士站	🏖 海灘	🏬 商店
🕐 時間	⏳ 停留時間	⚓ 碼頭	P 停車場	🛏 旅館
休 休息	MAP 地圖位置	✈ 機場	◼ 地名	

Welcome to

歡迎來到
以色列

Eretz Yisrael

以色列，好神祕的國家

可以用「Local Call」(市話)禱告的地方

過去的聖殿，多麼令人思念！西牆牆縫中塞滿了來自全世界的小紙條，都是寫給在天上的神。

1. 帶到西牆的禱告或祝福，不論用什麼語言寫下，想必神都聽見了吧／2. 無論什麼時段，總會看見在西牆前禱告的猶太人，令人感動

發明與創新的國度

以色列是全球新創比最高的國家，平均每1,400個以色列人，就有1個新創公司！農業滴灌技術、USB隨身碟、Waze導航系統、聖女小番茄、防火牆、Moovit、Mobileye、Minute Media、Wix、Fiverr、SimilarWeb、Sisense、MyHeritage等，都是以色列人創新的成果。

▲在海法有許多科技公司，這間一定不陌生

千年的古城

　　耶路撒冷是超過3,000年的國都,為了忠於歷史,當舊城在翻修時,規定使用同為建造西牆的「耶路撒冷石」,所以歷史感十足的建築到處都是!

▲舊城內的猶太區,其實才重建50幾年而已,卻很有古味

一手聖經、一手拿槍

　　在以色列隨身攜帶武器是平常的事,因為從建國開始,猶太民族就是一手拿妥拉、一手拿槍。

▲一邊背槍、一邊拿住棚節四寶的猶太人

安息日,一切都靜止了

　　以色列的安息日一切都徹底「安息」!沒有車、沒有商家營業、不用手機、不看電視……沒有煩雜思緒,只有與家人相處的美好時光,彷彿時間可以暫停,這樣的休息是多麼美麗!

▲安息日時的西牆,有說不出的美

諾貝爾得獎的基因

　　每5個諾貝爾得主中,就有1個是猶太人。愛因斯坦曾是希伯來大學的董事成員,並且在以色列建國時,直接被邀請擔任總統職位!以色列有8間大學,

其中4間名列全球前150名校,且教育水準在符合有競爭力經濟體的需要上,在世界排名第二。

▲希伯來大學的愛因斯坦雕像

冷朝聖 來耶路撒冷

三大宗教聖地

猶太教
哭牆與被毀的聖殿

> 「起初，神創造天地。」
> —— 創世紀 1:1

在伊甸園，神安置了「亞當」(Adam)，在希伯來文的意思是「人」，亞當犯罪，罪進入了世界，聖潔神的救贖計畫與一系列的故事便開始了。

神揀選了亞伯拉罕(Abraham)，從加勒底的吾珥(Ur)越過幼發拉底河，來到迦南，「希伯來人」(Ivrit)，意思就是「跨河過來的人」。亞伯拉罕順服神，在亞摩利山甘心獻上獨生兒子以撒(Isaac)，孫子雅各(Jacob)被神改名叫「以色列」(Israel)，這就是以色列國名稱的起源。

猶太人許多的智慧來自研讀希伯來聖經《妥拉》(Torah)，意思是「教導」。這位創

▲第二聖殿的模型

造天地的神，名叫耶和華，祂透過與一個民族立約，來證明祂的名，「割禮的約」證據至今傳承在他們身上。神呼召這群百姓要「與萬民有分別」和做獨居的民，成為屬於祂的「聖潔國民以及祭司的國度」，聖潔神在祂的子民中間設立了會幕，再由所羅門升級成雄偉的聖殿。

神容許耶路撒冷聖殿被毀兩次，之後猶太人從這塊地被趕出去，他們被趕走、被遺忘、被譏笑、被排擠、被逼迫、被取代。在

兩千年的流亡中，立約的民族沒有忘記他們的神，即便是在最歡樂的婚禮上，也有個要踩碎玻璃杯的傳統，紀念著耶路撒冷聖殿的被毀。

神說：「你們若歸向我，謹守遵行我的誡命，你們被趕散的人雖在天涯，我也必從那裡將他們招聚回來，帶到我所選擇立為我名的居所。」

那就是耶路撒冷，一個因為聖潔神而成為聖地的城市。終於，猶太人回到那片亞伯拉罕、以撒、雅各的神賜給他們的土地，他們做神的子民，祂做他們的神。

▲結婚時要踩碎杯子，象徵不忘記聖殿的被毀(上)；流亡中的猶太人，結婚戒指造型是聖殿(下)

▲流亡中猶太人，即使死後不能安葬在聖地，至少埋葬時要有一小包來自耶路撒冷的土

基督教
聖墓教堂、主誕教堂、天使報喜教堂

「亞伯拉罕的後裔，大衛的子孫耶穌基督的家譜......」
—— 馬太福音 1:1

亞伯拉罕死後兩千年，出現了一位不尋常的拉比 (Rabbi，猶太人中精通講解摩西五經的老師)，他的名字是耶穌，意思是「拯救」。

基督徒相信神賜下祂的獨生愛子耶穌，成了眾人的贖價。耶穌釘死在十字架上，擔當了人的過犯，流出的寶血洗淨世人的罪孽，恢復了神人之間因罪隔絕的關係，並且祂的復活證實了永生的盼望，這就是「萬國」要因亞伯拉罕得的福。(創世記12、18、22、26、28章)

▲朝聖傳統在基督教初期就開始了，信徒流行帶小陶罐(Eulogiai)，裡面裝著聖地的水、土壤或油，這些物品會隨身攜帶，就像十字架的裝飾，用來作為護身符

西元324年，羅馬皇帝君士坦丁(Constan-tine the Great)虔誠的母親在耶穌出生和受難等地方，蓋了聖墓教堂、主誕教堂、天使報喜教堂等等，此後便開始了基督徒朝聖的傳統。

羅馬帝國猶大省裡的小小民族，如同麵包中的酵，基督教居然成了全球有24億信徒的最大宗教，這本屬於希伯來民族的聖經，成為了被翻譯成最多國語言的書，並且價值觀影響了整個西歐社會的文明。

▲親吻聖像的朝聖者

▲基督教的根源來自於猶太教，在聖墓教堂內有面壁畫描述天使阻擋亞伯拉罕殺以撒的場景

伊斯蘭
磐石清真寺

磐石清真寺，走在路上的猶太人與伊斯蘭教徒 ▶

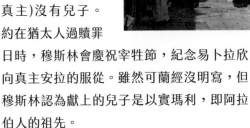

伊斯蘭教，是西元7世紀創立的宗教，現在全球有16億伊斯蘭教徒，稱為穆斯林。穆斯林相信穆罕默德的夜間起行，從應該是在麥加的「禁寺」，飛到應該是在耶路撒冷的「遠寺」，因此這裡也成了聖地，地位僅次於麥加和麥地那。他們認為《可蘭經》比聖經有更完整的啟示，穆罕穆德才是最大的先知，耶穌只是很會行神蹟的先知，並且阿拉(Allāh，指真主)沒有兒子。約在猶太人過贖罪日時，穆斯林會慶祝宰牲節，紀念易卜拉欣向真主安拉的服從。雖然可蘭經沒明寫，但穆斯林認為獻上的兒子是以實瑪利，即阿拉伯人的祖先。

▲大馬士革門前，過開齋節的阿拉伯居民

以色列，超級大熔爐

▲猶太人在這世界上，可能需要一本以上的護照

以色列是全世界唯一的猶太國家，官方語言為希伯來文，人口為950萬人，其中有74%是猶太人口。自1948年建國以來，來自超過70個國家的猶太移民，帶著自己的文化背景回到以色列！一種米養百種人，除了路上看見穿西裝的極端正統派猶太人外，可以慢慢感受在這土地上的各種猶太人！以下是存在猶太人之間對於彼此的刻板印象：

阿什肯納茲猶太人 (Ashkenazi Jew)

來自東歐等皮膚白裡透紅的猶太人，多半重視宗教與教育，且會講意第緒語。

賽法迪派猶太人 (Sephardic)

西班牙、南歐猶太人，較熱情和願意擁抱，喜歡有香料、有層次的美食。

米茲拉猶太人 (Mizrahi)

東方猶太人，來自中東一代，皮膚較黝黑，老一輩會講阿拉伯文。

俄羅斯猶太人 (Russian Jew)

許多人是無神論者，也吃豬肉，在科技產業中很有競爭力，母語可能仍是俄羅斯文！

衣索比亞猶太人 (Ethiopian Jew)

非洲面孔，在社會上多半屬於弱勢，有自己的衣索比亞語。

還有，占了21%的阿拉伯人口，他們也是拿以色列護照的「以色列人」，五官看起來像中東人，以及4%其他少數族群。

▲阿什肯納茲派猶太人

▲賽法迪派猶太人

▲衣索比亞猶太人

希伯來民族與以色列歷史速覽

以色列這塊土地的歷史橫跨 4,000 年，先來認識歷史時間軸上發生的重要事件吧！

時期	開始時間	重要事件
迦南時期 Canaanite	2091BCE	約2091BCE：亞伯拉罕離開哈蘭 約1876BCE：雅各一家70人下埃及，在歌珊地成了希伯來民族 約1446BCE：摩西帶領以色列人離開為奴的埃及地 約1406BCE：約書亞帶領百姓進入迦南應許之地
古老以色列王國 Ancient Israel	1050BCE	1050BCE：大衛在耶路撒冷作王 959BCE：所羅門第一聖殿完工 930BCE：王國分裂成南國猶大與北國以色列 722BCE：北國以色列先被亞述殲滅，南國猶大王希西家建水道
巴比倫時期 Babylonian	586BCE	586BCE：南國被巴比倫殲滅，第一聖殿被毀，從猶大省被擄的人，開始被稱為「猶太人」 538BCE：在古列王特許之下，所羅巴伯重建第二聖殿 516BCE：第二聖殿完工
波斯時期 Persian	539BCE	450BCE：開始紀念普珥節
希臘時期 Hellenistic Era	332BCE	332BCE：亞歷山大征服了歐亞大陸，希臘文明和宗教進入猶大 250BCE：法利賽教派出現，撒都該、艾賽尼及奮銳黨陸續出現
哈斯摩尼王朝 Hasmonean Dynasty	167BCE	167BCE：馬加比起義成功，開始紀念哈努卡節(光明節／修殿節)
羅馬時期 Roman Era	63BCE	63BCE：羅馬將軍龐培攻下耶路撒冷 37BCE：大希律王統治猶大省 19BCE：修建第二聖殿　　耶穌時期的▶ 4BCE：耶穌出生　　　　半舍克勒 66～70CE：猶太大起義，第二聖殿被毀，猶太人開始流亡 132～135CE：由巴柯巴帶領的第二次起義(Bar Kokhba Revolt)失敗，哈德良將猶大省改名為巴勒斯坦 200CE：《米實拿》被編纂

拜占庭時期 Byzantine Era	324CE	324CE：君士坦丁改信基督教，東羅馬帝國開始 326CE：海倫娜興建聖墓教堂、主誕教堂，朝聖傳統開始 約350CE：《耶路撒冷塔木德》編纂
伊斯蘭哈里發帝國時期 The Arab Caliphate	636CE	636CE：第二任伊斯蘭哈里發 Umar Ibn al-Khattab征服耶路撒冷 691CE：磐石清真寺興建
十字軍時期 Crusader Era	1099CE	1096～1099CE：第一次十字軍東征
馬木路克時期 Mamluk Era	1291CE	1291CE：馬木路克人將十字軍從阿卡擊退，成為新的統治者 1453CE：鄂圖曼土耳其人攻下東羅馬帝國
鄂圖曼土耳其帝國時期 Ottomoan Empire	1517CE	1516CE：巴勒斯坦納入鄂圖曼土耳其帝國版圖 1757CE：頒布「維持現況」法令 1799CE：拿破崙從埃及攻下雅法 1881～1903 CE：第一波猶太移民潮 1897CE：赫茲爾發起錫安主義運動 1904～1914 CE：第二波猶太移民潮 1909CE：巴哈伊教創辦人巴孛被安葬在海法
英國託管時期 British Mandate	1917CE	1917CE英國發表《貝爾福宣言》，支持猶太人在巴勒斯坦建國 1919～1923CE：第三波猶太移民潮 1924～1928CE：第四波猶太人移民潮 1937CE：皮爾報告首次提猶太出猶太人與阿拉伯人的分制案 1929～1939CE：第五波猶太移民潮 1938CE：水晶之夜，納粹德國併吞奧地利，揭開納粹大屠殺序幕 1939CE：英國提出停止猶太移民的白皮書
以色列建國 State of Israel	1948CE	1947CE：聯合國提出181號「分治決議」案，提出分成猶太人與阿拉伯人的兩個國家 1948CE：以色列建國，第一次中東戰爭 1956CE：蘇伊士運河危機，第二次中東戰爭 1967CE：六日戰爭(第三次中東戰爭)，以色列奪回東耶路撒冷、西奈半島與戈蘭高地 1973CE：贖罪日戰爭，以色列割讓西奈半島 1987CE：第一次巴勒斯坦大起義 1989CE：大批前蘇聯地區猶太人回歸 1993CE：簽署「奧斯陸協議」 1994CE：簽署「以色列約旦和平協議」 2000～2005CE：第二次巴勒斯坦大起義，隔離牆興建，以色列撤離加薩走廊 2018CE：美國使館遷至耶路撒冷

註：CE、BCE 為聯合國採用，CE 是 Common Era 的縮寫，意旨「公元」；BCE 是 Before the Common Era 的縮寫，意為「公元前」。

▲十二支派地圖(錫安之友博物館)

▲赫茲爾山的軍人墓

▲大衛打敗哥利亞的雕像(大衛塔)

以色列 美食盡在 豐富多元

隨著猶太人從世界各地回歸，加上阿拉伯人、德魯茲人、亞美尼亞人等各國各樣的菜餚，以色列的食物豐富有味！

以色列必吃的 國民美食圖鑑

這些以色列當地很常見的菜餚，一定要試試看！

鷹嘴豆泥 / Hummus

中東的熱門沾醬，由鷹嘴豆(Chickpea)、芝麻醬、橄欖油作成，當地人會直接當主食吃。Masabaha版是吃得到顆粒的做法，Mahluta版則是加了蠶豆(Fava)，每家的鷹嘴豆泥都會有些變化。盤中左邊是原味鷹嘴豆泥，右邊是Masabaha顆粒版。

$ 20～30NIS

炸鷹嘴豆泥球口袋餅 / Falafel in Pita

由埃及的猶太人帶回來的飲食文化，運用鷹嘴豆、大蒜、洋蔥、香菜和香芹等混合下油鍋炸，與新鮮沙拉裝進口袋餅裡，就是可口的國民小吃。一份餅裡大概會有6～8顆炸鷹嘴豆泥球。

$ 18～22NIS

早餐番茄蛋 / Shakshuka

　　紅番茄與半熟的蛋裝在鐵鍋裡，下面加了鷹嘴豆泥，這是常見的以色列早餐，源於北非突尼西亞或葉門的料理，意思是「混在一起」。但當地人作為暖胃食品，當午餐、晚餐或宵夜，隨時想吃都可以。

💲 28～40NIS

沙威瑪 / Shawarma

　　沙威瑪源自中東，慢慢烤好的肉，薄薄的被削下來，再加上中東新鮮蔬菜沙拉與調料，放在麵包裡，真的是人間美味！沉沉的沙威瑪，拿在手裡很幸福！來到高物價的以色列，能吃到肉就很開心。

💲 Pita口袋餅30～40NIS、Lafa薄餅40～50NIS

伊拉克營養三明治 / Sabich

　　有炸茄子、炸薯條、水煮蛋和蔬菜沙拉，屬於伊拉克猶太人的食物，非常扎實和健康！有時會加入芒果辣醬(Amba)，一種帶鹹帶辣的沾醬，以芒果、大蒜和薑黃為底。一份約450克，健康又好吃。

💲 口袋餅約28NIS，一盤35NIS

耶路撒冷烤盤 / Jerusalem Mix

　　中東版的快炒雞心和內臟，頗有台菜的味道！常見會跟阿拉伯扁豆糙米飯(Mujadara)一起出現，是種家常料理。在餐廳的話可以加購阿拉伯扁豆糙米飯，口味非常搭！

💲 62NIS

烤肉串 / Kebab

阿拉伯人非常會烤肉！外脆內多汁的境界經常令人驚嘆。烤肉的選擇有很多種，雞肉的價格最便宜，Entrecote是牛肋排，通常最貴。

💲 一串烤肉25～40NIS

以色列小菜拼盤 / Mezze

在以色列有些餐廳會附贈小菜的拼盤(Mezze)，內容物多半是沙拉或中東芝麻醬(Tahini)等醬料。附贈的小菜拼盤可能是3道，但也有店家很澎湃的提供到19道，這類型餐廳就會提供類似台灣的「沙拉吧」，顧客可以不點主菜只吃小菜拼盤。

知識扁角

這是純牛肉的絞肉嗎？

牛肉絞肉，有時候其實是牛羊的混合絞肉，要下手購買前記得先問一下「Is this mixed with lamb?」若不是斬釘截鐵的回答「No」，那大概就是有混到羊肉了。不過，除非是不吃羊肉，不然在這裡羊肉價格更貴喔！

猶太人為什麼不吃豬肉？

在以色列很少見到豬肉、蝦子、魷魚，因為聖經規定只有潔淨的動物才能吃，像是牛、羊、雞、鴨、有鱗的魚等等。而且因為不同教派拉比的解釋，猶太人吃奶製品與肉製品之間要相隔 4～6 小時，也因此在這邊吃到的漢堡通常不加起司，而披薩也不會有肉！

葉門猶太蔥抓餅 / Malawach

葉門猶太人蔥抓餅，現煎的餅裡加蛋、各式蔬菜、脆洋蔥和香菜，滿有台味的！沒想到猶太人飲食跟台灣這麼接近，眾多網友大推這道。

💲 20NIS

塔布勒沙拉 / Tabbouleh

健康好吃的塔布勒沙拉，帶有布格麥 (Bulgur)、香菜、香芹、番茄、黃瓜等的沙拉，再淋上中東芝麻醬、檸檬汁、橄欖油，非常爽口。

$ 15NIS

葉門猶太千層糕 / Jahnun

屬於古老葉門猶太人糕餅，黏黏的、沒什麼味道，可以搭配水煮蛋，以及沾著紅色的葉門莎莎醬(Resek avganiyot)和以綠辣椒為底的蘇胡克沾醬(Zhug)一起吃。

$ 18NIS

其他特色 食物圖鑑

這些菜也是以色列當地的特色，但不是每間餐廳都有，如果剛好看到且價格合適，不妨試試看唷！

聖彼得魚 / St. Peter Fish

彼得是加利利的漁夫，因此加利利的吳郭魚成為觀光客必吃的彼得魚。烤或炸的兩種做法中，炸的會比較多汁好吃。

$ 70～90NIS

雜糧丸子湯 / Kubbeh Soup

伊拉克猶太人的雜糧丸子，裡面放碎肉或蔬菜，有些湯頭是甜菜根，不知為何可以喝得出民族流離失所的滄桑。

$ 20～40NIS

喬治亞烤餅
Hachapuri

這是猶太人從高加索的喬治亞(Georgia)回歸帶來的飲食文化，比披薩還好吃的起司餅，推薦來此一定要嘗試嘗試！

$ 29～35NIS

歐洲炸雞排
Schnitzel

這是由阿什肯納茲猶太人從歐洲帶來的炸雞排料理，頗受當地人的歡迎，雖然不錯吃，但總覺得略遜台灣炸雞排一籌。

$ 口袋餅30NIS、一盤60NIS

土耳其酥皮派
Bourekas

好吃又有層次的麵包酥皮點心，有起司、菠菜、馬鈴薯、蘑菇等口味，是很務實的小吃！費工又不貴，買了帶在身上隨時吃。

$ 19NIS

安息日辮子麵包
Challah

在每週五過安息日時，安息日晚餐一定會有兩個以上的麵包，象徵聖經中的嗎哪(Manna)在安息日之前要採取雙份。

$ 6NIS

巧克力牛角麵包
Rugelach

浸泡在糖漿裡的小牛角麵包，讓人愛不釋手啊！但嚴格來說，這麼甜，應該比較像蛋糕。

$ 一盒30NIS、每公斤40～50NIS

耶路撒冷貝果、中東香料與優格
Jerusalem Bagel, Labneh with Za'atar

路撒冷貝果配上比濃稠的Labheh優格，再撒上橄欖油以及中東香料，是當地常見的早餐！

甜點與飲料圖鑑

這些是餐廳常見的甜點和飲料，
喜歡甜食的話一定要試試看！

馬拉冰
Malabi

玫瑰口味的奶酪，再撒上椰子粉和堅果，味道很別緻。這種奶酪台灣吃不到，一定要試試看。

$ 6～12NIS

肉桂牛奶
Sahleb

獨具玫瑰口味的濃稠熱牛奶，撒上椰子粉、堅果、可可粉和肉桂，是冬季限定的飲品。

$ 10～17NIS

薄荷檸檬汁
Lemon Nana

夏天來以色列必點，因為這裡的薄荷超香！薄荷叫做「Nana」，學會這個字表示你懂當地語言，會讓以色列人很開心。

$ 10～14NIS

中東起司甜點
Kanafeh

以起司為底加上麵條，泡在糖漿裡，吃起來比聽起來美味100倍！

$ 一大塊14NIS

中東酥皮甜點
Baklava

常見的中東甜點，糖漿淋在類似千層派的小糕點上，最棒的感受是咬下去時有層次感。

$ 14NIS

中東甜水餃
Qadaif

在糖漿裡煮的水餃，有點像銅鑼燒，裡面的餡口味有起司或杏仁，熱騰騰的算是好吃。

$ 5NIS

買買買，來以色列必買！

好不容易來趟以色列，神祕的中東世界有什麼特別的東西呢？

死海保養品

以色列的死海泥保養品很值得購入，以 Ahava 與 Premier 最為出名，當地價格約為台灣價格的 6 折價，不管是自用或送禮都是絕佳首選。

▲在馬撒大景點內，就有 Ahava 的工廠直營店，很好逛

▲機場免稅店也是不容錯過

▲在市場也會賣以色列製造的死海保養品

▲死海泥、護手霜、乳液都只要 5NIS

▲最出名的 Ahava，在一般藥妝店也可以買到

▲死海泥一包只要 5NIS，輕鬆帶回家

猶太 / 聖地 風格小物

在以色列才買得到充滿猶太文化的特色物品唷！

▲**號角 Shofar**：是聖經中爭戰的樂器，在猶太節慶使用，長長的號角是羚羊的角

▲**猶太小帽 Kippa**：幾乎是猶太人的標準配備，戴在頭上代表對神的敬畏，質感不錯也不貴

▲**門框經文匣 Mezuzah**：裡面有聖經經文 (申命記 6:4-9)，出入此門時觸碰一下，表示經常記得神的話。ש(shin) 這個字母代表全能神
💲 20NIS 起

▲**金燈台 Menorah**：聖所唯一的光源，象徵神的靈，也是以色列國徽，7 個燈座的金燈台，是很特別的伴手禮
💲 30NIS 起

▲聖地的橄欖油、土、水等
💲 5 ～ 10NIS

▲手工繪製的陶瓷碗、杯墊或門牌，很有氣氛
💲 10NIS 起

▲橄欖木的手工藝品，從項鍊到其他裝飾品都有

▲寫希伯來文的小磁鐵
💲 10NIS

▲乳香、沒藥等香料
💲 10NIS/100g、30NIS/500g

流奶與蜜 小東西

聖經中總是用流奶與蜜形容以色列的美好土地，那在當地有什麼非買不可的農產品呢？

▲ **死海鹽**：全世界只有以色列和約旦有連接死海，死海鹽含有豐富的礦物質和微量元素，例如鎂、鈣、鉀、鋅等，也是適合送人的高貴禮物
💲 20NIS 起

▲ **果乾**：無花果和其他乾果是以色列特色美食，也是優質的健康零食，很適合跟眾親朋好友分享

▲ **以色列土產的茶**：Shalva Tea 專賣曠野、迦密山、隱基底、以拉谷、加利利和耶路撒冷的茶，可在錫安之友博物館買到
💲 70NIS

▲ **以色列特產橄欖油**：以色列特產的橄欖油，因為土壤與氣候的因素，品質非常的不同
💲 30 ～ 50NIS/L

▲ **蜜棗**：流奶與「蜜」的蜜其實指的是蜜棗！以色列的蜜棗外觀呈現深棕色或黑色，有獨特的口感和營養價值。除了蜜棗之外，也可以買加工過的「蜜棗醬」配土司或優格吃
💲 蜜棗 20 ～ 50NIS/Kg、蜜棗醬 25NIS

▲ **紅酒、白酒**：以色列出產的酒口感豐富、風味獨特、層次多樣，既能體現當地土地和氣候的特色，又融合了現代釀酒技術的創新，在市場就能找到各種價位的當地紅白酒

記得殺價！

在沒有標示價格的小店，聽到很便宜的價錢時，先別激動掏錢包，一定要問清楚是用美金還是舍克勒計價！

殺價是一種互動和藝術，練習一下冷靜、優雅不失幽默的殺價！可能要從 5 折殺起，得失心千萬不能有，失敗了也別擔心，總會有下一家的，就算最後回頭再買也不丟面子喔！

超市也很好買

超市也有平價的伴手禮可以帶回國與親朋好友分享！

▲ **Bamba**：在地以色列版的乖乖 Bamba，是陪伴以色列人長大的零食
💲 5NIS / 包

▲ **小脆餅乾 Shkedei Marak**：不管是什麼湯，加了小脆餅乾就都是好喝的湯！也可以當零食吃

▲ **哈爾瓦酥糖**：中東 Halwa，類似花生糖的點心，有各種口味

▲ **茶包**：W 牌的各式茶包，是當地最常喝的牌子

▲ **啤酒**：Goldstar 是最便宜、也是最受當地人歡迎的啤酒，酒精成分 5%

▲ **麥芽啤酒 Malty**：以色列產的麥芽啤酒，無酒精成分
💲 10NIS

▲ **蜂蜜**：以色列奇布茲自產的蜂蜜是很棒的伴手禮
💲 26NIS

▲ **牛膝草香料 Zatar**：以色列常見的香料，與橄欖油一起，是很中東的麵包沾醬
💲 13NIS

▲ **牛膝草香料餅乾**：帶包充滿中東口味的餅乾回去分享吧
💲 10NIS

来以色列過節

以色列，一個由擁有妥拉的民族成立的國家，只有在這裡才能深刻感受到聖經古老的節日！

March 3月 ｜ 普珥節 Purim

2024：3/23 傍晚～3/25 傍晚
2025：3/13 傍晚～3/15 傍晚

在以色列過普珥節影片 ▶

在西元前5世紀，以斯帖(Esther)，一個隱藏猶太身分的女孩，成為了亞哈隨魯王的波斯皇后。國王有個臣宰哈曼，為了報復猶太人末底改不向他下拜，他計畫掣「普珥」，也就是掣籤挑個日子來執行向猶太人的滅族邪惡計畫。而普珥節就是為了紀念神透過新皇后以斯帖，拯救了整個猶太民族免於滅族的危機。

這是個歡樂的節日，在這兩天街道上會出現變裝遊行！(耶路撒冷或在古代是有城牆的城市只會慶祝第二天)大家會吃一種叫做「哈曼耳朵」(Oznei Haman)的餅乾，把陷害猶太民族的壞人一口吃掉，以及幫助窮

▲在普珥節要把尖尖的哈曼耳朵吃掉

人！猶太人會在會堂讀整卷《以斯帖記》，約1.5小時，紀念在被擄之地，神對選民的保守，當他們聽到哈曼的名字時，會搖棘輪(Groggers)，用聲響來蓋掉亞瑪力人後代哈曼的名字！

April

4月

受難日與復活節

Easter

在以色列過棕梠主▶
日影片

2024：3/31
2025：4/20

復活節是紀念耶穌的受難與復活，天主教徒在棕梠星期日、受難日與復活主日，會在教堂做禮拜。復活節按照猶太人從太陽下山才開始計算，近期猶太學者Michael Rood提出，耶穌是在週三逾越節黃昏受難；在週六安息日結束的黃昏，就是當年大祭司取初熟麥子的時辰，耶穌復活了；到了週日清晨，耶穌帶著從墳墓中復活的聖徒，一起如初熟的果子獻給神。

但從西元325年的「尼西亞大公會議」後，天主教徒決定不照猶太人過逾越節的時間，而是將復活節訂在春分和月圓後的第一個星期日，傳統上復活節前一週的週日是棕梠樹枝主日(Palm Sunday)，紀念耶穌騎驢進耶路撒冷，週四紀念耶穌為門徒洗腳，週五紀念耶穌釘十字架(Good Friday)。東正教會仍將復活節定在逾越節後的星期日，並且在「復活節星期六」會在聖墓教堂等候象徵耶穌復活的聖火。

▲受難日在最後晚餐樓的聚會

▲天主教徒會在棕梠樹主日，紀念耶穌受難前騎著驢駒進城

▲伯利恆的基督徒，手上的蠟燭已用耶路撒冷傳來的聖火點燃

April
4月

逾越節
Pesach

2024：4/22 傍晚～4/29 傍晚
2025：4/12 傍晚～4/19 傍晚

在以色列過逾越節影片 ▶

逾越節又稱除酵節，是耶和華三大重要節期之一，通常在陽曆的3月或4月，會遇上宗教曆正月14日的逾越節，在希伯來文的意思是「越過」，同時也是指「逾越節的羊羔」！逾越節的典故與華人新年貼紅春聯、吃年夜飯和大掃除的傳統很相似。

過節前就要大掃除和除酵，甚至換上逾越節專用的潔淨餐具。餐廳不會賣麵或任何帶麥的產品，就連超市也用塑膠布蓋住含麥產品，包含啤酒！

▲耶路撒冷市政府提供體驗無酵餅活動，從和麵、整麵團、擀皮、壓紋路到烤好，一共不能超過18分鐘

猶太家庭會團聚吃逾越節晚餐，傳統上會唸「哈加達」(Hagaddah)，意思是「講述」，紀念耶和華神為了帶以色列百姓離開為奴之地，在夜裡擊殺埃及人的長子與牲畜，但滅命天使卻「越過」了以羊羔的血塗在門楣和門框上為記號的家庭。

逾越節晚餐盤(Seder)的意思是「次序」，盤裡會放6樣東西，並各代表不同象徵：烤羊脛骨象徵逾越節的羔羊、烤雞蛋象徵獻祭、苦菜象徵在埃及受苦、甜泥醬象徵磚頭、青菜象徵牛膝草，且通常沾著象徵眼淚的鹽水吃、以及也是代表痛苦的生菜。

逾越節要喝4杯酒，第一杯是紀念神分別以色列的成聖之杯、第二杯是紀念神降下十災的審判之杯、第三杯是紀念逾越節羔羊的血的救贖之杯，第四杯是讚美之杯。在餐桌上會有專屬以利亞的杯子和空位，猶太傳統相信以利亞再來時會宣布彌賽亞的到來，家中最小的孩子象徵性的開門，看看以利亞今年有沒有來。

最後有「藏餅」(Afikoman)的特別傳統，希臘字意思是「那將要來的」。大人會把3塊餅中間那塊擘開，用布包起來後藏起來給小孩找，若沒有找到這塊餅，今年的逾越節晚餐就不能結束唷！

逾越節前兩晚與後兩晚會如同安息日，大眾交通工具會停駛。

▲逾越節開始前，在極端正統猶太派社區，會看到猶太人把帶酵的物品燒掉

▲為了徹底除酵，社區內也會看到猶太人排隊潔淨器具

▲無酵餅 (Matzah)，紀念倉促離開埃及時，麵團都來不及發酵。也象徵沒有罪，洞孔也象徵在製作過程被扎與被壓傷

▲超市會特別標示出哪些食物是逾越節期間可放心食用的，不能吃或喝的食物會用塑膠布蓋起來，若買了含麥產品，收銀員不會幫你結帳

▲苦菜、甜泥醬跟無酵餅在一起的吃法為 Hillel拉比發明，所以被稱為「Hillel 三明治」

▲逾越節晚餐盤

May | 大屠殺紀念日

5月

Yom HaShoah

2024：5/5 傍晚～5/6 傍晚
2025：4/23 傍晚～4/24 傍晚

以色列建國時有655,000猶太人，其中有2／3是大屠殺倖存者，因此以色列非常重視大屠殺的教育，從1959年開始以色列人會在這天紀念600萬被納粹大屠殺的猶太人，各地會有紀念活動和講座，早上10點鐘會有2分鐘長鳴的警報聲，以色列人會停下車以及站起來默禱2分鐘。

在以色列過大屠殺紀念日影片▶

小的國家，沒有哪個社群沒有喪失過熟悉的面孔。晚上8點警鈴會響起1分鐘，隔天早上11點警鈴會響起2分鐘，以色列人會停下車以及站起來默禱。

在以色列過陣亡將士紀念日影片▶

▲耶路撒冷舊城城牆上，燈光投射紀念的蠟燭以及陣亡將士名單

▲耶路撒冷弦橋 (Chords Bridge) 上，在大屠殺紀念日打上大屠殺時期猶太人被納粹規定要配戴的猶太星，以及紀念的蠟燭

獨立紀念日
Yom Ha'Atzmaut

2024：5/13 傍晚～5/14 傍晚
2025：4/30 傍晚～5/1 傍晚

獨立紀念日緊接在陣亡將士紀念日之後，民眾晚上會放煙火，白天通常會去烤肉和野餐，全國都會看到戰鬥機空演。

陣亡將士紀念日
Yom HaZikaron

2024：5/12 傍晚～5/13 傍晚
2025：4/29 傍晚～4/30 傍晚

紀念從建國至今為國捐軀的24,068位軍人以及4,216位被恐怖分子謀殺的平民。若不是他們的犧牲就沒有以色列。以色列是很

▲獨立紀念日晚上會在耶路撒冷獨立公園 (Independence Park) 放點煙火

七七節同常會落在陽曆的5月底或6月初，慶祝神賜下妥拉給以色列百姓，以及以色列人進入迦南地後土產的豐收，在這天晚上，他們會徹夜讀聖經，白天會吃奶製品和打水仗！

這是聖經中要上耶路撒冷朝見神的節期之一。過完逾越節，猶太人每晚會拿出日曆算「俄梅珥」，一直算到7週之後。七七節，意思就是「複數的週」，基督徒稱它為五旬節！因為曆法算法不同，所以不一定會在同一天。

七七節在以色列只慶祝1天，市場會看見猶太人買小麥和植物做裝飾，晚上會有很多免費的講座和活動，猶太人也會在會堂一起讀聖經。傳說以色列百姓當時都在睡覺，所

以現代敬虔猶太人會持續讀經，一直到清晨在西牆前的禱告作為結束。這天的白天通常是野餐和吃很多奶製品，例如起司蛋糕，目的是感謝神帶領百姓進入流「奶」與蜜之地。至於玩水，是因為天氣真的好熱。

《路得記》是七七節要唸的經文，因為故事發生的時間是大麥和小麥收割之間。以色列的三大節期，其實跟以色列的農業都有關。逾越節的正月又稱亞筆月(Aviv)，意思是「大麥剛熟的時候」，若沒熟的話就多等1個月，那年就會是閏年。逾越節之後的安息日結束時，週六黃昏是「前初熟節」，而7週之後的七七節，稱為「後初熟節」或「收割節」，這時收割的是小麥。而秋天的住棚節又稱收藏節唷！

▲七七節就是五旬節，最後晚餐樓每年只有兩天會開放聚會

▲清晨的西牆，剛結束晨禱的猶太人

耶路撒冷日
Yom Yerushalayim

2024：6/4 傍晚～6/5 傍晚
2025：5/25 傍晚～5/26 傍晚

慶祝六日戰爭後耶路撒冷完整地回到以色列手中，因為會有遊行所以會封路，有些景點會免費開放和舉辦音樂會。

▲在西牆等著音樂會開始的猶太人

September 9月 | 猶太新年與吹角節
Rosh Hashanah & Yom Teruah

2024：10/2 傍晚～10/4 傍晚
2025：9/22 傍晚～9/24 傍晚

「七月初一，你們要守為聖安息日，要吹角作記念，當有聖會。」
—— 利未記 23:24

以色列使用3種曆，除了一般的陽曆，還有以尼散月作為年首的「宗教曆」，以及以第七個月的提斯里月做年首的「民曆」，現代猶太人會用這個曆法在聖經的「吹角節」慶祝猶太新年。

吹角節的重點是回轉和悔改(Teshuvah)，為10天後的贖罪日做預備，中間10天稱為大而可畏的日子。傳統上在會堂會講以撒被亞伯拉罕捆綁的故事（Akedah），神預備了兩角扣在稠密小樹中的公山羊，代替亞伯拉罕所要獻給神的愛子以撒，號角就是公山羊的角！

猶太新年是在巴比倫開始的習俗，傳統相信這天生命冊會被打開，每年都要被評估是否做在善大過惡，因此猶太人寫新年賀卡會寫「祝你在新年被紀念在生命冊上」

(l'shana tova tikateinu)！

在新年時會奉獻做善事(Tzedakah)、會把麵包屑或石頭丟進海裡，象徵丟掉舊我的罪(Tashlich)，也會吃相關的食物，例如象徵新年甜蜜蜜的蘋果沾蜂蜜、象徵能有好行為的石榴、象徵剪斷罪行的韭菜或瓜，以及象徵結束的棗。

▲猶太新年是聖經中的吹角節，最重要的文化是吹角

贖罪雞儀式影片 ▶

「因血裡有生命，所以能贖罪。」
—— 利未記 17:11

1973年的第四次中東戰爭，發生在以色列每年最莊重的節日「贖罪日」。這一天以色列會進入一種全國上下都停擺的狀態，停班停課、不穿皮鞋也不洗澡、不開車也不打仗，也不會有電視、娛樂、甚至是擦香水，因為根據聖經，這天要在神面前謙卑和尋求赦罪寬恕，要好好刻苦己心，13歲以上的人會禁食禁水25小時。

贖罪日的目的，是讓人有個可以依循的方式，得到神的赦免和救贖。大祭司會抽籤，歸與阿撒瀉勒的「代罪羔羊」，要擔當所有的罪，然後被帶到曠野扔下山谷受死。另一隻羊是「贖罪羊」，大祭司一年一次進入至聖所，要將血彈在約櫃的蓋子上，這個贖罪的地方叫做「蔽罪座」（被翻譯為施恩座），在希伯來文跟「贖罪」有相同的字根(Kapporet)。

雖然沒有了聖殿，猶太人知道自己仍有罪的問題要解決，所以需要贖罪，於是有了從西元5世紀開始的「贖罪雞」猶太傳統，有些敬虔猶太人，抓著活雞在頭頂上繞圈和禱告說：「這是我的交換、我的代替、我的贖價。」這隻雞必須自己花錢買，然後要親眼看它如何無辜「代替」自己的罪而被殺和流血，之後肉不能自己吃，要捐給窮人。而抓

▲贖罪日前一天，象徵性拿贖罪雞為家人贖罪的猶太人

▲贖罪日路上不能開車，對世俗猶太家庭的孩子就成了難得的腳踏車滑板車日

著雞翅膀在頭上晃很多圈，就是象徵自己要被這個贖價遮蓋。

猶太人會好好悔改和檢視自己所犯的錯，並且尋求原諒。贖罪日要禱告、要行義(救濟窮人與孤兒寡婦)、也要守聖會，在聚會尾聲時響亮的號角聲響起，贖罪日才算結束。若在旅遊期間碰到贖罪日，一定要記得不要觸犯禁忌。另外，景點和邊境都會暫時關閉。

October 10月 | 住棚節 / 收藏節
Sukkot

2024：10/16 傍晚～10/24 傍晚
2025：10/6 傍晚～10/14 傍晚

▲在以色列過住棚節影片

> 「看哪，神的帳幕在人間。他要與人同住，他們要作他的子民。神要親自與他們同在，作他們的神。」
> —— 啟示錄 21:3

每年的9月或10月，是歡樂熱鬧的住棚節！非常推薦來體驗住棚節的氣氛。

住棚節，意思是棚，在這8天猶太人要住在臨時搭起的棚子，屋頂要用稀疏的草，最好要能看到星星，紀念祖先出埃及時在曠野搭棚的日子，並提醒人在地上不過是寄居的，許多基督徒會參加住棚節大遊行，表示對以色列的支持。

以色列出了埃及，他們脫離原來希伯來奴隸的身分，被翻轉成屬於耶和華神的祭司國度。在這裡，「猶大為主的聖所，以色列為他所治理的國度」，摩西按照神的吩咐，造了會幕，是神與以色列人相會的地方，是神要與人同住，這是多麼浪漫！會幕就是帳幕，跟「棚」是同一個字！猶太男女是在戶外小棚下結婚，兩者合為一，猶太男孩也是在小棚下成為屬神的「誡命之子」。

現代猶太人會準備棕樹上的枝子、茂密樹的枝條(香桃木)、柳枝和枸櫞(Etrog)，拿這4樣東西朝6個方向輕輕的搖，象徵神在每個領域掌權，也象徵世界4個角落的人都要來敬拜神！

住棚節又稱為收藏節，棚內會用秋天的收成作為裝飾，也要感謝神的供應。住棚節也

▲住棚節，猶太人都會搭棚，紀念在大而可畏的曠野的日子，百姓沒有固定的居所，但卻有神的同在

▲每年住棚節都會有許多從世界各地來的基督徒上耶路撒冷，透過參加大遊行表達對以色列的支持

是招待客人的節期，猶太人會象徵性的邀請聖經人物(亞伯拉罕、以撒、雅各、摩西、亞倫……)來到棚內。猶太人會唸《傳道書》(The Book of Ecclesiastes)，提醒自己喜樂是從認識神以及與家人相處的時光來，而不是物質享受。三大節期中，只有住棚節會慶祝第八天的聖會，因為這象徵永恆，就是永遠與神的同在。

▲住棚節四寶：棕樹葉、香桃木、柳枝和枸櫞

December 12月 | 哈努卡節 / 光明節 / 修殿節
Hanukah

2023：12/7 傍晚～12/15 傍晚
2024：12/25 傍晚～2025/1/2 傍晚
2025：12/14 傍晚～12/22 傍晚

在以色列過光明節影片 ▶

紀念當聖殿被希臘人褻瀆時，神幫助猶太民族以寡擊眾，馬加比起義成功。世界各地的猶太人會連續8個晚上點起哈努卡燈(Hanukkiah)，也會吃甜甜圈(Sufganiot)和土豆餅(Latke)、玩光明節陀螺 (Dreidel)。

西元前168年，希臘統治者安提阿哥四世(Antiochus IV)攻下了耶路撒冷，聖殿被褻瀆為希臘宙斯神廟。馬加比兄弟起義，以寡擊眾，奇蹟似的打敗了異教統治者，重新恢復聖殿的祭祀，也開始了猶太人獨立的哈斯摩尼王朝。這個節日的起源收錄在《馬加比書》，雖然沒有被收錄在聖經正典中，但它就是聖經中「修殿節」(約翰福音10:22)的由來。哈努卡是從「獻上」延伸出來的字。

▲猶太社區的家庭會把哈努卡燈放在外面，在黑夜裡非常美麗

▲光明節8晚，耶路撒冷舊城城牆會投射燈光，這是第七晚，所以點了8盞燈

猶太節慶的「問題」

　　逾越節和住棚節開始的第一天和最後一天，以及猶太新年的兩天和贖罪日，從節日前開始前5小時的中午到節日結束時的晚上，這期間就像是安息日，沒有公車、輕軌、火車，餐廳也都關門囉！例如4月22日雖然晚上才吃逾越節晚餐，但是當天中午之後整個國家就開始休息了，一定要留意！

12月 December | 聖誕節 Christmas

在以色列過聖誕 ▶
節影片

　　2,000年前，道成肉身，在當時等候與期盼彌賽亞到來的猶太人當中。童貞女馬利亞給嬰兒取名為耶穌(Yeshua/Jesus)，希伯來文的「拯救」。

　　耶穌大約是在秋天的住棚節出生，但初代信徒未曾慶祝耶穌的生日，甚至追隨基督信仰的猶太信徒和外邦信徒都曾是被打壓的異教徒。西元380年狄奧多西大帝宣布基督教為羅馬帝國的國教，信仰變成了宗教，一夜之間從敬拜太陽神改為敬拜耶穌，西元440年太陽神生日的農神節改為聖誕節！他們在冬天在室內裝飾長青樹的傳統，也無痛轉型成為了聖誕樹的傳統。

　　新教基督徒和天主教徒會在12月24日慶祝聖誕夜、隔天慶祝聖誕節，而希臘東正教徒是在1月6日以及亞美尼亞東正教徒會在1月19日慶祝聖誕節。除了去西岸地區的伯利恆，在耶路撒冷、拿撒勒、雅法、海法各處都會有聖誕樹。

▲拿撒勒東正教天使報喜教堂前的聖誕樹

▲耶路撒冷基督堂在聖誕夜有整晚的活動

治安和旅遊注意事項

以色列是中東唯一的猶太國家，但在居民休閒自在的氣氛之下，並不會讓人感受到備戰的氣氛，這份安全感可歸納成兩個原因。

嚴格安檢與隔離牆的存在

以色列用超高的安檢標準在做出入境的篩檢，謹慎的防止恐怖分子的滲入。在2003年蓋了隔離牆後，擋掉了許多自殺炸彈威脅。並且軍方秉持著高度警覺，在容易發生衝突的地點會有拿槍的軍人，在重要景點會有安檢人員檢查是否有人攜帶武器；在跟猶太信仰有衝突的節慶或音樂會，會為了安危直接封路。

全民皆兵

以色列是徵兵制，大多路人都有危機應變的能力控制局面，若刺殺事件真的發生，大多愛國的以色列人也不會選擇獨善其身或冷眼旁觀。

反倒是社會犯罪新聞或治安問題很少發生，女生獨遊也完全沒問題。安檢流程和拿槍的軍人，過幾天之後也就習慣了！反而會擔心更嚴肅的問題……在餐廳吃一頓飯怎麼這麼貴！

以色列旅遊小檔案

- **簽證**：中華民國護照，以旅遊或拜訪目的，每 180 天內享有 90 天免簽待遇
- **貨幣**：新舍客勒 (NIS) 約 1：8.6 台幣 (2023)
- **SIM 卡**：推薦 Pelefone 或 019，100G 流量約 100NIS
- **實用 APP**：Booking.com、Skyscanner、Shopback、貨幣 (XE)、Google 地圖、Maps.Me、Waze、Moovit、Israel Railways、Rav-kav online、Gett、聖經、Google 翻譯、對話翻譯、形色、Whatsapp
- **旅遊季節**：旅遊旺季為 4、5、10 月以及暑假（但氣溫高至 40 度），若不想體驗人潮過多，可利用淡季的 2、3 月前往
- **緊急電話**：警察 100、救護車 101、火災 102

旅遊眉角

行李不要離身！

在公眾場所務必要看好行李，因為沒人看管的行李會很嚴肅的被認為是炸彈！尤其是人多的車站，不用 30 秒就會有軍人過來詢問。

要買保險嗎？

在以色列看病非常昂貴，建議購買產險公司的「旅遊平安險」或「旅遊綜合險」，以應付因突發疾病或意外住院、急診、門診的開銷。若因恐攻受傷，按照過去案例，只要是合法入境，以色列政府是會賠償的。

本古里安國際機場(TLV)

飛機成功著陸,以色列人鼓掌歡迎,你已順利抵達以色列土地!以色列的本古里安機場(Ben Gurion Airport, TLV)有第一與第三航廈,亞洲航線通常使用第三航廈(Terminal 3),第一航廈作離境前往歐洲或國內航班使用,航廈間有免費巴士接駁。

另外,以色列南部還有里蒙機場(Ramon Airpot),以國內航班與前往歐洲的廉價航空為主。

▲本古里安的地位就是以色列國父

▲歡迎抵達本古里安機場

護照就會有藍色入境小卡,中華民國護照前往以色列免簽,每180天可待90天。在經典的平面手扶梯之後,在盡頭的Welcome(歡迎)那裡就是檢查護照與藍色小卡的移民官櫃檯。

▲跟著地上黃色指標靠右排為外國護照的隊伍,排隊時可以使用機場免費的Wi-Fi打發時間

▲不管是以色列人還是外國遊客,現在入境時都是用自動查驗通關機器來獲得藍色入境小卡

安全入境

目前以色列入境方法已經和COVID-19疫情前完全一樣,不需寫健康申報、不需出示PCR或疫苗接種書,入境通關一點也不難。

入境步驟

Step **抵達入境通關窗口**

機場有英文標示,請跟著人群往「Passport Control」(護照管制)或「Baggage Claim」(領取行李)的方向走,接著跟著隊伍使用自動查驗通關機器,只需要掃描

Step **排隊與入境審查**

持外國護照請排靠右邊的「Foreign Passport」隊伍。以色列移民官行政速度差異甚大,請耐心等候。接著用藍色入境小卡感應入境閘門(請妥善保管入境卡)。

▲通過入境審查後，用藍色入境小卡感應入境閘門

③ Step 領取行李與換錢

領托運行李的大廳有旅遊櫃檯、ATM和24小時的Money Exchange。若無申報物品，則走綠色出口到入境大廳！

▲Money Exchange匯率較差但可用新台幣兌換

以紙卡代替出入境蓋章

在以色列是使用藍色入境卡代替護照內的入境蓋章。以空路關口出入境的話，護照不會留下任何去過以色列的紀錄。

請妥善保存藍色入境卡

藍色入境卡主要用在從西岸地區回以色列過檢查哨，及旅館Check-in和租車時，建議一入境就先幫藍色入境卡拍照(若無法出示藍色入境

卡，會被要求多付以色列公民的17%VAT稅)。

▲藍色入境卡(出境時不會收走)

轉機

若只是轉機，在Vineyard和Orchard停車場(Level G)之間有付費置物櫃，按照行李大小收費，費用為3小

時60～100NIS，24小時120NIS～180NIS。

▲機場大廳，半夜或凌晨抵達可以在兩側的椅子上瞇一下，警衛不會刁難

旅遊隨筆

入境時，移民官會問什麼問題？

以色列的入境移民官對亞洲遊客都滿友善的，通常只會打招呼，頂多再問要來幾天、去哪裡，不會看旅行計畫、訂房資料或回程機票，反而是離境時會問比較多問題。

去過以色列之後還可以去其他阿拉伯國家嗎？

若因為使用陸路邊境而留下埃及或約旦的出入境章，在不換護照的情況下，將無法前往敘利亞、伊朗、黎巴嫩、葉門、蘇丹、沙烏地阿拉伯、利比亞、科威特、伊拉克等。但仍可前往與以色列友好的阿拉伯國家，阿聯酋(杜拜、阿布達比)、阿曼、摩洛哥、巴哈林、卡達。

▲世界七大奇蹟，約旦佩特拉

▲埃及西奈山

快樂離境

　　以色列的嚴格安檢聞名世界，特別因為以色列飛機曾被劫機，導致出境比入境難，因此出境時請提早至少4小時抵達機場！

退稅與免稅商店

　　建議在購物前與店家確認是否符合退稅資格，以下4點為基本條件：

- 商品非食品、酒精和香菸
- 商家有參與退稅
- 單筆購物消費滿125NIS
- 商品是個人在境外使用的

▲退稅單上一定要有商家蓋章

退稅步驟

Step 1　檢查免稅商品和退稅單

　　VAT退稅櫃台在機場第三航廈出境大廳(Level 3)，請在Check-in之前帶著護照、退稅單(必須有店家的簽名與蓋章)、藍色入境卡和購買商品辦理退稅。

▲第三航廈出境大廳設有VAT退稅櫃台

Step 2　領錢

　　完成出境審查後，要在機場候機E區的VAT櫃檯領取退稅金，雖然號稱是退17%，但還要扣除手續費，包含每筆退稅單收17.66NIS，以及選擇現場拿現金要多收1.99%或是選擇銀行轉帳收款則是多收20.9NIS，所以實際上退稅只有約10%。

▲領取退稅金的VAT櫃檯

機場內免稅商店

　　機場內免稅商店以美金計價，服務人員會簡單中文，死死海保養品Ahava和Premier，費用約是台灣的5～7折，不論是先在專賣店購買再退稅、還是機場免稅商店購買，都很划算。

▲機場免稅店，把握最後購物機會

下飛機後怎麼去市區

如果從第一航廈抵達以色列，需要先搭免費的黃色接駁車(15分鐘一班)到第三航廈之後才能前往市區。以色列的機場交通工具包含：火車、公車、共乘小巴(Sherut)、計程車、租車。在平日最理想的交通選擇是火車，安息日則只能搭乘共乘小巴或計程車。除了租車，所有的交通工具都在入境大廳的Level G搭乘。

火車站其實就在機場下方，火車票可以在旁邊自動售票機購買，或在人工櫃檯購買，步驟請參考「以色列火車」(P.52)。

前往耶路撒冷

前往耶路撒冷火車站(Jerusalem Yitzhak Navon)。
- 車程：約24分鐘
- 車資：18NIS
- 車班：05:35～23:33之間每半小時一班，半夜每小時一班
- 安息日班次：週五的末班週五為安息日開始前2小時，週六安息日結束後重新發車

火車 Train (G)

機場火車站名為Ben Gurion Airport，入境大廳有清楚的「Train」火車標誌，火車站的兩個出入口靠近的「Exit 01」和「Exit 03」。

http www.rail.co.il
C *5770 or 03-577-4000

▲月台列車資訊：1.目的地／2.發車月台／3.發車時間／4.往特拉維夫方向／5.往耶路撒冷方向

▲機場出口即是火車站入口

▲機場火車站名

▲24/6小時人工售票處、後方藍色機器為自動售票機、右方為火車站入口(24/6小時：指除了安息日之外，一週六天的工作日)

前往特拉維夫

特拉維夫有4個車站，分別是Hahagana、Hashalom、Savidor、University。
- ■車程：約12分鐘
- ■車資：9NIS
- ■車班：05:59首班車，23:52末班車，之間每半小時一班車
- ■安息日班次：週五的末班週五為安息日開始前2小時，週六安息日結束後重新發車

查詢車班時間

用Google Maps或在以色列鐵路查詢，輸入目的地，從「Ben Gurion Airport」到「Jerusalem-Yitzhak Navon」(或Tel Aviv Hahaganah)，再選擇日期。

Rav-kav卡或Moovit準備好了嗎？

自助旅行必備的Rav-kav卡，可在機場大廳自動販賣機購卡和充值(步驟見P.47)，再到火車站買票。更簡單的方式是直接向火車站人工櫃檯購卡、充值與購買火車票(可以用信用卡)。

若已經開通Moovit，在有網路的情況下，可掃QR碼進出火車站。

▲從入境大廳走出Exit 01之前，記得先買Rav-kav卡：1.Rav-kav空卡自動販賣機／2.這裡可買SIM卡，但比較貴

旅遊眉角

火車站有置物櫃嗎？

以色列火車站有投幣式的置物櫃，收費也合理，但缺點是火車站在安息日會鎖門和完全關閉，所以無法進入救行李出來唷！

大櫃子 30NIS，登機箱大小櫃子 20NIS。

機場巴士 (G)

從「Exit 01」或「Exit 02」走出，右轉後經過接駁車的站牌就會看到前往耶路撒冷或特拉維夫的巴士站牌。

前往耶路撒冷

前往耶路撒冷中央車站(Jerusalem Central Station)的#485機場巴士，其實就是普通巴士。
- ■車程：約45分鐘
- ■車資：16NIS，需使用Rav-kav卡
- ■車班：安息日之外24小時每1小時一班車
- ■安息日班次：週五的末班週五為14:00，週六安息日結束後，於19:00重新發車

前往特拉維夫

搭#445機場巴士前往特拉維夫。
- ■車程：約25分鐘
- ■車資：9NIS，需使用Rav-kav卡

查詢車班時間

用Google Maps或上巴士官網或致電查詢，在「By Line Number」處輸入485，會看到Time Table的選擇，巴士公司是Afikim。
- 🌐 www.bus.co.il/otobusimmvc
- 📞 *8787 or 08-683-1610 Afikim電話為 *6686

▲Exit 01出來右轉是巴士站，往左是共乘小巴和計程車

不能在巴士上做的事

在巴士上可以喝水和吃簡單的零食，不會有人抗議，但是切記駕駛座後方的座位是嚴禁聊天或講電話的唷！

避開週五、週六抵達或離開以色列

以色列謹守「安息日」，從週五下午到週六晚上公共交通工具停駛，從機場到耶路撒冷只能搭乘共乘小巴或是一般計程車，到特拉維夫只能搭乘一般計程車，所以建議避免在此時段抵達或離開以色列。

安息日交通選擇	週五	週六
火車	下午2點之前有車	無／安息日結束後有
共乘計程車	有	有
租車	有	有
計程車	有	有
機場巴士	下午2點之前有車	晚上7點之後有車

▲站在Exit 02，往Exit 01看巴士站、共乘小巴、火車站相對位置：1.前往耶路撒冷的共乘小巴／2.到第一航廈接駁巴士，與到耶路撒冷的巴士站／3.火車站出入口／4.火車站第二月台／5.Exit 02／6.第三航廈

共乘小巴／計程車 Sherut／Shared Taxi (G)

「Exit 02」走出去就會看到可載8人的共乘小巴，右邊的Nesher Taxi前往耶路撒冷，左邊的Amal Taxi前往海法、阿卡或其他北方城市，24小時有車，坐滿發車，包含安息日的週五、六。

送到耶路撒冷中央巴士站的車費為40NIS，送到耶路撒冷旅館或任何地址的車費為67NIS，第三件行李起多加4NIS，只收現金。共乘小巴可以開入舊城，但司機可能會耍賴不想開進去。

📞Nesher共乘計程車：02-6257227；往返海法地區的Amal：04-8662324

計程車 (Level G)

從「Exit 03」走出去，在左手邊會看到計程車站，車費以公里數計算，再加上每件行李收4.33NIS，以及機場費5NIS，到耶路撒冷約300NIS，安息日價格約多12%，接受刷卡。

▲在這裡搭計程車最安全，不要搭理在大廳招攬客人的計程車司機，他們開價貴到要400NIS

租車 (Level 1)

24小時辦理租車與提車手續的櫃檯在Level 1，穿過銜接走廊，會到提車的停車場。機場還車地點在航廈外的辦公室，跟著導航與路邊指示，還車後再搭乘免費接駁車回到航廈。

◀約阿咪實際帶大家看機場的樣子

以色列大眾交通

　　以色列城市內的交通相當方便，不需要租車就能去很多地方！買張類似台灣悠遊卡的實體Rav-kav交通卡，或是用Moovit的手機APP來搭車，都可以很輕鬆容易的購票與付款！目前這兩個系統仍在整合中，不建議同時使用。

Rav-kav卡

　　抵達本古里安機場後，在入境大廳Rav-kav的櫃檯前有自動販賣機，即便是安息日都可以買卡和充值。另外在以色列車站的Rav-kav機器、火車站的人工櫃檯、巴士站櫃檯、Rav-kav販售中心、巴士司機、輕軌站都可以買到Rav-kav卡。

▲來以色列必買的Rav-kav卡，花5NIS買無記名卡比較方便

▲手機下載Moovit APP，使用很方便

▲友善的Rav-kav辦公室人員

各城市交通工具使用規則整理

以色列交通工具多元，每項交通工具的刷卡方式不太一樣，先了解才不會手忙腳亂！

地區	Rav-kav卡刷卡方式	使用APP刷卡方式
耶路撒冷與特拉維夫市區公車	上車刷卡	掃描QR code
其他市區公車(耶路撒冷、特拉維夫除外)	上車刷卡	掃描QR code
耶路撒冷、特拉維夫、各城市城際巴士(含前往機場的巴士)	上車跟司機刷卡，需報目的地	掃描QR code
耶路撒冷輕軌	上車刷卡	在APP選單裡選輕軌
阿拉伯巴士、伯利恆231、234阿拉伯巴士	上車刷卡(仍可接受現金購買及單程票)	不適用
特拉維夫市區共乘小巴	上車刷卡	掃描QR code
火車(含前往機場的火車)	直接刷卡進站	掃描QR code
海法Metronit地面輕軌	上車刷卡	掃描QR code
海法Carmelit地鐵	直接刷卡進站	掃描QR code
海法纜車	上車刷卡	掃描QR code
海法阿卡輪船	不適用	不適用
大多共乘小巴	不適用	不適用
特拉維夫輕軌	刷卡進出站，但是在開放式月台要先感應票卡，再上車	在APP選單裡選輕軌

購買Rav-kav卡步驟

▲ 機場Rav-kav櫃檯前Rav-kav卡自動販賣機：1.觸控螢幕／2.Rav-kav卡放置處／3.刷卡處／4.鈔票投入口／5.投幣口／6.收據口

Step 1 開始購買

按「Purchase」。

Step 2 選擇購買空卡

按「Card Only」。

Step 3 付款

空卡費用5NIS，可付現金也可刷卡。

充值Rav-kav卡步驟

Rav-kav實體卡最方便的方式是用支援NFC的手機上用APP充值，另外也可以在賣零食的小商店充值，或是在車站用Rav-kav機器以及人工櫃檯充值。

APP線上充值

Step 1 下載APP

在支援NFC的手機上，下載「Rav-kav Online」的APP。

Step 2 讀取卡片

打開APP後，將Rav-kav卡放在手機後方的地方，成功感應後，程式會讀取卡片內容。

Step 3 讀取合約

點選左上角的放大鏡，或是最下方的「Load another contract」(讀取另一個合約)。

Step 4 選擇儲值額度

介面會出現「Stored Value」(儲值額度)，和各種充值金額(30、50、100、150、200)。

Stored value Flexiblo	Starting at 30₪
Stored value Value 30₪	30₪
Stored value Value 50₪	50₪
Stored value Value 100₪	100₪

Step 5 選擇充值

若點選第二個選項「30NIS」，會跑出充值信息，點選下方紫色按鈕的「Purchase」(購買)。

Step 6 註冊登記

第一次使用此APP時，在付款前介面會先出現註冊訊息，請點選小字的「Register」，註冊只需要認證e-mail。

Step 7 輸入信用卡資料

登入後會出現付款頁面，輸入信用卡資料後，按「Pay」就完成充值了唷！

Step 8 儲值成功

完成付款後要再次感應Rav-kav卡，然後才算儲值成功。系統會寄確認信到信箱，再次感應卡也能在卡片內容看到充值紀錄。

售票機充值

大型車站和火車站入口處都會有售票機器，操作介面大致一樣，但只有大型售票機可以用現金付款唷！

小型售票機：1.觸控螢幕／2.信用卡刷卡處／3.Rav-kav卡放置處／4.取票或收據口 ▶

大型售票機：1.觸控螢幕／2.信用卡刷卡處／3.硬幣投入口／4.Rav-kav卡放置處／5.紙鈔投入口／6.取票或收據口 ▼

Step ① **選擇購票或充值**
將Rav-kav卡放在感應處後，介面會顯示卡片資訊，要充值的話選擇觸控螢幕右下角「Purchase ticket or stored value」（用現金或信用卡買票或買儲存金）。

Step ② **選擇充值**
點選要購買「Accu-mulated value」(儲值金)。

Step ③ **選擇金額**
選擇要充值30、50、100、150或200NIS。

Step ④ **付款**
介面會出現需付金額，可用信用卡、鈔票和硬幣付款。

Rav-kav卡裡充值的錢能退嗎？

目前Rav-kav卡的儲值金不能退錢，因此若不會再去以色列，不建議短期觀光客特地去辦理免費的Rav-kav個人卡，而是花5NIS買一般可轉讓的無記名的Rav-kav卡(Rav Kav Anonimi)，方便以後在臉書社團上轉賣給下個旅客。

2週的旅程需要充值的費用，扣掉一日票要另外付款，建議先充值100NIS，之後有需要再充值一次30NIS。

旅遊眉角

RAV-KAV 交通卡教學和一日票購買示範

使用Moovit APP

2021年之後，以色列年輕人的趨勢是使用APP來購票，車票就存在手機裡了！對觀光客最友善的搭車APP叫做Moovit。

註冊Moovit步驟

 Step 1 下載APP
下載「Moovit」APP在以色列的話會自動跳到以色列版。

 Step 2 輸入手機號碼
不一定要以色列的門號，但需要能在以色列收到簡訊驗證碼。

Step 3 開啟APP
點開右上角3條線。

 Step 4 註冊
點開「我的帳號」後，介面會出現「Payments for public transit」(大眾運輸工具的付款)。

 Step 5 輸入護照號碼
點入後輸入護照號碼，接著綁定信用卡資料，但是「Cardholder ID」這欄要填的是「信用卡」ID，只有以色列的信用卡會有，所

以外國人目前只能靠運氣註冊，成功的話選「Regular」(普通)的乘客類型。

▲這關最難過關，大家可以試試看填4～9個數字，只要那顆「繼續」的按鈕變成藍色，就代表系統接受這組數字

使用Moovit搭車步驟

 Step 1 APP上購票
每次要上車之前，按「Pay for a new ride」。

Step 2 選擇交通工具
選擇巴士、火車、輕軌或海法的公共纜車。

 Step 3 選擇巴士
選擇巴士會跳出一個相機視窗，上車後再去掃描車裡貼的QR碼，接著選擇你的公車號碼。

Step 4 選擇開始旅程
選擇一個以上的乘客，按下「Start Ride」(開始旅程)，就完成購票了！購買的票會在首頁的「My Paid Rides」(我付過錢的旅程)。下車就下車了，不需要再做掃描。

Step 5 免費轉乘
90分鐘內可免費轉乘大眾交通工具，轉乘公車時上車一定要再點選「購票」(Pay for a new ride)，之後點選「Validate New Ride」(驗證新的旅程)，然後再掃描QR碼。請注意只有1個乘客會有一日票和轉乘的優惠，並且目前Moovit付款不適用於阿拉伯巴士。

Step 6 選擇搭火車

選擇搭火車的話，抵達火車站後，螢幕會跳出站名，點選「Buy a Ticket」(購票)後會跳出QR碼，用來在驗票閘門掃描入站。

Step 7 火車到站後

火車離站時，不能直接出站，而是在抵達火車站後，在首頁的「My Paid Rides」(我付過錢的旅程)那邊點選「Active Train Ride」(搭乘中的火車)，然後螢幕又會跳出站名和應付金額，點選「Create Exit Ticket」(建立出站票)後會跳出QR碼，用來在驗票閘門掃描出站。

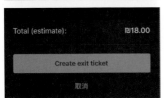

Step 8 查看帳單

需要查看帳單請點開右上角三條線，點開「我的交通工具」，在「Ride History」(搭乘紀錄)那邊可以看到帳單，Moovit的帳單是系統計算完整日，以及整個月的交通行程以及最合適優惠後才結算和收款，範圍是從當月25號計算到次月24號為一個循環。

Rav-kav卡還是Moovit APP方便？

種類	Rav-kav卡	Moovit APP
優點	實體卡沒有網路時也可以使用	1.不需要動腦想充值 2.不用去想距離 3.更有彈性 4.保證是最省錢的價格 整體來說更適合觀光客
缺點	1.空卡要5NIS 2.卡片可能會搞丟 3.要記得充值 4.要思考充值多少錢 5.要決定買哪種一日票 6.儲存金很難拿回	1.不容易成功註冊帳號 2.搭車時手機一定要有電和網路 3.沒辦法搭阿拉伯巴士 　(但是阿拉伯巴士可以付現金)

一日票(Daily Pass/Day Contract)

如果有一日「來回」行程，使用Rav-kav卡的話，建議先買「一日票」(Daily Pass)。

● 一日票分為15、40或120公里的一日票，按照從你出發的地點到最遠目的地的「單程」直線距離。

● 一日票又分為巴士(含輕軌、海法纜車)，以及巴士與火車的票，後者會貴一些。

● 一日票計算方式為工作日，即當日的00:00。

● 用Moovit APP的話則不用先買一日票，系統會自己計算。

● 以下是觀光客常去的城市之間的距離，如果有要當天來回，買一日票是真的很划算！

直線距離	15公里內	40公里內	75公里內	120公里內	225公里內
城市	機場到特拉維夫或雅法、耶路撒冷市區、耶路撒冷到伯利恆、耶路撒冷到隱基琳、特拉維夫市區和雅法	拿撒勒到迦百農(加利利)或海法、海法到阿卡	機場到耶路撒冷、耶路撒冷到死海(Ein Bokek公共海灘)、耶路撒冷到特拉維夫或雅法、海法到迦百農(加利利)	耶路撒冷到拿撒勒、耶路撒冷到海法、特拉維夫或雅法到拿撒勒	耶路撒冷到迦百農(加利利)
單程票費用(巴士)	5.5	12	16	16	27
單程票費用(火車)	9	18	24	27	48
一日票費用(巴士)	12.5	24	32	32	54
一日票費用(巴士火車)	18	28	37	42	74

購買一日票步驟

最推薦使用手機APP購買一日票，最清楚也最沒有壓力，而且買好了才能省下從旅館到車站這段市區內交通！如果不會自行操作，可以請有NFC手機的朋友或旅客幫忙，當然也可使用Rav-kav機器、或是火車站大型售票機、甚至是人工櫃檯或向巴士司機購買一日票(寫下來比較不容易搞錯)。

旅遊眉角

查詢起點到目的地的距離

Step 1 讀取合約

在支援NFC的手機上，打開「Rav-kav Online」的APP，把卡放在手機後感應Rav-kav卡，成功後在界面中點選最下方的「Load another contract」(讀取另一個合約)。

Step 2 選擇一日票

在上方選單中選擇第三個「Daily Pass」(一日票)。

❓ How does search work?

Daily pass excluding train, up to 15km
1 day — 12.50₪

Daily pass including train, up to 15km
1 day — 18₪

Daily pass excluding train, up to 40km
1 day — 24₪

Daily pass including train, up to 40km
1 day — 28₪

Daily pass including train, up to 37₪

Step 3 選擇方案

按照自己的距離，挑選適合自己的一日票。

Step 4 確認資訊

確認日期(最早可提前1週預訂)、代碼、涵蓋區域和金額正確後，點選下方紫色按鈕「Purchase」(購買)。

```
Comments for the contract
Travel up to 75km by all modes of public
transport. For a monthly, semester or annual
"Nation-wide" pass only, the travel distance by
bus and light rail is extended to 225 km. This
contract does not include travel to Eilat.

Modes of transport
✓ Rail  ✓ Bus  ✓ Light rail  ✓ Cable car

Predefined code
954

Accepted by operators
Israel Railways, Egged,
Electra Afikim Transportation, Dan,
Nazareth United Bus Services,
Nazareth Transport & Tourism, Nateev Express,
Metropoline, Superbus, Kavim, Carmelit, Cfir,
Galeem Hanegev Hamaravi,
Golan Regional Council, Electra Afikim

Purchase 37₪
```

Step 5 完成付款

若已登入則不需重新輸入信用卡資料，可直接連結Apple Pay，完成付款後要再次感應Rav-kav卡，然後一日票就算購買成功，Email信箱會收到認證信，再次感應後，也能在APP的「Contracts」(合約)看到已成功購買的一日票資訊。

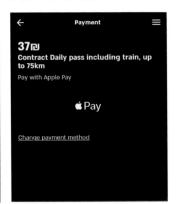

```
←        Payment        ≡

37₪
Contract Daily pass including train, up
to 75km
Pay with Apple Pay

 Pay

Change payment method
```

旅遊賈角

不小心買錯合約，怎麼辦？

若不小心買錯合約或充值錯，用 APP 線上操作的好處就是在還沒使用前，都可以點選黃色欄的「Cancel」來取消唷！

```
←      Card contents      ≡

2472063638          EDIT RAV-KAV
Standard until 01/01/2040

Daily pass was loaded successfully at
13/11/2022 11:09.

For more information    Cancel contract

Contracts            Events

• Daily pass including train,   RENEW 37₪
up to 75km
17/11/2022
Daily pass

Contract status
• Not yet valid (starts in the future)

Last uses
Contract loading, Bus
13/11/2022 11:09

Additional information
```

以色列火車

以色列火車舒適又方便，不過火車偶爾會誤點，請不要太驚慌唷！攜帶大型行李時，請使用電梯上下樓，另外火車並沒有設計放置行李的空間，以色列人通常會把大包包直接放在椅子上，也就入境隨俗吧。

▲火車上有插座

▲雙層火車，放置行李空間很少

▲若車門沒打開，要自己按鈕開門

火車路線圖

　　觀光客最常用到的站為：耶路撒冷Jerusalem Yitzhak Navon火車站、特拉維夫靠近市中心Tel Aviv-Hahaganah火車站(又稱為Tel Aviv-Center)和Tel Aviv-HaShalom火車站、海法最靠近巴哈伊花園的Haifa Center-Hashmona火車站、以及阿卡Akko火車站，去這幾個城市以外的地方就用不到火車了。

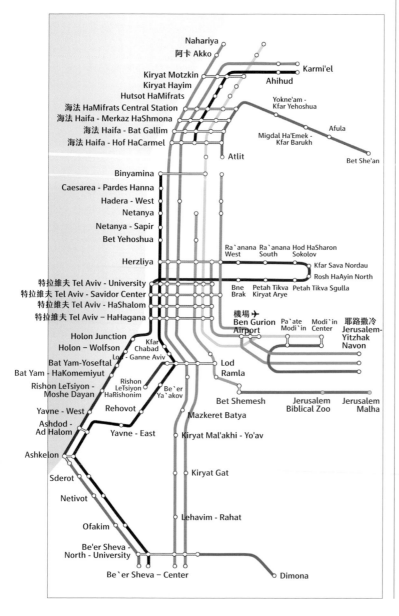

火車票購票步驟

　　搭乘火車跟市區輕軌和巴士不同，在進火車站前就先要用Rav-kav卡內儲值金、信用卡或現金依照目的地完成「購票」的動作，不能直接用Rav-kav卡進站唷！

　　若是要買單程票，有兩種方法，第一種是使用Rav-kav內儲值金來購票，而另一種是買普通紙本單程票。雖然巴士規定必須有Rav-kav卡或Moovit才能上車，但是手邊沒有Rav-kav卡的話，在火車站也可以買紙卡單程票。

用售票機購買單程票

Step 1 選擇使用儲值金購票

　　將Rav-kav卡放在售票機感應處，系統讀出內容。

1. 若卡內有足夠的儲值金，就點觸控螢幕左下角的「Use of the accumulated value for the next trip」(用卡內儲值金買票)。

▲1.使用卡內儲值金買票／2.使用現金或信用卡買票或儲值／3. Rav-kav卡放置處

2. 若票卡內沒有足夠的儲值金，就點觸控螢幕右下角的「Purchase ticket or stored value」(用現金或信用卡買票或儲值)，之後接著點選「Only a train ticket」(一張火車票)。

▲1.儲值／2.買火車票／3.買一日票／4.買月票

Step 2 選擇目的地
螢幕會優先顯示常見的目的地，例如「Tel Aviv-Center」(特拉維夫)或「Ben Gurion Airport」(本古里安機場)，或在下方直接按輸入城市名做搜尋，例如按「J」就會看到「耶路撒冷」(Jerusalem Yitzhak Navon)的選項，只要點下去就可以付款了。

Step 3 付款
如果是用卡內儲值金付款就會直接扣款，不然則是會顯示出應付金額。購買後車票會存在Rav-kav卡裡。

Step 4 刷Rav-kav卡進站

購買實體紙卡單程票

Step 1 選擇購票種類
觸控螢幕點選右下角「Purchase a Paper Ticket」(購買實體紙卡票)。

Step 2 選擇目的地

Step 3 付款
螢幕顯示應付金額，只有大台機器才能付現金！

Step 4 插紙卡進站
將紙卡插入進站閘門的插槽，抽出後閘門才會打開。票要收好，也是用一樣的方式出站唷！

購買一日票

Step 1 選擇購票
將Rav-kav卡放在感應處後，介面會顯示卡片資訊，裡面沒有餘額也沒關係，因為我們要買的是一日票。請選擇觸控螢幕右下角「Purchase ticket or stored value」(用現金或信用卡買票或買儲存金)。

Step 2 選擇一日票
點選「Daily ticket」。

Step 3 選擇目的地
選擇目的地城市。

Step 4 付款
系統會搭配適用的一日票的應付金額，例如從機場到特拉維夫的15km內火車一日票是18NIS，付款後一日票會存在卡內。

大眾交通不方便時的選擇

以色列大多景點都可以靠自助方式抵達，但郊區的國家公園或是朝聖型景點，可能需要轉車、班次太少、或下巴士後還要走很久的路。除了租車以外，還有以下的選則：

參加當地旅行團

當地一日遊設計的行程，能在短時間讓旅客玩到精華景點，可以從耶路撒冷、特拉維夫．拿撒勒、埃拉特等城市，以定點放射性的玩法來探索以色列。Abraham Tours為背包客主流選擇，行程多元、可靠、容易溝通，都是多年極受好評的原因，特別推薦加利利與戈蘭高地一日遊及西岸地區一日遊。

▲ 有些當地團的行程有英文導遊解說，有些則是只提供交通服務

帶車的導遊或地陪

以色列的導遊是個專業的職業，需要上2～3年的導遊學校才能參加考試，跟我們印象中油腔滑調，把客人哄騙到購物站去消費的形象南轅北轍。普通合格導遊一天收費300～400美金，如果帶車的話一天500～700美金。

通常耶路撒冷路邊的計程車司機，只能算是地陪，一天開價約200～250美金，在西岸地區的司機，一天約100～150美金。

如果碰到要「免費」帶你出去玩的陌生人，請記得天下沒有白吃的午餐。

▲ 耶利哥 (西岸地區)計程車

計程車

每個城市的價格稍微不同，起跳價約12NIS、每公里約3.5～4NIS、等待時間每10秒約1NIS，安息日或夜間(21:00～05:30)加乘25%，超過兩個人或攜帶行李再額外收費。

在觀光區，不太建議路邊攔車，盡量使用Gett、Yango的APP叫車，以及要堅持「Rak Meter」(按照里程數收費)。

小客車可帶4個乘客，不過以色列不太抓超載，如果不得已的話，司機可能會網開一面。

▲ 以色列的計程車

搭便車

便車文化在以色列還滿普遍，特別是在加利利地區，但請注意自身安全(不建議女生單獨搭便車)，也盡量只坐以色列牌照的車(黃底黑字)。

在以色列攔車時要食指朝下比「1」，不可以比大拇指，在這裡這是一種挑釁行為，因為聽說那代表妓女。

▲ 路邊很多攔便車的人

自駕沒有想像中的難

若平常都有在開車，在以色列租車和自駕會是很輕鬆的旅遊方法！

如何租車

以色列租車並沒有那麼貴，基本小車的費用，淡季約一天55美金，旺季約一天100美金，包含碰撞險(CDW/TP碰撞險)，但是臨櫃租車會貴更多唷！

▲機場租車櫃檯都在Level 1

租車所需證件

在以色列租車須年滿21歲，並且必須已持有駕照至少1年，需要帶護照、本國駕照(很重要)、國際駕照、藍色入境卡，以及駕駛人本人的信用卡 (很重要)。

租車時會先凍結住1,000歐元押金，若有額外開銷租車公司會直接從押金扣款。

強制性CDW/TP碰撞險

現在租車平台網站的報價都已經包含了碰撞險(CDW/TP)，在以色列這是必須要付的強制險，但發生意外時，租車人仍需要負擔最高金額的自付額，每間公司都不同，介於500～700美金之間，意思是說如果不論是發生小擦傷還是大事故，租車人最少都要承擔這個費用。若不想要負擔任何風險，可升級超級碰撞險(SCDW)或全險，一天大概需要再多付15～20美金。

推薦的租車公司

Eldan的口碑好、價格公道，缺點是耶路撒冷提車的停車場很窄。

http rent.eldan.co.il/en

上路注意事項

以色列和台灣一樣都屬於左駕，馬路狀況都不錯，除了無法開進舊城和徒步區，以及不建議在很難停車的耶路撒冷租車，其他並沒有什麼特殊限制。

開動車子前要先解鎖

以色列租的車子，通常在方向盤左下角都有密碼鎖，需要輸入由租車公司提供的4位數字號碼後，踩剎車再按按鈕才算解鎖，之後就能踩油門和發動引勤。

以色列的導航

Google Maps對外國人來說仍是最熟悉好用的導航軟體，另外也可以搭配當地人會用的Waze，因為可以找到便宜的加油站和停車位，並且圖資更準確，特別是在西岸地區內，但是缺點是街名會變成希伯來文或阿拉伯文。Waze是以色列公司設計的導航軟體，車子內建導航系統也是Waze。

道路規則

藍色標誌的高速公路時速限制為110km/h、綠色的公路時速限制為80～90km/h、

市區時速限制為50km/h，以色列的超速照相機都滿明顯的，也都會先提示，警察不會抓超速，通常都在抓違規停車。

開車不能手持講電話(罰款1,000NIS)、必須繫安全帶、11～3月規定要開大燈。

路上發生意外，緊急聯絡警察的號碼是100，以及記得要聯絡租車公司。

▲橘色的超速照相機

開車禮儀

以色列人開車文化比較著急，交通號誌在轉綠燈前的黃燈時，駕駛人就已經在踩油門，綠燈就會馬上起步。除了不要被喇叭聲影響心情，更重要的是碰到疑似要過馬路的路人，車輛必須停下讓行人優先，進入圓環前也要讓圓環內的車優先。

▲圓環內沒有來車才能進圓環

高速公路費用

以色列目前只有6號高速公路 (Route 6)要收費，且都是電子化，沒有收費站，但可以用Pango付費。

若沒有使用Pango，租車公司會收到帳單，除了繳給政府的20～28NIS的使用費，還要給租車公司49～54NIS的行政手續費，若剛好跨月，會拆成兩筆帳單，付兩次手續費，租車公司會直接從信用卡上扣款。

▲6號收費公路

順利還車

還車時，租車公司會按著租車時的表格檢查，稍微查看有無新的損傷，以及若提車時油箱是滿的，則要加滿油還車，通常不會刁難。

旅遊留意

車子可以開進西岸地區嗎？

西岸地區政治複雜，大家以為的「巴勒斯坦」，實際上分為 ABC 區，A 區是由巴勒斯坦權力組織管理，主要包含城市，例如伯利恆、耶利哥、希伯崙、示劍、拉抹等。租車合約上寫很清楚，租車公司不允許客人將車子開進 A 區。但 Google 會帶的路線例如從耶路撒冷到昆蘭與死海，或一路到加利利的 90 號公路，或是國家公園等都是屬於由以色列軍方管理的 C 區，租車的車輛可以放心使用這些路段。

◀ 進到A區前都會有巨大的紅色警告牌，看到就知道不能進去了，導航也不會導進這些地方

安息日不能還車，怎麼辦？

以色列租車行也守安息日，週六不但沒有營業，連還車都不行！唯一的例外是機場 24 小時的租車櫃檯，所以安排行程時只好將還車日往後延，或是在機場還車。(機場還車地點請跟指示開到租車公司辦公室，還車手續辦理完後，會有免費接駁車到機場。)

在以色列停車

以色列城市的街道，紅白線代表不可停車，藍白線代表有停車條件(會有告示牌)，灰線代表免費停車。週五下午到週六的安息日，在大部分地方通常是可以免費停車，但是在死海或其他景點仍是要繳費的唷！

如何停車

市區內停車費每小時費用為3～6NIS，幾乎都是用Pango(https://en.pango.co.il)或Cellopark的APP線上繳費，普遍找不到繳費機。假設在一個地方停了快要2或3小時，不需要移動車輛，只需要遠端在手機上延長停車時間就能又再多停2或3小時。系統會自己計算費用，帳單會寄送到信箱。租車的話建議使用當地的電話號碼註冊，輸入車牌號碼和停車位置後，用信用卡繳費。

不得已的話，也可考慮各飯店的私人停車場，訂房時可詢問費用，一天約50NIS。

最靠近耶路撒冷舊城的停車場是雅法門旁的Mamilla Mall停車場(比旁邊的Karta便宜)，第一小時免費，之後每15分鐘4NIS，一天最多48NIS，但是安息日不開放。

在Mt.Herzl輕軌站有免費停車場，但需要拿Rav-kav卡進出，以及要使用輕軌。

▲有些地方仍會有的停車繳費機

▲停車告示，週日～四08:00～18:00，或週五08:00～13:00為需付費的時段，一次最多停3小時

▲紅白線代表不可停車，藍白線的停車位可以停，但還是要注意是否為居民限定

不要停到居民車位與殘障車位

在市區內，許多是保留給「居民限定」或是「殘障人士」的停車格，除非有申請到停車貼紙，否則任何時段占用到這些車位，都會開500NIS以上的罰單唷！

▲停車告示若出現帶有特定數字的「停車貼紙」(Parking sticker)，代表擁有此貼紙的居民才能使用這裡的停車位

使用Pango停車步驟

Step 1 下載並註冊

在註冊頁面需輸入以色列當地電話號碼、車牌號碼(每輛車只能註冊1個Pango帳號)、郵箱以及所在城市(隨便選1個)，收費的版本好處是會按照車輛位置，自動繳停車費，包含提示要繳交停車費、延長停車或是終止停車。免費的版本就要手動開始、延長或終止停車。

Step 2 綁定信用卡資料

最後一欄是以色列信用卡的ID號碼，我們只能自行編出8～9位數字。

Step 3 認證手機號碼

認證完手機號碼就註冊成功啦。

Step 4 開始停車

系統會根據定位抓你的所在位置，但還是要在位置的選項中選出最符合你所選的停車格位置，選完後就點「Start Parking」（開始停車）。

Step 5 結束停車

結束停車時按時鐘，接著帳單會出現在螢幕上，也會寄到電子郵箱。

在以色列加油

以色列油價約台灣的2～3倍，以小車每公升的油跑平均13.5公里來算，每100公里的油費約15美金。加油站機台都是希伯來文，建議第一次加油時先準備好Google拍照翻譯APP，95汽油寫的是數字，柴油是寫希伯來文的 רולס (或diesel)。

自助加油步驟

Step 1 輸入車牌號碼

把加油槍放到油箱後，在機台輸入車牌號碼。

Step 2 付費

把信用卡插入機台後，輸入8～9位數字(例如11111111)，這是因為以色列當地每張信用卡都有類似密碼的ID，但我們外國的卡並沒有這串數字，並且外國卡一次最多只能加200NIS。

也可以走到商店跟店員說你要在幾號站加油，再走回

▲以色列加油，自助與人工的兩種費用，自助加油會便宜一點，星號是安息日額外收的費用

車子自己拿油槍加油，好了再走回店裡繳費。要是店員是幫你拿著油槍等到油加滿，就會被算成人工加油的費率。

7天：精華行程

掌握住以色列行程安排的各種眉角，就算只有短短7天的假期，也可以充實的規劃以色列之旅，搭配跨國玩約旦！

旅遊眉角

行程安排停看聽

1. 只有週一和週四早上能看得到成年禮
2. 磐石清真寺(聖殿山)週五不開放
3. 基督教景點週日不開放
4. 西牆隧道導覽可以安排在晚上
5. 利用晚上做南北間的移動
6. 以耶路撒冷做定點，減少換住宿和搬行李的時間

Day1 六

抵達聖城四大區巡禮／耶路撒冷過夜

交通 安息日可搭乘共乘小巴到耶路撒冷、可搭乘阿拉伯巴士到橄欖山

餐飲 週六能在猶太區看見以色列過安息日獨有的樣子，但是猶太餐廳商店不開門，也就是要在阿拉伯區或基督徒區用餐

行程 花園墳墓→橄欖山半日遊→畢士大池→傳統苦路14站→阿拉伯區市場→聖墓教堂→基督徒市場→基督堂→亞美尼亞區聖雅各教堂→錫安山景點→猶太區胡瓦廣場與寬牆

Day2 日

伯利恆、希伯崙一日遊／耶路撒冷過夜

交通 買40Km的一日票搭乘阿拉伯巴士到伯利恆和希伯崙，而伯利恆與希伯崙之間需要搭乘阿拉伯小巴士

行程 主誕教堂→耶柔米洞穴→希伯崙亞伯拉罕洞穴→耶路撒冷

Day3 一

聖城文化古蹟一日遊／耶路撒冷過夜

行程 城牆南段→西牆觀摩成年禮→磐石清真寺→大衛之城與希西家水道→Mechane Yehuda市場→大屠殺紀念館或以色列博物館→西牆隧道導覽→燈光秀

Day4 二

馬撒大日出死海一日遊／拿撒勒過夜

交通 有租車可再去昆蘭洞穴或隱基底，沒租車或要爬山看日出的話，可參加當地團

行程 隱基底、馬撒大、死海海灘→拿撒勒

Day5 三

加利利湖、戈蘭高地一日遊／特拉維夫過夜

交通 若用Rav-kav實體卡要買120Km一日票，不想一直搬行李，Day4在特拉維夫過夜，Day5參加特拉維夫來回的加利利一日遊

行程 迦拿→迦百農→加利利湖→五餅二魚教堂→彼得獻心堂→抹大拉→提比哩亞→特拉維夫

Day6 四

特拉維夫雅法／特拉維夫過夜

交通 若用Rav-kav實體卡要買15Km一日票
行程 老雅法與特拉維夫

Day7 五

離開以色列，回國或接著去約旦3天。

14 天：遇見耶穌行程

透過實地走訪來豐富對耶穌生活、歷史背景、文化和傳統的認識吧！

Day1 六 ——— 出生

`交通` 安息日也有阿拉伯巴士前往伯利恆，可使用 15km 巴士一日票

`行程` 伯利恆的主誕教堂→耶柔米洞穴

Day2 日 ——— 希律王

`行程` 希律堡或死海的馬撒大

Day3 一 ——— 獻上

`行程` 西牆成年禮→大衛之城的上行之路→耶路撒冷考古公園和猶太區

Day4 二 ——— 屠殺

`交通` 使用 15km 巴士一日票

`行程` 大屠殺紀念館→隱基琳

Day5 三 ——— 成長

`交通` 使用 120km 巴士一日票

`行程` 拿撒勒一日遊

Day6 四 ——— 洗禮

`行程` 上午：伯大尼→下午：試探山修道院

Day7 五 ——— 受膏者

`行程` 上午：耶路撒冷城牆、錫安山→下午：前往提比哩亞

Day8 六 ——— 呼召

`行程` 上午：看日出！安息日在湖邊走走→下午：走去提比哩亞溫泉

Day9 日 ——— 服事與權柄

`交通` 自駕去加利利，選擇上會更為有彈性

`行程` 上午：小約旦河受浸處、抹大拉→下午：五餅二魚教堂、彼得獻心堂→晚上：回耶路撒冷

Day10 一 ——— 傳統

`行程` 上午：聖殿山、畢士大池→下午：西底家洞穴、希西家水道與西羅亞池→晚上：在 Mea She'arim 感受極端正統派猶太人生活

Day11 二 ——— 道別

`行程` 上午：伯大尼→下午：最後晚餐樓

Day12 三 ——— 受害

`行程` 上午：橄欖山、該亞法的家→下午：大衛塔、醫院區、苦路 14 站、聖墓教堂

Day13 四 ——— 復活

`行程` 上午：花園墳墓→下午：到特拉維夫

Day14 五 ——— 見證

`交通` 使用 15km 巴士火車一日票

`行程` 上午：硝皮匠西門的家→下午：離境

15天：深入冒險行程（搭配自駕）

在大城市探索後，租車10天自駕遊，完全掌握行程，深入冒險各個角落，包含古以色列王國的疆界從但到別是巴，經過曠野、加利利湖、地中海和山林，認識不同面貌的以色列！

旅遊廣角

行程安排停看聽

1. 只有週一和週四早上能看得到成年禮
2. 磐石清真寺（聖殿山）週五不開放
3. 基督教景點週日不開放
4. 逆西牆隧道導覽可以安排在晚上
5. 利用晚上做南北間的移動
6. 以耶路撒冷做定點，減少換住宿和搬行李的時間
7. 逆時針玩以色列，不走回頭路的自駕行程

Day1 六

抵達聖城四大區巡禮 ／耶路撒冷過夜

交通 安息日可搭乘共乘小巴到耶路撒冷、可搭乘阿拉伯巴士到橄欖山

餐飲 週六能在猶太區看見以色列過安息日獨有的樣子，但是猶太餐廳商店不開門，也就是要在阿拉伯區或基督徒區用餐

行程 花園墳墓→橄欖山半日遊→畢士大池→傳統苦路14站→阿拉伯區市場→聖墓教堂→基督徒市場→基督堂→亞美尼亞區聖雅各教堂→錫安山景點→猶太區胡瓦廣場與寬牆

Day2 日

特拉維夫雅法一日遊 ／耶路撒冷過夜

行程 老雅法與特拉維夫

Day3 一

聖城文化古蹟一日遊 ／耶路撒冷過夜

行程 城牆南段→西牆觀摩成年禮→磐石清真寺→大衛之城與希西家水道→Mechane Yehuda市場→大屠殺紀念館→西牆隧道導覽→燈光秀

Day4 二

耶利哥一日遊 ／拿撒勒過夜

行程 試探山→耶利哥廢墟→以利亞水泉→回耶路撒冷後去以色列博物館

Day5 三

伯利恆、希伯崙一日遊 ／耶路撒冷過夜

行程 主誕教堂→耶柔米洞穴→希伯崙亞伯拉罕洞穴

Day6 四

提車日，希律堡、別是巴 ／住 Mitzpe Ramon 曠野

交通 開車3小時(210公里)、2個景點3小時

行程 希律堡→ 別是巴→ Mitzpe Ramon 訪客中心

Day7 （五）

曠野一日遊／住 Dimona

交通　開車 1 小時（70 公里）、4 個景點 6 小時

行程　曠野日出→曠野吉普車→本古里安墓地→隱阿芙達→香料城市 Mamshit 或騎駱駝

Day8 （六）

死海一日遊／耶路撒冷過夜

交通　開車 3.5 小時（248 公里）、4 個景點 5 小時

行程　死海（Ein Boket 公共海灘）→馬撒大→昆蘭洞穴或隱基底瀑布健行→真正的耶穌約旦河受浸處

Day9 （日）

猶大撒瑪利亞／提比哩亞過夜

交通　開車 4 小時（215 公里）、3 個景點 5 小時

行程　伯特利→示羅→基利心山

Day10 （一）

加利利湖周遭／提比哩亞過夜

交通　開車 1.5 小時（65 公里）、6 個景點 5.5 小時

行程　抹大拉→迦百農→五餅二魚教堂→彼得獻心堂→亞伯山國家公園→提比哩亞溫泉國家公園

Day11 （二）

戈蘭高地第一天／提比哩亞過夜

交通　開車 3 小時（166 公里）、5 個景點 6 小時

行程　但→巴尼亞瀑布→該撒利亞腓立比→寧錄城堡→兵頭山

Day12 （三）

戈蘭高地第二天／提比哩亞過夜

交通　開車 3 小時（178 公里）、5 個景點 6 小時

行程　迦姆拉→庫爾西→Ofir 觀景台→貝特謝安

Day13 （四）

拿撒勒與周遭／海法過夜

交通　開車 2.5 小時（99 公里）、4 個景點 6 小時

行程　拿撒勒→他泊山→懸崖山→迦拿→基波立國家公園

Day14 （五）

海法、阿卡／海法過夜

交通　開車 2 小時（112 公里）、2 個景點 6 小時

行程　巴哈伊花園→迦密山修道院→阿卡古城

Day15 （六）

還車日

交通　開車 2 小時（130 公里）、3 個景點 6 小時

行程　米吉多國家公園→貝特沙瑞姆國家公園→該撒利亞→機場

Yerushalim

「因為耶和華揀選了錫安，願意當作自己的居所，
說：這是我永遠安息之所，我要住在這裡，因為是我所願意的。」
——詩篇 132:13-14

耶路
撒冷

平安之城
平安不易

聖城，為何是耶路撒冷？

耶路撒冷，在希伯來文的意思是平安之城，並以複數名詞存在，彷彿提醒著除了地上的耶路撒冷城，天上還有一個！

一個臉頰紅潤的牧羊童大衛，帶著非利士巨人歌利亞的頭，走了30幾公里的路，將頭埋在一個錫安的保障，稱為耶路撒冷。彷彿是刻意回到起初就選好的舞台，在約西元前10世紀，大衛成為了君王後攻下耶路撒冷，興建了將作為宮殿的大衛之城(City of David)。

作為君王，大衛也是詩人，從詩篇能看出他瘋狂愛神的心。大衛接來了耶和華的約櫃，裡面裝著寫著「約」的石板！極度渴望神榮耀同在的大衛，不滿足約櫃只被放在會幕的幔子內，他更要在他宮殿旁為神蓋個更雄美的殿宇。

聖殿，是神在地上的居所，聖殿山(Temple Mount)在希伯來文意思是「家山」，因為神喜悅祂名的居所設立在此，從此有神同在的耶路撒冷成了聖城。有人

4

1. 西牆前的猶太人 ／ 2. 被穆斯林封住的金門，以防止彌賽亞再來／3.聖墓教堂的屋頂，其光芒象徵耶穌的12 個使徒，耶穌在這裡安葬與復活 ／ 4.1948 年的逾越節餐盤（納粹時期結束），上面寫的是「今年在耶路撒冷」／ 5. 過 Sigd 的衣索比亞猶太婦人，慶祝猶太人與上帝立約並摩西在西奈山上接受律法（十誡）的時刻

說，這裡是伊甸園的位置，是亞伯拉罕獻以撒的摩利亞山，是耶穌被釘十字架、最終成了被殺羔羊的地方。

聖經提到耶路撒冷至少700次，猶太民族在聖殿被摧毀後，也被驅離到異國他鄉，在拋來拋去的流亡時期(Diaspora)，他們被排擠、被誣賴傳播黑死病、被禁止行割禮、被強迫吃豬肉、被強迫放棄信仰和被驅逐等。兩千年的物換星移，但猶太人沒有放棄受割禮民族的身分，沒有忘記誡命，每年守逾越節和贖罪日時總用「明年在耶路撒冷！」做結尾，因為那才是真正的家。

一個民族與一位神，因為一個約定，和一份不改變的關係，這個持續講了3,000年的故事，在還沒有完結篇之前，會持續上演。

老地方，耶路撒冷。

心心念念的錫安

到巴比倫，來自猶大地的人在異地被稱為「猶太人」。滿了70年，按著先知們的預言，統治者波斯王古列下令容許猶太人「回家」重建聖殿。

希臘時期，聖殿曾被改為宙斯殿，引發了馬加比起義，猶太人成功的反抗使得他們擁有了短暫的獨立。從西元前63年，羅馬的龐培攻下耶路撒冷。大希律從西元前37年做王，將第二聖殿擴建，在以色列博物館可以看到那時期的聖殿和街道模型。耶穌約在西元30年時在上耶路撒冷過逾越節時受難，因此客西馬尼園、苦路、聖墓教堂、最後晚餐樓等，都發生在耶路撒冷這個舞台。

西元70年，猶太大起義失敗，第二聖殿被羅馬軍團摧毀，猶太人就此亡國，土地有了新主人。西元135年，巴柯巴(Bar Kochbar)帶領的起義也失敗，於是被羅馬皇帝哈德良懲罰性的，將已經有千年名稱的耶路

「我們曾在巴比倫的河邊坐下，一追想錫安就哭了。」

── 詩篇 137:1

1. 在救贖主教堂的塔樓上，往東看聖殿山與充滿許多墓園的橄欖山／ 2. 汲淪谷以及橄欖山腳的客西馬尼園／ 3. 現代以色列士兵站在羅馬時期的 Cardo 大道／ 4. 在橄欖山上，往西看耶路撒冷

耶路撒冷小檔案

名稱與含意：平安之城
面積：125 km²
人口：約 957,000
降雨量：477 mm
平均氣溫：6°～ 12°（1 月）、
　　　　　19°～ 29°（7 月）
海拔：799m

撒冷改為羅馬城市的名字「依麗亞城」（Aelia Capitolina），猶人省也依照古代以色列的敵人非利士人(Philistine)而被改名為「巴勒斯坦」(Palestine)。

西元4世紀，君士坦丁接受基督教為合法宗教，開啟了朝聖傳統，這裡成了基督徒的「聖地」；西元8世紀，伍麥葉王朝(Ummayad)在聖殿山位置興建了磐石清真寺，這裡也成了伊斯蘭教徒的聖地。西元11世紀，十字軍(Crusaders)將她改造成基督教城市。西元16世紀，鄂圖曼土耳其人征服耶路撒冷400年，建造了現在的城牆。

英國結束託管時期，以色列在1948年5月14日建國，巴勒斯坦被以色列、約旦、敘利亞、埃及分割。「東耶路撒冷」以及整個舊城屬於約旦統治，猶太人一直等到1967年六日戰爭後，才第一次能接近並重新擁有一個包含聖殿山、哭牆和橄欖山的耶路撒冷。

神的居所未曾改變，這是經過接近兩千年的流離失所，終於回到的「家」。

歡迎來到，耶路撒冷。

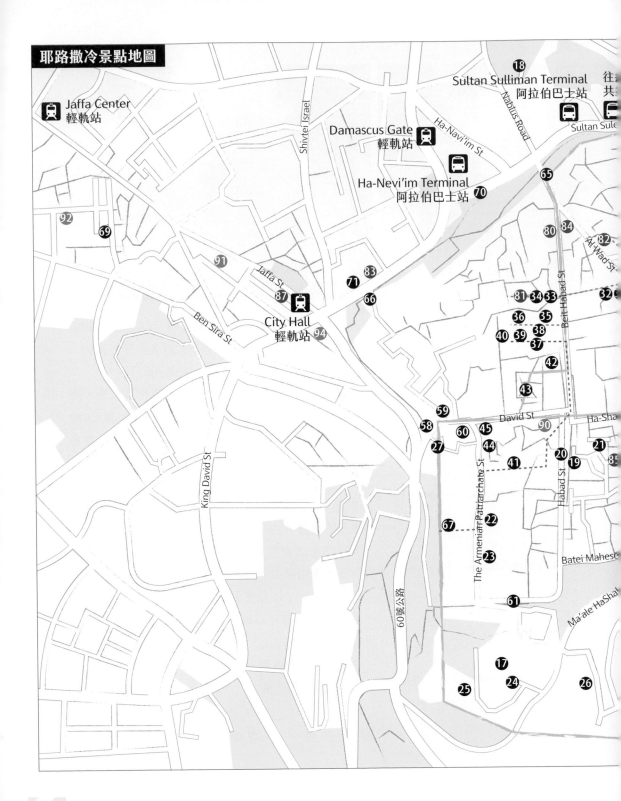

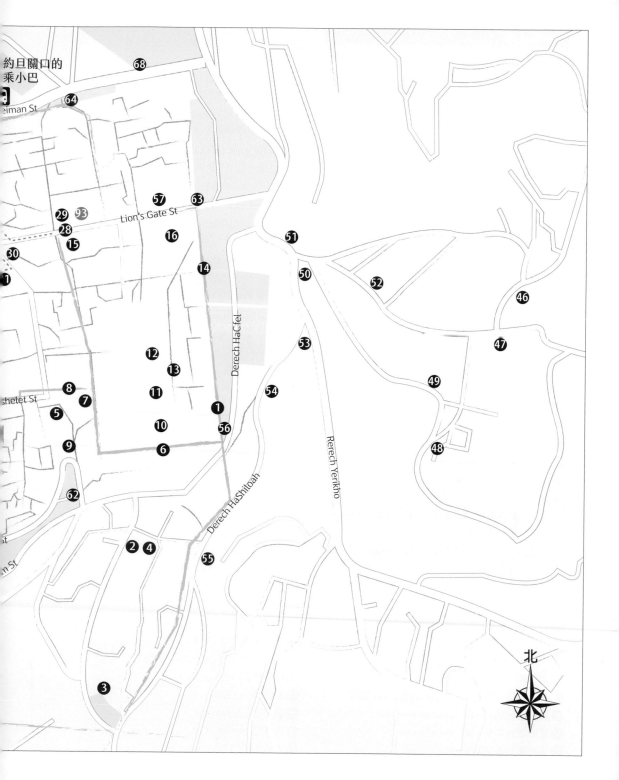

約旦關口的
乘小巴

eiman St

64

68

57 63

29 93
Lion's Gate St

28
15

30

1

16

14

Derech HaCfet

51

50

52

46

47

53

49

54

48

12

13

11

8
7
shetet St
5
9

10

1

6

56

62

Derech HaShiloah

Rerech Yerikho

2 4

55

3

北

71

景點推薦

❶ 耶穌時期的城牆 ━━━━━━
　 Walls of Jerusalem in Jesus' time
❷ 大衛之城入口 City of David
❸ 西羅亞池 Pool of Siloam
❹ 上行之路 The Pilgrim's Route
❺ 耶路撒冷考古公園（南牆、大衛森中心）入口
　 Southern Steps Entrance
❻ 戶勒大門 Huldah Gates
❼ 西牆廣場 Western Wall Plaza
❽ 西牆地下隧道行程 Western Wall Tunnel Tours
❾ 聖殿山（磐石清真寺）安檢入口
　 Temple Mount Entrance
❿ 阿克薩清真寺 Al-aqsa Mosque
⓫ 潔淨噴泉 Al-kas fountain
⓬ 磐石清真寺與鐵鍊寺 Dome of the Rock
⓭ 聖殿位置 The Holy Temple
⓮ 金門 Golden Gates
⓯ 宣禮塔 Al-Ghawanima Minaret
⓰ Bab al-Asbat 出口（靠近獅門）
⓱ 聖母安眠教堂及修道院 Abbey of the Dormition
⓲ 花園墳墓 Garden Tomb
⓳ 胡瓦會堂 The Hurva Synagogue
⓴ 羅馬商業大道 Cardo
㉑ 寬牆 The Broad Wall
㉒ 聖雅各教堂 St. James Cathedral Church
㉓ 亞美尼亞博物館 Museum of Armenian
㉔ 大衛陵寢與最後晚餐樓
　 King David's Tomb & The Upper Room
㉕ 初代教會遺跡 The First Church
㉖ 雞鳴教堂（該亞法之家）Saint Peter in Gallicantu
㉗ 大衛塔 Tower of David
㉘ 天主教聖地博物館 Terra Sancta Museum
傳統苦路 ━ ━ ━ ━ ━
㉘ 苦路第一站（安東尼亞堡）Via Dolorosa Station 1
㉙ 苦路第二站 Via Dolorosa Station 2
㉚ 苦路第三、四站 Via Dolorosa Station 3&4
㉛ 苦路第五站 Via Dolorosa Station 5
㉜ 苦路第六站 Via Dolorosa Station 6
㉝ 苦路第七站 Via Dolorosa Station 7

㉞ 苦路第八站 Via Dolorosa Station 8
㉟ 苦路第九站 Via Dolorosa Station 9
㊱ 聖墓教堂（各各他）
　 The Holy Sepulcher (Golgatha)
㊲ 苦路第十站 Via Dolorosa Station 10
㊳ 苦路第十一、十二站
　 Via Dolorosa Station 11&12
㊴ 苦路第十三站（膏禮之石）
　 Via Dolorosa Station 13 (Stone of unction)
㊵ 苦路第十四站（神龕）
　 Via Dolorosa Station 14 (Edicule)
㊶ 新的苦路路線 New Via Dolorosa ━ ━ ━ ━
㊷ 救贖主教堂 Lutheran Church of the Redeemer
㊸ 醫院區 Muristan
㊹ 基督堂 Christ Church
㊺ 基督徒資訊中心 Christian Information Center
㊻ 升天教堂 Chapel of the Ascension
㊼ 主禱文教堂 The Pater Noster Church
㊽ 橄欖山觀景台 Observant Point on Mt.Olives
㊾ 主泣教堂 Dominus Flevit Church
㊿ 客西馬尼園與萬國教堂
　 Gethsemane and Church of All Nations
51 童女馬利亞的墓 Tomb of Mary
52 抹大拉馬利亞教堂 Church of Mary Magdalene
53 汲淪谷入口 Kidron Valley Entrance
54 押沙龍的墓 Tomb of Absalom
55 汲淪谷出口 Kidron Valley Exit
56 金門墳墓入口 Goldan Gate Graveyard Entrance
57 畢士大池與聖安妮教堂
　 Pool of Bethesda and Church of Saint Anne
58 雅法門 Jaffa Gate
59 走上城牆入口（北）
　 Ramparts Walk (North) Entrance
60 走上城牆入口（南）
　 Ramparts Walk (South) Entrance
61 錫安門 Zion's Gate
62 糞門 Dung Gate
63 獅子門 Lion's Gate
64 希律門 Herod's Gate
65 大馬士革門 Damascus Gate

- ❻❻ 新門 New Gate
- ❻❼ 隱藏門 Hidden Gate
- ❻❽ 洛克菲勒考古博物館 Rocketfeller Museum
- ❻❾ 錫安之友博物館 Friends of Zion Museum
- ❼⓪ 西底家洞穴 Zedekiah's Cave
- ❼❶ 裹屍布展覽 The Shroud Exhibition

▲聖墓教堂

美食推薦

- ❽⓪ 阿拉伯甜點 Jafar Sweets
- ❽❶ 鷹嘴豆泥餐廳 Lina
- ❽❷ 奧地利修道院的特里特咖啡
  Café Triest at Austrian Hospice
- ❽❸ 聖母院露天餐廳
  Notre Dame Cheese &Wine Rooftop Restaurant
- ❽❹ 阿拉伯烤肉餐廳 Al Nasser Restaurant
- ❽❺ 基督堂花園咖啡廳 Christ Church Café
- ❽❻ 基督徒資訊中心露天咖啡店
  Christian Information Center Café
- ❽❼ Cofix

住宿推薦

- ❾⓪ Citadel Hostel
- ❾❶ The Post Hostel
- ❾❷ Cinema Hostel
- ❾❸ Ecce Homo
- ❾❹ Dar Mamilla Guesthouse

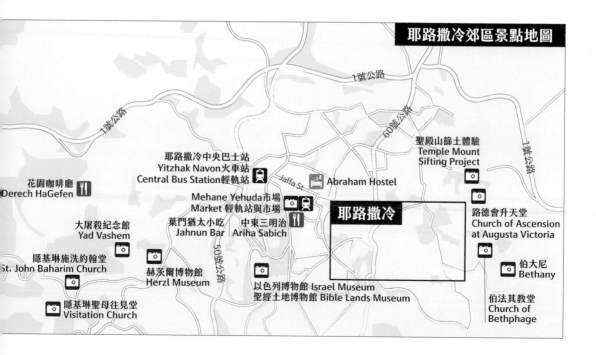

耶路撒冷郊區景點地圖

1號公路

1號公路

60號公路

60號公路

1號公路

聖殿山篩土體驗
Temple Mount
Sifting Project

耶路撒冷中央巴士站
Yitzhak Navon火車站
Central Bus Station輕軌站

Jaffa St

Abraham Hostel

花園咖啡廳
Derech HaGefen

Mehane Yehuda市場
Market 輕軌站與市場

耶路撒冷

路德會升天堂
Church of Ascension
at Augusta Victoria

大屠殺紀念館
Yad Vashem

葉門猶太小吃
Jahnun Bar

中東三明治
Ariha Sabich

60號公路

隱基琳施洗約翰堂
St. John Baharim Church

赫茨爾博物館
Herzl Museum

伯大尼
Bethany

隱基琳聖母往見堂
Visitation Church

以色列博物館 Israel Museum
聖經土地博物館 Bible Lands Museum

伯法其教堂
Church of
Bethphage

耶穌時期，
舊城內景點

耶路撒冷舊城的範圍

　　耶路撒冷的範圍，在各時期的歷史中有不同的樣貌，本書選用2,000年前的角度，來分類耶穌時期的「舊城」內外景點。耶穌時期的舊城邊界，是從西北角的希律碉堡(現在的大衛塔)，沿著寬牆到安多尼亞堡(現在是磐石清真寺園區中的Al-Ghawanima宣禮塔)，再往北到現代的大馬士革門與希律門的區域，往南還包含了大衛之城區域和現在的錫安山。

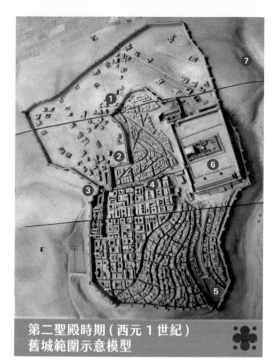

第二聖殿時期（西元 1 世紀）
舊城範圍示意模型

聖殿仍存在，最北那道圍牆在耶穌時期尚未蓋起來，當時城牆有看似不合理的 90 度轉彎，是因為要避開一個山坡，即各各他。

1. 耶穌時期城牆範圍（大馬士革門的位置）／ 2. 各各他／ 3. 希律碉堡／ 4. 寬牆／ 5. 西羅亞池／ 6. 聖殿／ 7. 汲淪谷

拜占庭時期（西元 4 世紀）
舊城範圍示意模型

聖殿被毀了，在大馬士革門位置下方曾是羅馬廣場，城市有了羅馬大道，並且在各各他蓋了聖墓教堂。

1. 拜占庭時期城牆範圍（羅馬廣場；大馬士革門的位置）／ 2. 各各他成為聖墓教堂／ 3.Cardo 羅馬大道／ 4. 聖殿被毀／ 5. 汲淪谷

十字軍時期（西元 12 世紀）
舊城範圍示意模型

磐石清真寺已蓋在聖殿山位置，當時城牆已不包含靠南的部分，主要原因是住靠近山谷，很容易成為敵人的目標。

1. 十字軍時期城牆範圍（大馬士革門的位置）／ 2. 聖墓教堂／ 3. 磐石清真寺／ 4. 汲淪谷

城牆造就四大區與八城門

　　耶路撒冷的「舊」城城牆只有約400年的歷史，為西元16世紀鄂圖曼土耳其統治者蘇萊曼一世(Süleyman the Magnificent)所建，除了金門是建於西元7世紀，以及新門建於1898年。城牆於1981年被列為世界文化遺產，面積只有0.9平方公里，約從西元19世紀開始，大致上形成了現在的亞美尼亞區、基督徒區、穆斯林區、猶太區，當時非穆斯林不能到穆斯林的聖地，如今族群之間仍感受得到井水不犯河水的氣氛。穿越在其中，因著當地人服飾、街道、販售商品等差異，就彷彿拜訪了不同的國家。

　　現代舊城的8個城門成了許多遊客的打卡景點，但其實還有第九個隱藏門唷！

1. 基督徒區幾乎都是遊客，和非常多的教堂與紀念品店／2. 猶太區有會堂，街道很乾淨／3. 穆斯林區有清真寺和熱鬧的阿拉伯市場，但因為有苦路，所以也有賣基督教或猶太教的商店／4. 亞美尼亞區很小，只有教堂、餐廳和商店

大馬士革門 (Damascus Gate)

建於 1537 年 ，朝向敘利亞的大馬士革，也稱示劍門。下面有西元 2 世紀羅馬皇帝哈德良建造的遺跡。 MAP P.70 65

金門 (Golden Gate)

又稱東門、憐憫門，建於西元 7 世紀，彌賽亞再來時要從東門進入，於是穆斯林封閉此門。 MAP P.71 14

獅子門 (Lion's Gate)

又稱聖司提反門，傳說司提反在這裡被石頭打死。 MAP P.71 63

希律門 (Herod Gate)

又稱花門，跟希律本身沒關聯，通往穆斯林區。 MAP P.71 64

糞門 (Dung Gate)

運送出舊城水肥的門，可能跟尼希米時期的糞門位置接近，通往西牆的門。 MAP P.71 62

雅法門 (Jaffa Gate)

通往雅法，旁邊就是大衛塔。 MAP P.70 58

錫安門 (Zion Gate)

通往錫安山的門，千瘡百孔的門充滿著獨立戰爭和六日戰爭的歷史痕跡。這裡通往亞美尼亞與猶太區。 MAP P.70 61

新門 (New Gate)

1898 年為了新建的聖母修道院，朝聖者能方便出入舊城而打通的門。 MAP P.70 66

知識周角

與耶穌有關的隱藏門

　　最新的考古資料證實大衛塔就是希律碉堡，而按照歷史資料顯示羅馬巡撫彼拉多的個性，照理會選擇離雅法最近且發生暴動時能最快撤離的希律碉堡作為官邸。由於當時擁戴耶穌的猶太人口眾多，因此耶穌的審判 (約翰福音 18:28-40)，合理推測是發生在最少人會來的希律碉堡旁的隱藏門 (Hidden Gate)。 MAP P.70 67

▲耶穌時期時通往希律碉堡的城門，現在仍能看見台階、外牆與內牆的城門遺跡

旅遊周角

近距離看金門

　　金門是通往聖殿的門，位於聖殿山東側，在這裡可近距離看金門，以及第一聖殿時期的石頭地基！但伊斯蘭教徒得知彌賽亞將從金門進來，又認為墓地可防止有祭司身分的彌賽亞來，所以不但把門封住了，還蓋了墓地。

▲沿著糞門往金門走會看到墓園入口，雖然不算景點，但沒有進出限制

以居民視角觀察

走上城牆看耶路撒冷
Ramparts Walk

☎ +972-2-627-7550 ｜ ⏰ 週六～四冬天09:00～16:00、夏天09:00～17:00，週五09:00～14:00，7、8月09:00～21:00 ｜ 休 週五(僅北面路線) ｜ $ 成人25NIS，學生、孩童(5～18)12NIS ｜ ➡ 面對西牆右邊的建築物，售票處在雅法門遊客中心的旁邊，從旁邊階梯可開始北面的散步，南面的入口在靠近大衛塔 ｜ ⧖ 各1小時 ｜ ⁉ 1.建議結伴走。2.一張門票可用兩天，包含北面和南面兩條路線，兩者沒有相通 ｜ MAP P.70～71 ❶

環繞舊城的城牆，風景優美，非常適合拍照！不妨從這個鮮少人知的角度，來認識耶路撒冷吧！

北面路線會經過新門和基督徒區，可以看到梵蒂岡的建築和修女院、上學的小孩，十分貼近居民的生活，完全脫離觀光客視角，還有很棒的天際線可以看到聖墓教堂。只有經過大馬士革門到接近希律門這段，算在耶穌時期舊城的邊界，終點站在穆斯林區的獅子門口。

南面路線都屬於耶穌時期的耶路撒冷，會經過錫安門，可以看到神祕的亞美尼亞區，再經過錫安山，終點在猶太區的西牆附近。兩個路線都很推薦，非常適合觀察四大區的差異。

旅遊眉角 無邊界的耶路撒冷

從建國到1967年之間，耶路撒冷舊城屬於約旦管理，六日戰爭後，建國之父本古里安曾大膽提議，將這些城牆完全拆除，讓新舊耶路撒冷的疆界能完全融合、自由交流和城市發展，但畢竟城牆也是歷史古蹟，這個提案很快地就被否決了。

▲北面路線，大馬士革門可看到阿拉伯市集和聖殿山

▲ 南面路線，錫安門

3,000年的古老神祕隧道

大衛之城 與 希西家水道
City of David / Hezekiah Tunnel

http www.cityofdavid.org.il/en；詳細介紹：reurl.cc/GevKeW｜ 📍 City of David, Ma'alot Ir David St, Jerusalem｜ 📞 *6033｜ 🕐 週日～四冬天08:00～17:00、夏天08:00～19:00，週五冬天08:00～14:00、夏天08:00～16:00｜ 休 週六｜ $ 成人28NIS，兒童票(5～18歲)14NIS，適用國家公園年票｜ 🚶 從哭牆或糞門步行約5分鐘｜ ⏳ 3小時｜ ⁉️ 1.水道售票時間為營業結束前2小時停止售票。2.走水道建議穿涼鞋、短褲和帶手電筒。3.水深最多70公分，有個立牌可以比一下，5歲以下小孩與孕婦不能進去，14歲以下小孩需要大人陪同。4.全程走完約40分鐘，不能回頭。5.水道出口有接駁車回到園區入口，費用5NIS。6.在大衛之城買票時，就會被分配好入場希西家水道的時間。7.售票處有禮品店賣簡單的咖啡和糕點。8.有付費的置物櫃10NIS｜ 🕎 撒下5:8，王上1:38，王下25:8-9，耶36，耶37:3，尼3:15，約9｜ MAP P.71 ②

「然而大衛攻取錫安的保障，就是大衛的城。」
—— 撒母耳記下 5:7

大衛之城

很難想像，3,000年前大衛和歷任的王都住在這裡！

起初，耶路撒冷以前是迦南耶布斯人的城市，但是大衛卻選擇將以色列國的首都設在這裡，這塊地同時屬於猶大支派與便雅敏支派。大衛把他的宮殿蓋在摩利亞山以南，位於中谷與汲淪谷之間。在耶穌時期，直到底部的西羅亞池，都屬於耶路撒冷城內。

在觀景台上，能看見蓋在至少50座第一聖殿時期的古墳上的現代阿拉伯村莊「Silwan」。而在被認為是大衛宮殿的遺跡裡發現了腓尼基的柱子、2～2.5公尺的厚牆壁，並且也發現了一個屬於聖經人物「猶甲」的印，一種古代人用來封住信件和同時簽名的印章。

「皇家區或G區」(Royah Quarter/Area G)，是重要貴族住的區域，房屋結構是一層層疊上去的。正中央是典型第一聖殿時期

的房屋，旁邊甚至有石頭馬桶，可見當時文明的進步。在這裡發現了51個古代的印，其中一個印上寫著聖經的人名「沙番的兒子……基瑪利雅」。在地層中發現燒過的灰，證實西元前586年巴比倫王攻打南國猶大的歷史。更多不斷被挖掘出來的文物，證實了聖經的真實與可靠。

1. 從位於南方的大衛宮殿眺望城牆和摩利亞山，這裡在耶穌時期都算城內 / 2. 大衛之城入口處 / 3. 大衛之城對面就是 Silwan 阿拉伯村，因為名稱結尾的「n」通常代表「地方」，代表很可能跟聖經的西羅亞池 (Siloam) 有關聯。汲淪谷是死人與活人的分界，一邊是耶路撒冷，另一邊則是橄欖山，直到 1883 年之後才有人住在橄欖山 / 4. 皇家區或 G 區的房屋，也稱為火燒房 / 5. 皇大衛宮殿，發現了猶甲的印和腓尼基的柱子，成為現在以色列 5 元新舍克勒硬幣上的圖案

旅遊情報

大衛之城的哈利路亞燈光秀

在耶路撒冷晚上不知道該做什麼嗎？週日～四有「哈利路亞燈光秀」(Hallelujah)，約 1.5 小時，是一個美好的視覺和聽覺的饗宴，古老的大衛之城像是甦醒過來一般。

$ 65NIS，線上預約優惠 5%

⁉ 有中文配音

▲很值得看的哈利路亞燈光秀

希西家水道

希西家水道是大衛之城的重要參觀亮點，1860年英國維多莉亞女皇派的工程師Charles Warren發現垂直的通道，讓他認為這可能就是大衛攻打錫安山寨時走的「水溝」(tsinor)，意思就是水管或是瀑布。下方聚集基訓泉水的「迦南水池」廢墟，很可能是所羅門王加冕的地方。

希西家看見北國以色列被亞述帝國滅亡，為了防止亞述大軍切斷猶大國的水源，於是興建了藏在地下的水道，把水安全引進大衛之城。水道長533公尺，通道最窄的部分為60公分。考古人員在這挖掘到一個西羅亞碑銘，記錄了當時兩組建築工人如何分別從兩頭挖掘水道，以及在中心點碰頭。水道出口處上來是西羅亞池，意思是「奉差遣」，是瞎子奉耶穌差遣洗眼睛得醫治的地方。水池也是浸禮池，以色列男人要在水池潔淨自

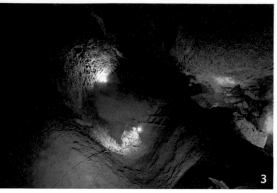

3 **4**

己，才能上聖殿，在遺址中可看出過去的大規模台階。

1. 曾經有水的西羅亞池，寬闊的階梯方便眾多來朝聖的男丁進出。西羅亞池其餘的部分在希臘東正教教會的土地。從這裡的出口走出去有園區付費接駁車 (5NIS)，可以搭回大衛之城入口處／2. 古老的朝聖路線，古代朝聖者從西羅亞池，一路唱著詩篇的上行詩，走向聖殿。台階有系統地被摧毀，是因為當時羅馬兵丁在確保下方沒有藏匿的猶太活口／3. 迦南水池，所羅門王被加冕的基訓，指的可能就是這個水池／4. 西羅亞碑銘的複製品，真品在伊斯坦堡／5. 希西家水道很黑！記得帶手電筒／6. 希西家水道和迦南隧道 (Canaanite Tunnel) 只能二擇一，迦南隧道沒有水，長 115 公尺／7.Warren 發現的垂直通道

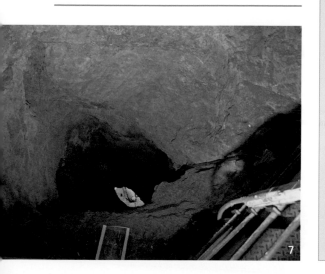

7

玩遍以色列必買年票或套票

以色列國家公園年票 (Israel National Park Annual Pass)

若計畫去超過 5 個國家公園，建議購買超划算的以色列國家公園年票，可一年不限次數進出國家公園，包含大衛之城！可在官網或國家公園購買，需攜帶護照以及提供當地住址與電話，之後都可以憑護照號碼或發送到 e-mail 的 QR 碼入場。

http reurl.cc/Y8b00D ｜ **$** 成人 181NIS/ 1 人、275NIS/2 人；學生 141NIS

以色列套票 (Israel Pass)

若確定今年只會來一次以色列，也可以根據自己的行程，買 14 天有效的無限景點、6 個景點、3 點景點的以色列套票，但是很可惜這套票並不適用於大衛之城。

$ 14 天有效的無限景點 150NIS、6 個景點 115NIS、3 點景點 78NIS，沒有學生票

隱藏版的西牆

古代以色列人的朝聖之路
Western Wall Cornerstone

http reurl.cc/p3d29d；詳細介紹 reurl.cc/Q4gZeZ｜📍 City of David, Ma'alot Ir David St, Jerusale｜📞 *6033｜🕐 週六～四11:00、13:00、15:00，週五11:00(需預約導覽)｜休 週六｜💲 成人52NIS、兒童票(5～18歲)42NIS｜➡️ 集合地點在從大衛之城訪客中心，從哭牆或糞門步行約5分鐘｜⧗ 2小時｜❓ 1.通道最狹窄部分為60公分。2.行程會結束在靠近西牆的耶路撒冷考古公園。3.行程已包含3D電影｜✝ 耶31:5｜MAP P.71 ④

大衛之城有很棒的官方英文導覽(需提前預約)，帶遊客走猶太人躲藏羅馬兵丁的藏身處，在這裡的大蓄水池曾發現完整的陶罐、錢幣，以及很可能是聖殿大祭司衣襟上才有的金鈴鐺！地下隧道約100公尺長，行程最後會看到西牆的地基，少了朝聖者的觸摸，牆壁的石頭表面粗糙很多，也更加有歷史感！

耶路撒冷城牆

朝聖之路入口

1. 耶路撒冷真正的舊城牆／2. 原來是停車場，2012年才發現下面是拜占庭時期羅馬的豪宅遺跡，在這裡挖到了耶穌時期的珍珠、祖母綠黃金耳環，因此推測，這珍品可能屬於歷史中搬來耶路撒冷居住的衣索比亞海倫娜／3. 大蓄水池／4. 跟哭牆地基一樣的牆壁／5. 排水道路線，地板是耶路撒冷山城的底岩，上方是朝聖之路的地板

知識庫角

朝聖・一份古老的約定

以色列國歌《希望》(Hatikvah) 寫著：「我們的土地，上帝的應許，古老的盼望阿利亞。帶領著他們，回歸故鄉，美麗的錫安和耶路撒冷。」

「阿利亞」(Aliyah)，是從「上行」一詞所衍生的詞，指海外猶太人移民回歸以色列。在納粹大屠殺發生之前，當時全世界曾有 1,650 萬猶太人，現在只有 1,460 萬猶太人，主要在以色列和美國這兩國各有 600 萬猶太人。這條刻骨銘心的回家路，走了將近兩千年，在建國前，猶太建國會 (Jewish Agency) 成立，至今已有

▲ 從衣索比亞回歸以列的猶太人

300 萬猶太人從超過 70 個國家回歸以列，似乎他們都還記著那古老的約定，而那位立約的神也沒有忘記這份約。

> 「我必領你的後裔從東方來，又從西方招聚你。我要對北方說：交出來！對南方說：不要拘留！將我的眾子從遠方帶來，將我的眾女從地極領回。」
> —— 以賽亞書 43:5-6

耶路撒冷考古公園 · 南牆 · 大衛森中心
The Jerusalem Archaeological Park, Southern Steps, Davidson Center

http 詳細介紹 reurl.cc/o065RD | 📍 The Western Wall, Jerusalem | 📞 +972-2-626-8700 | 🕐 週日～四 冬天08:00～17:00、夏天08:00～19:00，週五08:00～14:00 | 休 週六 | $ 成人29NIS，學生、孩童(5～18)15NIS | ➡ 在糞門旁 | ⧖ 2小時 | 代下27:3、代下33:14、尼3:26-27、太21 | MAP P.71 ⑤

來感受古代以色列百姓上耶路撒冷朝拜的氣氛吧！

根據西元1世紀史學家約瑟夫稱，當時有接近100萬男丁上耶路撒冷朝聖！在這條70公尺長的商店街，猶太人在這裡兌換沒有凱撒頭像的半塊舍客勒和購買給神的祭物，耶穌曾在這裡推翻做買賣人的桌子，說了一句：「我的殿必稱為禱告的殿，你們倒使他成為賊窩了。」

> 「你一切的男丁，要在除酵節、七七節、住棚節，一年三次，在耶和華你神所選擇的地方朝見他，卻不可空手朝見。」
> —— 申命記 16:16

第二聖殿時期羅賓遜拱門　　十字軍加蓋的塔　　伍麥葉王朝的宮殿

1838年羅賓遜發現了西牆上有拱門上緣的遺跡，他認為是過去巨大樓梯結構的一部分，通往聖殿。羅馬人拆毀聖殿時，從上方丟石頭砸死下方的猶太人，其中有塊特別的石頭，銘文上可辨識出來的希伯來文刻著「吹號角……地方」。(代表在2,000年前這裡曾是史學家約瑟夫記載吹號角者的位置，在安息日吹號是為了提醒農夫該休息、商店該打烊了！)

從馬路上就可以看到考古公園，但一定要進來才能感受通往聖殿的南牆階梯，大希律刻意把石階修得更雄偉和寬闊，使用不同的高度讓朝聖者能更認真思考所走的路，可能在最後15階，朝聖者會唱詩篇120篇開始的15篇「上行」詩。如今通往戶勒大門(Hulda Gates)被阿拉伯人或十字軍封起來，這裡可能是耶穌時期的「美門」。

在「浸禮池路線」能看到數10個第二聖殿時期留下來的浸禮池、蓄水池和房屋。這裡也是聖經的「俄斐勒城」(Ophel)，考古學家Eilat Mazar也發現了第一聖殿時期的遺跡，認為是尼希米的「水門」，也發現寫了希西家名字的印！另外這裡還有拜占庭時期的房屋和伍麥葉王朝的宮殿。考古公園內扎實的古蹟，直接串連到2,000年前，彷彿是現成的聖經課本。別忘了參觀一下小小的博物館！裡面有古代朝聖的相關物品介紹。

戶勒大門出口　　　　　　戶勒大門入口

---

1. 石頭上刻著「吹號角……地方」，背景是耶穌時期的商店街／2. 商店街與羅賓遜拱門／3. 耶路撒冷考古公園／4. 戶勒大門，兩扇拱門是出口，另一組3扇拱門遺跡則是入口，若有人著急的從出口進入聖殿，代表家裡有人剛過世／5. 介於大衛之城與聖殿之間的「俄斐勒城」

橄欖山　　　第一聖殿城門與房屋　　　大衛之城　　　拜占庭時期房屋與水庫

水池

西牆・哭牆
The Western Wall, the Wailing Wall, the Kotel

📍The Western Wall, Jerusalem｜📞+972-2-627-1333｜🕐24小時｜🚏搭輕軌到「City Hall」或「Damascus Gate」站，進入舊城往猶太區走，步行約15分鐘到達。或是搭1號或83號公車到「Ma'ale HaShalom/Ma'alot Ir David」，步行1分鐘就到西牆的安檢站｜⏳0.5小時｜⁉️**1.**需要經過安檢，如果安檢人員說西牆關門了應該也只是臨時的，可以詢問當地人發生什麼事。**2.**安息日不可使用電子產品(包含相機)。**3.**不可飲食。**4.**衣著不能露肩或露太多腿，不過現場有提供披巾可以免費借用，離開時歸還。**5.**男生須戴Kippa帽。**6.**週一、四約上午08:00到中午有成年禮儀式。**7.**面向西牆倒退離開的意思是表示尊重｜✝代上22｜🗺️P.71 **7**

　　西牆，猶太人心中的聖地，也是最靠近聖殿至聖所的地方，來到這裡就像回「家」了！四散的猶太人聚集在此禱告、敬拜、讀經，牆內也塞滿了小紙條，有好多想向神説的話，也會看見猶太人在哭牆前的廣場慶祝成年禮。

　　西牆不是聖殿本身，而是聖殿地基擋土牆的一部分，因為耶路撒冷是有3個山谷的山城，希律為了蓋一個很大的平台來擴建聖殿，他就在汲淪山谷和中央山谷之間的山丘(摩利亞山)蓋了一個平台，蓋在西牆的位置其實就是中央山谷，大家可以想像是放了一個蛋糕盒的蓋子，把起伏的山巒修成了平

之後的伊斯蘭時期

伍麥葉時期

希律時期

台！現在的磐石清真寺有9層樓高，但兩千年前希律修建的聖殿卻有22層樓高！難怪耶穌的門徒驚嘆的說：「夫子，請看，這是何等的石頭！何等的殿宇！」強烈建議參加隧道行程去看看地基的大石頭。

現在可見的西牆禱告區是57公尺，但實際長度約488公尺。六日戰爭前，約旦擁有整個舊城，以色列奪回耶路撒冷後，遷移了部分阿拉伯房屋，整理出西牆廣場，作為可容納6萬人的開放式會堂，由保守的正統猶太教管理，因此男女分區。西牆24小時免費開放，若幸運碰上安息日、三大節期、國慶日、耶路撒冷日等，推薦來這裡感受猶太人對信仰的熱忱與執著！

---

1. 耶路撒冷日的西牆／ 2. 空隙都塞滿小紙條的哭牆／ 3. 不同時期蓋的西牆／ 4. 西牆作為開放式會堂，男女分區

哭牆的小紙條，都上哪去？

哭牆縫隙塞滿的小紙條，在逾越節跟猶太新年時會被固定清理，但不會被拿去丟掉或燒掉，而是慎重的被蒐集起來，送到一個特別的「隱藏之處」(Geniza) 房間，裝滿了之後再帶到橄欖山土葬。

西牆為什麼要叫哭牆？

第二聖殿被毀之後，猶太人不准進入耶路撒冷。他們紀念著埃波月第九日的「聖殿被毀日」(Tisha B'Av)，在這天不享樂、進行 25 小時的禁食和讀《耶利米哀歌》，但意想不到的是，第一聖殿竟然也在同一個日子被毀。直到拜占庭時期，猶太人才重新被允許在「聖殿被毀日」進耶路撒冷，但卻沒有了聖殿，他們在存留下的牆前哀哭，哭牆因此而得名。

男女分區的西牆

4

西牆隧道行程
The Western Wall Tour

http cn.thekotel.org │ ☎ +972-2-627-1333 │ 🕐 週日～四07:20～晚上，週五07:20～中午 │ 休 週六 │ 💲 成人35NIS、兒童票(5～18歲)19NIS │ ➡ 面對西牆左邊的建築物 │ ⏳ 1.5小時 │ ⁉ 1.旺季時強烈建議網上預訂票。2.密閉空間空氣不太好 │ MAP P.71 ⑧

來到深入西牆底部的16公尺處！這裡有由西牆傳承基金會推出的精采「大石頭路線」西牆導覽行程 (Great Stone tour—the classic route)。解說員會從介紹耶路撒冷地形開始，再看地基擋土牆的大石頭，穿過狹窄的隧道到哈斯摩尼時期甚至是第一聖殿時期的蓄水池。西元前37年，有瘋狂建築夢的大希律開始在耶路撒冷作王擴建聖殿的地基，他留下的簽名就是石頭外圍都會鑿邊，在希伯崙先祖墓也有一樣的風格。這裡最大的一塊石頭，長13.55公尺、高3.3公尺，重570噸！石頭是從耶路撒冷北部開鑿的，

推測古代人是用滑輪運送，但如何堆疊仍然是個謎。

另一個新推出的「大橋路線」(The Great Bridge Route)行程更是驚豔，這個橋的存在是為了通往在山上的聖殿，同時也是引水道。行程中會看到耶穌時期的商店、浸禮池、西元2世紀沒蓋完的劇場，及地底西牆的大石頭，都是在地底下唷！

---

1. 西元 2 世紀沒蓋完的劇場／ 2. 浸禮池，都是全裸下去泡／ 3. 西牆的地基石頭四圍都會鑿邊，是希律的簽名，最大石頭有 570 噸

猶太區最古老的會堂

胡瓦會堂
Hurva Synagogue

📍 89 HaYehudim St. | 📞 +972-2-626-5906 | 🕐 週日～四冬天09:00～17:00、夏天09:00～18:00，週五09:00～13:00 | 休 週六 | $ 成人20NIS，學生、孩童10NIS | ➡ 猶太區的胡瓦廣場 | ⧗ 0.5小時 | ⁉ 請穿著保守 | MAP P.70 ⑲

巨大的胡瓦會堂象徵猶太民族的韌性，兩次被毀又兩次被重建。

胡瓦廣場是猶太區的心臟，經常看見猶太孩子打球以及IDF新兵聚集，旁邊是象徵猶太民族的巨大金燈台。胡瓦會堂起初建於1864年，在以色列建國時被約旦人全毀，直到2010年才重建。胡瓦的意思就是「廢墟」，而會堂(Beit Knesset)的意思是「聚集的家」。

會堂的牆面中，最靠近耶路撒冷的那面牆會擺設妥拉櫃(Aron Hakodesh)，裡面裝著神的話，也就是手抄的妥拉經文卷，1卷

至少要1萬美金，並用幔子與會眾隔開。中央的講台(Bimah)是拉比用來講道、撥餅祝福、詩班長唱詩、贖罪日吹號角、孩童舉行成年禮或會眾讀經的地方。拿了經文卷後，必須到講台上才能閱讀。

在胡瓦會堂，每週一、四都可以看見專心讀妥拉的極端正統派男孩，頂樓有不錯的360度觀景台，缺點就是門票小貴。在會堂下方有另一個稱作「燒掉的房子」(Burnt House)的迷你景點，有西元6世紀拜占庭時期的街道、房屋以及浸禮池。

---

1. 手抄的經文卷很貴，至少要1萬美金，所以會用鐵製的小手(Yad)來幫助閱讀，而不是直接用自己的手指／ 2. 夜晚的胡瓦會堂／ 3. 會堂內部，男女分區

妥拉櫃

講台

聖殿山、磐石清真寺、阿克薩清真寺
Temple Mount, Dome of the Rock, Al-Aqsa Mosque

🕐 週日～四冬天07:30～10:30、12:30～13:30，夏天07:30～11:00、13:30～14:30｜🈺週五～六、穆斯林節日｜➡️從糞門往哭牆走，入口在進入哭牆安檢之前的右手邊｜⏳1.5小時｜❓1.不可攜帶非伊斯蘭教相關物品。2.非伊斯蘭教徒只能走哭牆旁的入口（進入需要安檢），入口有時間限制，但不限制離開時使用的門。3.安檢隊伍等待時間至少10分鐘。4.非伊斯蘭教徒禁止在此禱告，也不能進入清真寺。5.需穿著保守和可能被要求遮住頭髮。6.不需要帶護照但有備無患。7.園區會暫停關閉，可以打給警察詢問02-622-6250｜✝️創22:1-18、代下3:1、太21:12、路2:42、使21-22｜🅼P.71 ❾～⓰

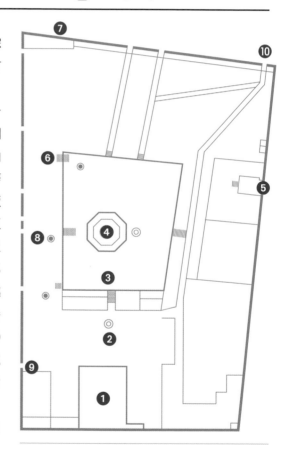

　　聖殿山，位於摩利亞山上，它是三大宗教的聖地，政治與宗教背景都敏感，且一言難盡的地方。

　　亞伯拉罕，一個被神揀選的迦勒底人，一個與神立約的人，神要使他的後代成為大國以及萬國要因他得福，亞伯拉罕就在這座山上接受信心的考驗，他的結論就是「耶和華以勒」，意思是耶和華已看見所預備的救贖計畫。在同一座山，大衛買下了耶布斯人亞勞拿的禾場，大衛之子所羅門在這裡蓋了聖殿，這裡成了神的居所，每年3次百姓上耶路撒冷敬拜他們的神，祭司在這裡宰殺逾越節羊羔和獻祭。現在仍能看到在第一聖殿時期末由希西家王擴建聖殿，從東到西寬500肘的界線遺跡（約228.6公尺。肘，亦稱腕尺，古老的長度單位，以手臂由手肘到中指頂端的距離為準。）

　　西元70年第二聖殿被羅馬提多將軍摧毀，猶太人失去了聖殿，也從此流離失所，聖殿山也成為了廢墟和垃圾山。

　　西元7世紀伊斯蘭教興起，伍麥葉王朝哈里發Al-Malik於692年在傳統上相信是創造

1. 阿克薩清真寺／2.Al-kas 潔淨噴泉／3. 證道講臺／4. 磐石清真寺金頂／5. 金門／6. 擴建聖殿500肘遺跡／7. 宣禮塔／8. 飲水池／9. 入口／10.Bab al-asbat 靠近獅門的出口

▲不論男女，穿太短的褲子都會被要求套上裙套

世界中心的「基石」，這裡建立了「磐石」清真寺，紀念伊斯蘭教創辦者穆罕穆德接受天啓。

約有24個足球場大的聖殿山園區由耶路撒冷伊斯蘭宗教基金權威(Waqf)管理，這裡是個局勢敏感的地方，1951年約旦國王在阿克薩清真寺入口被阿拉伯人刺殺，孫子小胡笙當時也在場。以色列軍人在1967年奪下耶路撒冷，當國旗在聖殿山飄揚起來時，獨眼龍國防部長Moshe Dayan為了和平直接下令移除國旗並把統治權還給約旦，只加增以色列邊境警察(Magav)維持治安，猶太人終於有機會上聖殿山，但只能在園區走動。

戒備森嚴的聖殿山，安檢緩慢且開放時間常有變動，時常發生衝突，令人沮喪，但只要有機會一定要上來一趟！

美角 Spotlight　聖殿山巡禮

❶ 阿克薩清真寺

建於8世紀的阿克薩清真寺，意思是「遠」寺，伊斯蘭教認為古蘭經記載穆罕穆德一次夜間起行來到了此處。阿克薩清真寺內部，非信徒不能進入。

MAP P.71 ❿

❷ Al-kas 潔淨噴泉

1329年蓋的Al-kas潔淨噴泉，進清真寺前必須要潔淨自己，這裡下方有兩個聖殿時期的蓄水池，水源來自伯利恆與希伯崙。從這裡開始都算在500肘的聖地內，但過節時會很誇張的把生意做到聖地界線內來，因此耶穌趕走這些做買賣的人的位置更可能是在這裡（太21:12）。MAP P.71 ⓫

③ 證道講臺 (Summer pulpit/minbar)

西元 14 世紀蓋的伊斯蘭教的證道講臺，很巧的是第二聖殿時期的猶太人會在這裡討論聖經，耶穌 12 歲來聖殿時可能就是在這裡跟聖殿的教師有對話 (路 2:42)。

⑤ 金門 (Golden Gate)

金門，又稱東門或書珊門，聖殿時期贖罪日的贖罪羊從這裡離開。城門有兩個門，右邊是憐憫門，左邊是悔改門。現在城門內空間改為清真寺，旁邊布底下有些香柏木木材，是阿克薩清真寺因地震需維修而拆下來的，經過碳 14 檢測後竟然是第一聖殿或第二聖殿時期留下來的木材，年代在 2,500 年前。 MAP P.71 ⑭

祭壇

④ 磐石清真寺金頂

磐石清真寺，金光閃閃的屋頂為約旦國王胡笙在 1994 年的私人捐贈，因此又有金頂寺的綽號。雖然稱為清真寺但不是為了做禮拜用，清真寺內部曾經是以色列百姓的聖殿至聖所與聖所，內部基石的位置就是至聖所擺放約櫃的地方。朝東向金門這面的小亭子是西元 7 世紀蓋的鐵鍊寺，伊斯蘭傳統說在審犯日會用鐵鍊分開好人與壞人，再往東的空地在第二聖殿時期是外院放祭壇的位置。 MAP P.71 ⑫

希西家王時期的聖地邊界

⑥ 擴建聖殿 500 肘遺跡

從磐石清真寺平台走下來，有一塊石頭長得很不一樣，這就是希西家王擴建聖殿500 肘的遺跡。

⑦ 宣禮塔 (Al-Ghawanima)

13 世紀蓋的宣禮塔,蓋在安多尼亞堡遺跡上(耶穌時期舊城的界線),因此保羅可能就是在這裡向猶太人傳福音(使 21-22)。

MAP P.71 ⑮

兩千年前的石棺

⑧ 飲水池 (Sabil Qaytbay)

西元 15 世紀蓋的飲水池,給路人免費飲水,但這裡的飲水槽其實是回收使用希律時期的石頭棺材 (sarcop-hagus)。

知識眉角

聖殿是什麼?

　　以色列的神為了要與人同住,讓摩西蓋會幕,後來大衛住到宮殿後希望神也能夠從類似帳篷的會幕升級為像居所的殿宇。聖所或是會幕有外院,放置銅祭壇、洗濯盆,聖所放有金香爐、陳設餅桌,以及現在幾乎已成為猶太精神代表的金燈台,最後至聖所內則有約櫃(出埃及記 25、30)。大衛之子所羅門蓋了第一個聖殿,亡國後,從被擄之地歸回的領袖所羅巴伯,帶領回歸的百姓蓋了第二聖殿,哈斯摩尼時期的猶太國王與希律王在第二聖殿的基礎上擴建。

　　對猶太人而言,聖殿山比哭牆更為神聖,為了避免不小心踩到至聖所,因此敬虔猶太人會選擇光腳拜訪。

▲光腳上聖殿山的猶太人

旅遊眉角

聖殿山篩土計畫

　　1999 年磐石清真寺園區重建時,直接扔出了 9,000 公噸的土,但這些聖殿山的土其實藏著歷史的碎片。大多是第一聖殿時期的陶片、玻璃器皿、鐵器皿、石頭、珠寶,也曾挖出古代硬幣。想體驗考古樂趣的朋友,可以參加「聖殿山篩土計畫」(The Temple Mount Sifting Project) 的 2 小時考古體驗活動!不過若是幸運挖出珍寶,當然是歸給以色列政府唷!

▲工作人員示範如何篩檢與分辨土裡的碎片

比西牆還古老的城牆

希西家王建造的寬牆
Broad Wall

http reurl.cc/d7Zrjk | ⊙ Jewish Quarter | ⏰ 24小時 | ➡ 胡瓦廣場附近，在Menahem Tsiyon Synagogue前面 | ⏳ 0.5小時 | ✝ 王下19:32-36、賽22:9-10、尼3:8 | MAP P.70 ㉑

寬牆是將近3,000年的古城牆廢墟，建於西元前8世紀，當北國以色列先在西元前722年被亞述帝國殲滅後，南國猶大王希西家除了建水道之外，也將房屋拆毀來加厚城市的防禦牆。現在城牆邊緣還可看到第一聖殿時期的房子。後來城牆由回歸領袖尼希米修築，直到第二聖殿時期，都是耶路撒冷城北面的界線，但卻也是最脆弱的牆。城牆遺跡在西元1970年才發現，原來有8公尺高和約8公尺寬。

1. 比哭牆還古老的寬牆，牆上藍白棒標示原城牆高度，右邊是城牆外，左邊是城牆內／2. 希西家時期的房屋，埋在耶路撒冷城牆之下／3. 地上橘色直線標示城牆位置，城牆其他部分都存在現代街道的下方

以色列十支派真的消失了嗎？

聖經記錄希西家王「數點房屋後」才拆毀，就是要重新安頓難民，因為「北國以色列」先滅亡，十支派的難民就混居在以猶大支派、便雅憫支派和利未支派組成的「南國猶大」。以血緣來說，十支派是存在的，其實現代統稱的「猶太人」大多不清楚自己屬於哪個支派，除非有很清楚的父系家譜，或像是Cohen和Levi等姓氏屬於利未支派。

▲紐西蘭出生的猶太人，屬部分拿弗他利支派　▲以色列出生的猶太人，屬於利未支派

1,800年前的中山南北路

羅馬商業大道
Cardo

📍 Jewish Quarter ｜ 🕐 24小時 ｜ ➡️ 猶太區裡 ｜
⏳ 0.5小時 ｜ MAP P.70 ⑳

西元2世紀，羅馬皇帝哈德良把耶路撒冷改造成羅馬城市「依麗亞城」，從此城市內有了羅馬城市都具備的南北向大道Cardo，以及東西向的Decumanus大道，也因此把城市切割成四大區。六日戰爭後才發現原來在垃圾堆之下約6公尺之處，竟然有這歷史遺跡。

1. 西元7世紀拜占庭時期的古老街道／ 2. 全世界最古老的馬達巴馬賽克聖經地圖，中間那條路就是這條熱鬧的「羅馬商業大道」／ 3.Cado 其實又長又寬，但只有這部分開挖出來，柱子後方是商店，中間是車輛走的路，相對的另一側也會有店鋪／ 4.Cardo 與模擬當時熱鬧的場景

聖雅各教堂
Church of St James

📍 Armenian Patriarchate Street 87 | 📞 +972-2-628-2331 | 🕐 週一～六06:30～07:00、15:00～15:30 | 🚫 週日 | ➡️ 在亞美尼亞區停車場對面 | ⏳ 0.5小時 | ⁉️ 每天開放時間非常短，只有早上與下午聚會時間開放，請多留意 | ✝ 徒12:1-2 | 🗺️ P.70 ㉒

神祕的亞美尼亞區教堂，位於耶穌時期舊城的「上城區」，傳統上認為亞基帕一世在這殺了使徒雅各，而據説他的頭顱以及耶穌的弟弟雅各都安葬在這裡！

聖雅各教堂最初建於拜占庭的西元6世紀，但被波斯人摧毀，現在的教堂建於西元12世紀，陶瓷牆為Kutahya的亞美尼亞人的手藝。遊客可以參加每天短暫開放的聚會，很值得來一趟！

1. 聖雅各教堂內部／2. 據説雅各的頭在這裡／3. 風格獨特的陶瓷手藝。西元1919年，英國政府從土耳其的Kutahya村聘請來3位亞美尼亞藝匠，來整修磐石清真寺外的陶瓷（後來被反對而作罷），但這些亞美尼亞藝匠的家族至今還有在經營祖傳的手藝唷！1970年代希伯崙阿拉伯人開始模仿亞美尼亞的手藝，並販賣手工藝品，所以在耶路撒冷會很常見到陶瓷紀念品

探索亞美尼亞人的歷史

亞美尼亞博物館
Edward and Helen Mardigian Museum of Armenian

📍 Armenian Patriarchate Street 87 | 📞 +972-2-628-2331 | 🕐 週二～週六09:00～16:00 | 休 週日、一 | 💲 成人25NIS、學生15NIS | ➡️ 在亞美尼亞區停車場對面 | ⏳ 1.5小時 | MAP P.70 ㉓

由 亞美尼亞神學院改建成的超美博物館，介紹亞美尼亞人在耶路撒冷聖地各時期的歷史，1樓中央有西元6世紀亞美尼亞修道院的馬賽克地板，2樓介紹現代亞美尼亞大屠殺的沈重歷史。

1.2022年新開的亞美尼亞博物館，絕對是耶路撒冷最美的博物館，中間的馬賽克地板有亞美尼亞銘文／2.亞美尼亞的提利達特國王（Tiridates III）本來逼迫基督徒，傳說他在「照明者」的貴格利（St. Gregory the Illuminator）面前變成了一頭野豬，後來才悔改信了基督，於是亞美尼亞在301年成為世界上第一個基督教國家，比君士坦丁合法基督教還早了12年

以色列的少數族群 (1)：亞美尼亞人

耶路撒冷的四大區之一：亞美尼亞區。西元301年當亞美尼亞成為世界上第一個基督教國家，便有修道士住在耶路撒冷，西元638年亞美尼亞教區成立。西元1915年，鄂圖曼土耳其大規模屠殺亞美尼亞人，8年間死了至少150萬亞美尼亞人（至今國際只有28個國家承認），亞美尼亞難民逃到耶路撒冷，透過英國的幫助在聖雅各教堂成立了亞美尼亞區。從四圍的

高牆便能感受到亞美尼亞人生存的不容易，現在耶路撒冷的亞美尼亞人不到3,000人，和猶太人以及阿拉伯人保持友好關係。

▲亞美尼亞人，是Balian家族第四代在耶路撒冷，Armenian Ceramics of Jerusalem 陶瓷專賣店是重要的家族企業

1

2

錫安山上巨大的吸睛教堂

聖母安眠教堂及修道院
Dormition Abbey

http reurl.cc/AdayGj｜ ☎+972-2-565-5330｜🕐週一～六09:00～17:30、週日10:00～17:00｜➡️從錫安門走2分鐘過來｜⏳0.5小時｜⁉️1.注意衣著需要莊重。2.教堂有個小咖啡廳｜MAP P.70 ⑰

德國聖本篤會管理的教堂，紀念馬利亞去世的地點。現代教堂建於西元1906年，蓋在西元5世紀君士坦丁所建的拜占庭教堂遺址上。

教堂中央為12星座與聖經人物的混和馬賽克地板，四周環繞著許多聖徒與半圓形的小祭壇空間。樓梯下去的地穴正中央有櫻桃木與象牙做的安眠馬利亞雕像，四周環繞各國捐贈的小祭壇。

1. 在建國與六日戰爭之間，教堂做過以色列軍隊的觀察塔，監視舊城內的約旦軍隊／ 2. 科普特東正教朝聖者與安眠馬利亞雕像／ 3.12 星座與聖徒的地板

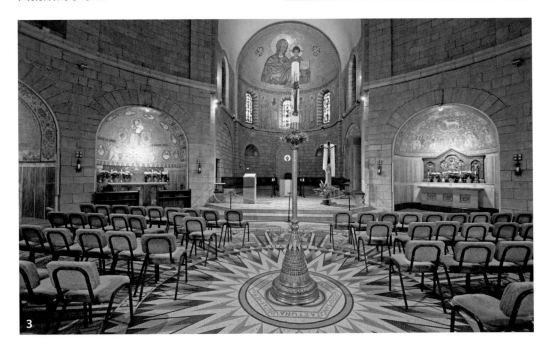

各種基督教派與各類基督教符號的象徵

　　天主教會和東正教會因為地理、政治和教義的關係，在西元 1054 年分裂了。

　　天主教會包含了羅馬天主教、馬龍派天主教、默基特希臘禮天主教、敘利亞天主教、亞美尼亞天主教、迦勒底天主教，東正教會包含了敘利亞、亞美尼亞、俄羅斯、希臘、衣索比亞和埃及科普特東正教。除此之外也有新教教會，包含聖公會、路德會、浸信會、長老會……等，以色列的基督徒人口只占 2%，僅 18 萬人，卻有至少 50 個基督教教派，以及各國的朝聖者，如同聖經所說：「我的殿必稱為萬民禱告的殿。」（以賽亞書 56:7）。

▶ 羅馬天主教的耶路撒冷十字架 The Jerusalem Cros

由 5 個十字架組成，象徵耶穌的 5 處傷口，是十字軍發明的標誌。

▶ 羅馬天主教的凱樂符號以及阿拉法俄梅戛符號

由希臘文「基督」的前兩個字母 X (chi)P (rho) 所組成，有時會加上 A(alpha，α，阿拉法) 和 ω(omega，俄梅戛)。

▶ 東正教耶路撒冷牧首的會旗與符號 Taphos

由希臘文的 T (tau) 和 φ (phi) 組成，象徵聖墓。

▶ 羅馬天主教符號 IHS 或 JHS

由耶穌名字的前 3 個字母 IHΣ 組成。

▶ 俄羅斯東正教十字架

上面是罪狀牌，下面是踏腳木。

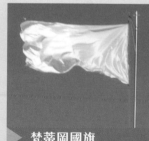

▶ 梵蒂岡國旗

1808 ～ 1870 年間教皇國國旗。

五旬節聖靈充滿的地方
最後晚餐樓
Room of the Last Supper / Cenacle

📞 +972-2-671-3597 ｜ 🕐 08:30～18:00 ｜ ⇨ 從錫
安門步行4分鐘，在大衛陵寢上方 ｜ ⏳ 0.5小時 ｜ ✝
太26:17-30、可14:12-26、路22:7-23、約13、使
2、林前11:23-26 ｜ 📍 P.70 ㉔

基督徒的重要朝聖景點，在錫安山大衛
陵寢正上方的空房間，紀念耶穌與門徒在受
難前一晚吃最後的晚餐，也紀念門徒在五旬
節時被聖靈充滿的地方。

最後晚餐樓的實際位置不可考，在拜占庭
房屋的原址上，由十字軍在西元12世紀決
定是最後晚餐樓，在西元1335年天主教方
濟會購入土地，伊斯蘭教徒在西元1526年
將這裡改建為大衛清真寺，現在主牆上仍留
下伊斯蘭教的壁龕(Mihrab)，也留下了外面
的清真寺喚拜塔。

有根柱子上雕刻幼鳥吃大鵜鶘的肉，下
方通道連結現在作為猶太會堂的大衛陵寢，
因為必須「維持現狀」，小小的空間無法做
為教堂使用(除了在五旬節可以有短暫的聚

會)。另一側的橄欖樹，象徵基督教是從猶
太教發芽出的枝子，麥子象徵耶穌所捨的身
體，葡萄則代表耶穌所流的血。

跟達文西的畫作《最後的晚餐》不同，
在中東吃飯會是半躺半坐在U型的桌子
(Triclinium)，而且吃的是無酵餅。耶穌在逾
越節晚餐拿起餅來說：「這是我的身體，為
你們捨的」，然後又拿起逾越節第三杯的救
贖之杯說：「這杯是用我血所立的新約，是
為你們流出來的。」這成為基督徒擘餅領聖
餐的傳統，為要紀念主耶穌的死，直到他再
來。

---

1. 前往最後晚餐樓的隊伍，以及後方前往大衛陵寢
的隊伍／2. 最後晚餐樓曾作為大衛清真寺，因此留
下了壁龕，即清真寺面向聖地麥加的牆面／3. 幼鳥
吃大鵜鶘的肉，象徵耶穌說「我的肉真是可吃的，我
的血真是可喝的。」／4. 另一側的橄欖樹

錫安山上的墓

大衛陵寢
King David's Tomb, Mount Zion

🕐 週日～四08:00～18:00、週五08:00～14:00
| 休 週六 | ➡️ 從錫安門步行4分鐘 | ⏳ 0.5小時 |
⁉️ 1.禁止吃東西、跳舞、睡覺、抽菸。2.禁止在安息日和節日拍照 | ✝ 王上2:10 | MAP P.70 24

傳統上認為是大衛王的墓，因此是猶太人的聖地，現在是猶太會堂，男女分區。入口處有個巨大的大衛雕像，大衛忠誠、感性、勇敢、順服，他是三大宗教都非常喜愛的聖經關鍵人物。

以色列第一個王本來是便雅憫支派的掃羅，但他不遵守神的吩咐，所以神尋找到一個合他心意的人。大衛，猶大支派的伯利恆牧羊童，做了以色列王40年，當時以色列沒有國都，是他將宮殿設立在耶路撒冷，並示羅會幕倒了，約櫃放在基列耶琳都沒人在意時，是他說要為神建聖殿，所以神立約：「大衛必永不斷人坐在以色列家的寶座上」。

按照聖經，大衛與列祖葬在大衛之城，而且錫安山確切的位置，應該是聖殿所在的摩利亞山。但十字軍認為這位君王勢必安葬於耶路撒冷四周地勢最高的山丘。猶太人也接受了這個說法，於是放了紀念性的空棺材，這裡在七七節會塞滿人，因為猶太傳統上相信這天是大衛王的忌日。

這裡旁邊有個初代教會蓋的聚會所遺跡，可能才是真正的「最後晚餐樓」，因為裡面有兩個祭壇、金燈台、大衛之星和耶穌魚的符號，以及為躲避羅馬人而設的逃跑通道，但這裡屬於希臘東正教會，為了防止被丟垃圾而鎖起來。

1. 七七節，大衛墓熱鬧的入口 / 2. 女生的禱告區域，但這只是象徵性大衛的墓 / 3. 大衛陵墓的入口 / 4.「錫安山」上，初代教會遺跡

大祭司該亞法的家
雞鳴教堂
Church of St Peter in Gallicantu

🌐 reurl.cc/Ge0r6y；詳細介紹 reurl.cc/5MQMWv │ 📞 +972-2-673-1739 │ 🕐 週一～六08:30～17:00 │ 休 週日、12/25、1/1 │ 💲 10NIS │ ➡️ 從錫安門出來，過馬路下山的小巷 │ ⏳ 1小時 │ 🚇 太26:3、太26:69-75、約18:13-27 │ MAP P.70 ㉖

錫安山上的巨大教堂，紀念彼得3次否認和雞鳴時的悔改，也可能是大祭司該亞法的家！現代教堂建於西元1932年，蓋在西元457年所建拜占庭教堂原址，由天主教升天派神父Assumptionist Fathers管理。教堂最下層是從堅固的巖石鑿出來兩個空間，一間是衛兵室，牆壁上有用來固定囚鏈的裝置，石柱上的鑿痕可能是鞭打犯人之前，用來固定犯人手腳的釘痕。另外一間是牢房，有窗戶讓士兵可以看見犯人，這裡可能就是耶穌被關的洞穴。每年受難日的晚上，朝聖者會來這個牢房裡整晚默想，紀念耶穌這位作僕人的君王。

耶穌從客西馬尼園被綁來，最講義氣的門徒彼得也一直跟著，坐在猶太人大祭司該亞法的院子，但兩個使女和祭司的僕人認出他來，彼得否認耶穌第三次時，雞就叫了，彼得想起耶穌預言的話就出去痛哭了。該亞法主謀殺害耶穌，便把耶穌交給了羅馬巡撫彼拉多釘十字架。

教堂戶外古蹟花園中，考古學家發現猶太浸禮池、一系列祭司在聖殿用來測量固體和液體的秤、用希伯來文字寫了「各耳板」的門楣，意思是供物，也挖出拜占庭時期的房子、教會、水道和澡堂。耶穌很可能走過這條由羅馬人留下通往汲淪谷的石頭路。別忘了走去觀景台觀看舊城以及山谷的地形，以及順便看看拜占庭時期的耶路撒冷模型！

1. 耶穌可能走過的羅馬的古路／ 2. 雞鳴教堂外觀／ 3. 關罪犯的地方，中間講台放著各種語言的詩篇 88 篇／ 4. 石柱上的鑿痕

基督堂
Christ Church

http reurl.cc/kl2xR3 | ⊙ The Armenian Patriarchate St 55, Jerusalem | ☎ +972-2-627-7727 | ⏰ 09:00～16:00 | ➡️ 靠近雅法門，大衛塔對面 | ⧗ 1小時 | ⁉️ 1.教會附設咖啡廳和旅館。2.時常會有特別的教會活動。3.有不固定時間的免費導覽(團體請提前預約)。4.週日09:30、18:00有英文聚會。5.博物館裡有模型 | MAP P.70 ④④

在熱鬧的雅法門附近，竟然有個靜謐的新教教堂！

西元16世紀在歐洲的宗教改革後出現了新教派，19世紀初新教徒開始了「恢復以色列」運動，於是有了在耶路撒冷蓋教會的想法。在1798～1799年，拿破崙入侵埃及和聖地，使英國意識到鄂圖曼土耳其的衰弱。英國擔心法國可能切斷英國從印度進口的香料的海上貿易路線，因此於1838年成為第一個在耶路撒冷設立領事館的國家，提供英國人、外國人和部分猶太人保護。此外，英國教會與普魯士國王威廉一世達成共同建立新教主教區的協議，並通過英國政府的外交協商才取得蘇丹特賜的詔書，允許建立「英國領事的小禮拜堂」。第一任主教 Michael Alexander是一位信耶穌的猶太拉比，耶路撒冷自132年以來重新有了猶太主教。基督堂於1849年落成，成為中東世界第一個新教教堂。

新教徒在聖地建立第一所猶太男子與女子學校、第一所木工職業學校、第一間現代醫院，以及協助了英國的考古研究。基督堂設有舒適的咖啡廳和旅館，教堂和博物館都可以參觀。

---

1. 新教在中東第一間教堂，教堂旁的教會建築在 1849～1856 年，做過英國領事館與領事私宅／2. 教堂內的設計，為了不讓猶太人感覺到壓迫，刻意不放明顯的十字架／3.Conrad Schick 根據考古研究做出的聖殿山模型，曾在 1873 年世界博覽會上展覽，現在也可以參觀

看風景學歷史的碉堡

大衛塔
Tower of David

http www.tod.org.il/en；詳細介紹reurl.cc/rL26DN
│ ☎ +972-2-626-5333 │ 🕐 週一～四09:00
～17:00、週五09:00～14:00、週六09:00～17:00
、週日12:00～20:00 │ $ 成人50NIS，學生
40NIS，孩童(5～18)258NIS │ ➡ 博物館入口在雅法
門外、燈光秀入口在基督堂對面 │ ⏳ 1小時 │ ⁉ 1.
博物館入口在雅法門外、燈光秀入口在基督堂對
面。2.有免費提供英文語音導覽。3.週日～五上午
10:00有1.5小時的免費導覽。4.營業時間結束後1個
小時才閉館。5.有免費Wi-Fi。6.有燈光秀套票 │ ✝
太27、可15、路23、約18-1 │ MAP P.70 ㉗

大衛塔，一個跟大衛無關的遺跡，卻跟
耶穌有關。大衛塔就在雅法門旁，是指標性
的建築，城外的護城河非常醒目，自1989
年設計為陳列耶路撒冷歷史的博物館，絕對
值得一訪。並且塔上是拍照的好地方，可以
360度看見耶路撒冷舊城與新城全景。

博物館自身的歷史就像是耶路撒冷的縮
影，有尼希米時期的城牆、哈斯摩尼猶太人
蓋過的房屋，大希律王在西元前34～37年

加蓋了3個塔樓。羅馬第十軍團攻下耶路撒
冷時，這裡做過羅馬軍營，西元4世紀時拜
占庭基督徒搞錯了，將希律碉堡在地圖上標
注為大衛塔，因而得名。大衛塔的清真寺的
宣禮塔是在西元17世紀鄂圖曼土耳其時期
加上的。

這裡是耶路撒冷城西北角的防禦碉堡，
2014年才在這裡發現了希律碉堡的地基。
以考古來說，羅馬巡撫彼拉多的「總督府」

在這，代表耶穌從該亞法的家被綑綁帶到這裡，交在巡撫彼拉多手中，在這裡穿上紫袍和戴上荊棘冠冕，被審判和被民眾棄絕，最後走向十字架的道路。

1. 以色列猶太人很愛大衛塔，時常有戶外教學小孩和活動／2. 展區內有許多珍貴的模型，包含聖墓教堂、第二聖殿和磐石清真寺，以及19世紀的耶路撒冷／3. 在塔樓上看風景／4. 經過將近3年的整修以及斥資5,000萬美金，升級過後的展區更有趣／5.展區用影像與聲音介紹耶路撒冷多元的宗教文化

認識耶穌復活的多媒體展

基督徒資訊中心
Christian Information Center

📍 Jaffa Gate, Omar Ibn el Qattab Sq.｜☎ +972-2-627-2692｜🕐 週一～六09:00～17:00｜休 週日｜💲 30NIS｜➡ 靠近雅法門，大衛塔對面｜⏳ 1小時｜⁉ 1.耶穌復活多媒體展目前是每天10:00(團體可預約其他時段)。2.頂樓有超棒的景觀咖啡廳(5NIS)。3.可以獲得當地天主教教會活動相關資訊｜MAP P.70 ㊺

這是由天主教教會提供給朝聖者的資訊服務站，這裡可以體驗「耶穌復活多媒體展」(Resurrection Experience)，6個房間內運用電影、VR、模型等科技，介紹耶路撒冷、聖墓教堂的歷史。

📷 旅遊錦囊

大衛塔兩場燈光秀

耶路撒冷的夜晚頗為浪漫，大衛塔有《壯麗之夜》(Night Spectacular)，述說關於耶路撒冷的故事，以及最新推出的《大衛王》(King David)的燈光秀。每場費用為67NIS，建議買更划算的大衛塔與燈光秀套票102NIS。

晚上來看燈光秀，氣氛很好 ▶

▲ 苦路每一站都有呈現該站場景的雕像

耶穌十字架受難的道路

苦路十四站與新的苦路
Via Dolorosa

🌐 www.theviadolorosa.org；詳細介紹reurl.cc/MRgyNK｜⌛1小時｜⁉1.方濟會神父會背著十字架走苦路，10～3月週五15:00或4～9月週五16:00，集合地點為第一站。2.沿路有些站點教堂，教堂非24小時開放｜🗺 P.70 ㉘ ㊶

2,000年前，耶穌如贖罪日的代罪羔羊，背負著沈重十字架，被帶到曠野去受刑罰。苦路，一條約500公尺長的路線，紀念耶穌從被釘十字架前所走的路，是方濟會在西元14世紀時開始的朝聖路線，起初是方便歐洲朝聖者默想的「點」，也方便教會管理，經過路線調整和修正，在西元16～18世紀時發展成現代訪客喜歡蒐集的苦路14「站」。不過根據最新考古發現，耶穌歷史上走的苦路是從大衛塔到聖墓教堂。

美角 Spotlight | **苦路第一站到第六站在城內，第七站到第十站在城外**

▶ 第一站：耶穌被判死刑

馬太福音 27:1-24、馬可福音 15:1-15

傳統苦路第一站的安東尼亞堡，現在是阿拉伯小學，平日不開放，因此站牌改到對面聖方濟會的鞭打教堂前，週五走苦路紀念儀式會在這裡集合。 🗺 P.71 ㉘

「彼拉多要叫眾人喜悅，就釋放巴拉巴給他們，將耶穌鞭打了，交給人釘十字架。」

▶ 第二站：耶穌被鞭打、背起十字架

馬太福音 27:25-31、約翰福音 19:13-17

紀念巡撫彼拉多指著戴著荊棘冠冕、穿著紫袍的耶穌，對猶太人說：「你們看這個人！」(Ecce Homo) 但在眾人一片「釘他十字架」的呼聲之中，即便彼拉多想要釋放耶穌，卻只好無奈的把耶穌交出去釘十字架，羅馬時期的酷刑。 🗺 P.71 ㉙

「耶穌背著自己的十字架出來」

第三站：耶穌第一次跌倒的地方
第四站：耶穌遇見馬利亞

以賽亞書 53:4-7　　　　　　　　　MAP P.71 ③⓪

第三站和第四站是相連的亞美尼亞天主教堂。第三站紀念耶穌第一次跌倒，當時受刑人要背自己的刑具，遊街示眾到城外被釘十字架。耶穌在受難前說：「若有人要跟從我，就當捨己，背起他的十字架來跟從我。」（馬太福音 16:24）耶穌透過自己愛的犧牲和受難，吸引世人跟隨祂。

約翰福音 19:26-27

第四站紀念耶穌在十字架上把他的母親馬利亞，交給了門徒約翰來照顧。即使在他自己面臨極大的痛苦和死亡時，他也沒有忘記他所愛的人。

第六站：維羅妮卡為耶穌抹去汗血

以賽亞書 53:2-3

根據羅馬天主教的傳説，維羅妮卡為耶穌抹去汗血時，據説在手帕上留下了耶穌的面容。這象徵著維羅妮卡的愛和奉獻，以及對基督受難的敬畏。　MAP P.70 ③②

第五站：古利奈人西門被兵丁勉強背起耶穌的十字架

馬太福音 27:32、馬可福音 15:21

第五站是聖方濟會的古利奈人西門小教堂，紀念曾經幫耶穌背十字架的路人西門。經過整夜嚴酷的鞭打與折磨之後，耶穌的體力已經超過負荷，西門的出現，幫助減輕了耶穌的負擔，幫助耶穌能夠繼續前行，完成他的使命。　MAP P.71 ③①

知識廚房

見證耶穌復活的奇妙裹屍布

杜林裹屍布 (Shroud of Turin) 充滿奧祕。這昂貴的細麻布只供上層社會使用，卻包裹著受羅馬十字架酷刑的猶太罪犯。布上呈現他受刑的痕跡：鼻嚴重偏斜，頭部流血，顯示曾戴荊棘冠；背面留有鞭刑痕，連私處也有；右肩有木架痕，手腕有釘痕（而不是手掌中），右胸腔被茅刺刺過，流出斷氣後的血水。這布保存 28 種耶路撒冷附近植物花粉，且以頭髮 1/20 的厚度呈現「負像」。科學無法解釋，對基督徒則是耶穌復活的神蹟。Notre Dame 有裹屍布展覽，有 1:1 複製品和可預約免費解説。

📍 HaTsanhanim St 3, Jerusalem（在警衛室對面的小房間裡）｜🕐 週一～日 08:00～21:00｜MAP P.70 ⑦①

耶穌時期，
舊城外景點

耶路撒冷舊城的範圍

穿越現今熙熙攘攘的耶路撒冷舊城之中，很難想像在耶穌時代，聖墓教堂所在的地方早已是城牆外的地區。根據猶太習俗，墓地必須在城外，並且根據經文，耶穌作為逾越節羔羊，也是贖罪日的贖罪羊，祂背負著世人的罪孽，被帶到「曠野」或「城外」。

> 「原來牲畜的血被大祭司帶入聖所作贖罪祭；牲畜的身子被燒在營外。所以，耶穌要用自己的血叫百姓成聖，也就在城門外受苦。」
> —— 希伯來書 13:11-12

第七站：耶穌第二次跌倒

詩篇 38:6-22、以賽亞書 53:5

第七站是紀念耶穌因極度的疲憊和痛苦而再次跌倒。雖然沒有直接記載在聖經，但不妨在這站在思考耶穌承受多大的苦難，這是何等的愛。這裡現在是聖方濟小禮拜堂，在西元 16 世紀時曾是苦路最後一站。
MAP P.70 **33**

第八站：耶穌轉身對耶路撒冷的婦女說話

路加福音 23:27-31

許多婦女為即將要釘十字架的耶穌嚎啕痛哭，但耶穌卻轉過來哀嘆耶路撒冷將要面臨極大的災難。 **MAP** P.70 **34**

「耶路撒冷的女子，不要為我哭，當為自己和自己的兒女哭。」

第九站：耶穌第三次跌倒

約翰福音 10:14-15、以賽亞書 53:6

第九站是再次紀念耶穌跌倒，祂為了世人得以與神和好，獲得永恆的生命，甘心做了救贖的犧牲。 **MAP** P.70 **35**

第十站

第十站：兵丁分取了耶穌的衣服

馬太福音 27:34-37、約翰福音 19:23-24

苦路第十站紀念耶穌在十字架上為我們受的屈辱和痛苦，他的衣物成為兵丁的戰利品。這驗證了先知的預言，凸顯耶穌作為彌賽亞的角色。耶穌為我們的罪付上極大代價，但也激勵我們效法祂的無私奉獻精神，將愛和關懷傳遞給他人。

第十站是法蘭克小禮拜堂，從這裡開始都沒有站牌了。 **MAP** P.70 **37**

「他們既將他釘在十字架上，就拈鬮分他的衣服」

聖墓教堂
Church of the Holy Sepulchre

http reurl.cc/RvgyD9；詳細介紹reurl.cc/0EGZnY｜🕐 10～3月04:00～19:00、4～9月05:00～21:00｜➡️ 雅法門走進來，到底後左轉，跟著指標走｜⏳1小時｜⁉️1.空氣不是很流通，或許會不舒服。2.若要參觀小神社，排隊至少要半小時，在接近閉館時間大概只要等10分鐘。3.聖墓內不可拍照。4.每天固定禮拜時間，冬天16:00、夏天17:00。5.若想要寧靜的坐著，默想救恩這份創世以來的禮物的話，不妨去另一個也可能是耶穌釘十字架的地點——花園墳墓｜✝️太27:33、可15:22、路23:33、約19:16-22｜MAP P.70 36

聖墓教堂是耶路撒冷的心臟，世界各地的基督徒來到這裡禱告、默想救贖的恩典，這裡是耶穌完成救恩，被釘十字架和復活的地方。

兩千多年前的逾越節，耶穌因著「猶太人的王」的罪名在各各他被釘十字架，斷氣的那刻，聖殿的幔子裂開，地也震動。雖然羅馬兵丁守著他安葬的墓，但墳墓空了，就如祂曾說過：「復活在我，生命也在我。信我的人雖然死了，也必復活！」

羅馬皇帝哈德良企圖蓋朱庇特神廟和維納斯的雕像，來抹滅這段歷史，但西元324年，君士坦丁敬虔的母親海倫娜在這裡蓋了聖墓教堂。教堂先在西元614年被波斯人燒毀後，又被瘋子哈基姆(Hakim)在西元1009年下令拆毀，現在唯一的入口是由十字軍改到側面的，教堂內部也有著迷宮似的動線。

聖墓教堂內由羅馬大公教會、希臘正教會、東方正統教會(科普特、衣索比亞、敘利亞、亞美尼亞)，共6個不同教會共同管理。建議逆時針沿著教堂走廊走一圈，

---

1. 天主教方濟會的晚禱儀式／ 2. 亞美尼亞正教的晚禱儀式／ 3. 聖墓教堂

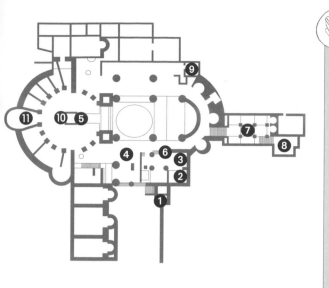

1. 苦路第十站／2. 苦路第十一站／3. 苦路第十二站／4. 苦路第十三站／5. 苦路第十四站／6. 亞當小禮拜堂／7. 聖海倫娜小禮拜堂／8. 真十字架小禮拜堂／9. 基督監牢小禮拜堂／10. 埃及科普特正教小禮拜堂／11. 敘利亞東正教會

裡面大大小小的教堂，有時間可以慢慢有禮貌的巡禮。進入聖墓教堂後會先看見膏禮之石，先從右手邊踩到變形的階梯上樓，接著苦路第十一站。

苦路第十二站

苦路第十一站

苦路第十三站

知識周角

不可移動的梯子

進入聖墓教堂前，抬頭看看 2 樓窗戶外，有把「不可移動的梯子」，已經放在那裡超過 200 年！西元 1757 年鄂圖曼三世頒布了皇家公文 (Firman)，規定基督教、猶太教、伊斯蘭，教派與教派之間不准再爭奪聖地景點的管理權和使用空間，通通必須「維持現狀」。法令頒布那天，剛好希臘正教教會的梯子放在管理權屬於亞美尼亞教派的區域，為了避免更多教派間的衝突，至今教派間仍在努力堅持「維持現狀」。曾經有人開玩笑將梯子偷走，千辛萬苦找回來後，梯子被上鎖了！

不可移動的梯子

旅遊周角

小小的閉門儀式

聖墓教堂大門的鎖，是由兩個伊斯蘭家族保管！Joudeh 家族保管鑰匙，Nuseibeh 家族負責開門，目的是確保基督教派之間能夠沒有紛爭，好好和平共處。每天早晚都有閉門和開門儀式，10 ～ 3 月 19:00，4 ～ 9 月 21:00。

❶ 第十一站：耶穌被釘十字架

馬太福音 27:38-45、路加福音 23:33-43

羅馬天主教的釘十字架小教堂，是兵丁拿釘子穿過耶穌雙手雙腳的地方。天花板上畫著亞伯拉罕獻獨生愛子以撒的故事，這故事預表著耶穌在耶路撒冷（摩利亞山）要完成的救恩。 **MAP** P.70 ❸❽

「到了一個地方，名叫髑髏地，就在那裡把耶穌釘在十字架上」

❷ 第十二站：耶穌死在十字架上

馬太福音 27:46-54、約翰福音 19:28-37

希臘東正教十字架小教堂，有許多東正教吊燈，中間是掛在十字架上的耶穌像，傳統相信祭壇底下那塊石頭是插耶穌十字架的位置，據說旁邊底岩是自然裂開的。 **MAP** P.70 ❸❽

「忽然，殿裡的幔子從上到下裂為兩半，地也震動，磐石也崩裂。」

❸ 第十三站：耶穌從十字架上被拿下來

馬太福音 27:57-59、約翰福音 19:38-40

在各各他下方約 4.5 公尺，是入門就看到朝聖者親吻和用布擦拭的膏禮之石。傳統相信耶穌的身體從十字架取下後，曾放在此位置，不過這傳統最早是從西元 12 世紀才開始。 **MAP** P.70 ❸❾

「他們就照猶太人殯葬的規矩，把耶穌的身體用細麻布加上香料裹好了。」

❹ 第十四站：耶穌被放在墳墓裡

約翰福音 19:41-42、馬太福音 27:60-66

總是大排長龍的聖墓，裡面是天使小禮拜堂，再進去的空間有大理石椅子，考古學家確認大理石椅子下方真的有耶穌時期的墓！由於君士坦丁已經把山洞夷平了，所以感覺不太像山洞和墳墓。 **MAP** P.70 ❹⓿

「約瑟取了身體，用乾淨細麻布裹好，安放在新墳墓裡，就是他鑿在磐石裡的。」

▶ 5 亞當小禮拜堂

各各他下方的亞當小禮拜堂，紀念亞當首先復活，這裡的岩石帶著紅色，據說是耶穌的血。

▶ 6 聖海倫娜小禮拜堂

由亞美尼亞教派管理的聖海倫娜小禮拜堂，建於 12 世紀，而馬賽克地板則建於 20 世紀。

▶ 7 真十字架小禮拜堂

這裡過去是採石場，據說海倫娜在這找到釘耶穌的十字架。

▶ 8 基督監牢小禮拜堂

希臘東正教徒相信彼拉多曾把耶穌關在這裡，但還是雞鳴教堂的遺跡比較合理。

▶ 9 埃及科普特正教小禮拜堂

排隊進入聖墓時，會在背面看到埃及科普特正教小禮拜堂，據說能摸到聖墓的墓用椅子。

▶ 10 敘利亞東正教會

入口在聖墓背面的牆，每週日都還有作聚會使用！在角落的洞發現耶穌時期的墓，更能證實這裡是城外，以及耶穌的墓會在這一帶。

醫院區
Muristan

⇨ 在聖墓教堂與救贖主教堂之間｜⏳ 0.5小時｜
🅼🅰🅿 P.70 ㊸

▲「醫院區」這個古蹟超常被忽略，這裡有路德會救贖主教堂和 Aftimos 商圈

聖墓教堂旁的商區，在羅馬皇帝哈德良改建耶路撒冷時，這裡是兩條羅馬大道的十字路口！西元5世紀蓋了聖施洗約翰教堂，在西元11世紀義大利商人蓋了教堂和醫院，十字軍在這發展出聖約翰醫院騎士團 (Hospitallers)，因此這裡稱為Muristan，源於波斯語的「醫院區」。

醫院區東邊的土地，蘇丹在西元1869年威廉一世訪問聖地時作為禮物送給了他，後來蓋了路德會救贖主教堂。西邊的地，希臘東正教會在西元1903年蓋了Aftimos商圈，現在有超過70間店，中央的噴泉是獻給當時統治的蘇丹。

救贖主教堂
Lutheran Church of the Redeemer

📍 Muristan Road, Jerusalem｜📞 +972-2-626-6800｜🕐 週二～六10:00～16:00｜休 週日、一｜💲 登塔與參觀地基15NIS｜⇨ 從雅法門進來後往聖墓教堂的方向走｜⏳ 0.5小時｜⁉ 1.目前有英文、德文、丹麥文和阿拉伯文的聚會。2.地下古蹟還沒重新開放。3.在節日時，時常有教會活動｜🅼🅰🅿 P.70 ㊷

▲救贖主教堂內部

路德會的救贖主教堂，在西元1898年宗教改革日由威廉二世獻堂，成為舊城裡第二間新教教堂。普魯士與英國教會從1841～1881年曾共同輪流任命主教。

教會下方2公尺深的地基有西元4世紀的街道、馬賽克，更重要的有耶穌時期的城牆，可以證實聖墓教堂的位置就是當時的城外。若爬上178階登頂，將能看到360度非常值得的耶路撒冷舊城風光。

花園墳墓
Garden Tomb

http www.gardentomb.com；詳細介紹reurl.cc/EGy4Gn | 📍 Conrad Schick St, Jerusalem | 📞 +972-2-539-8100 | 🕐 週一～五08:00～19:00、週六08:00～18:00 | 休 週日 | ➡ 從大馬士革門步行約5分鐘 | ⏳ 0.5小時 | ⁉ 1.可線上預約導覽。2.有免費中文冊子。3.出口禮品店的收入作為維護教堂的費用 | ✝ 約19:17、太27:57-66 | MAP P.70 ⑱

花園墳墓也被認為是安葬耶穌的各各他，氣氛美好，較受新教徒喜歡。

花園墳墓在西底家洞穴對面，英國的戈登將軍(Charles George Gordon)在西元1867年發現這個古代採石場，某個角度看起來就像個髑髏頭，而各各他的意思就是「髑髏地」，而且猶太傳統是在採石場用石頭砸死罪人，羅馬人會沿用這些地方作為執行十字架死刑的地方。

花園內有個耶穌時代就存在的大蓄水池，且有個古老巨大的酒醡，代表這是有錢財主的花園。這裡有個天然洞穴鑿出來的墓，並且外牆有大石頭密封的軌跡，這些都符合聖經對亞利馬太的財主約瑟的描述，他向彼拉多要來耶穌的身體，安放在自己的新墳墓裡。可惜依照墓的樣式，主流考古學者認為是屬於第一聖殿時期，不是耶穌的年代，因此仍認為聖墓教堂才是各各他。

1. 花園墳墓經典照 / 2.「他不在這裡，已經復活了！」耶穌不在空墳墓裡了 / 3. 從墳墓看花園，抹大拉的馬利亞曾經傷心地在這裡找耶穌的身體，沒想到那位她以為是看園的人，就是復活的耶穌

耶穌行神蹟的地方

畢士大池與聖安妮教堂
Church of St Anne and Pools of Bethesda

☎ +972-2-628-3285 ｜ 🕐 10～3月08:00～12:00、14:00～17:00，4～9月08:00～12:00、14:00～18:00 ｜ 休 週日 ｜ $ 成人12NIS、學生10NIS ｜ ⏳ 0.5小時 ｜ ⏳ 1小時 ｜ ✝ 約5:1-18 ｜ MAP P.71 ⑤⑦

聖殿山北方，現在的穆斯林區，靠近獅門有個2,000年的水池遺跡，就是耶穌在安息日醫治躺了38年病人的畢士大池！

畢士大(Bethesda)的意思是「恩典慈愛之家」，這裡在第一聖殿時期就提供水源給聖殿使用。在西元前3世紀擴建成120公尺長、50公尺寬和15公尺深的水池，中間有堤防，將水池分為上下。在耶穌時期，瞎子、瘸子等病人，在這裡等候水動時能得醫治，直到西元5世紀，這裡都做有醫治功能的澡堂。

聖安妮教堂建於西元1140年，蓋在拜占庭教堂遺跡上，是耶路撒冷保留最完整的十字軍時期教堂，目前由非洲的法國天主教宣教士White Fathers管理。傳統認為馬利亞的父母叫做約雅敬和安妮，並且十字軍認為馬利亞是在這個洞穴出生的。

---

1. 水池比照片看起來大很多，上面遺跡是十字軍使用拜占庭教會的材料重建的／2. 石頭浴缸、水道、小房間和洞穴，耶穌在這裡醫治躺了38年的病人／3. 聖安妮教堂，耶路撒冷保存最好的十字軍時期教堂／4. 馬利亞出生的洞穴

1948 年的阿拉伯人與東耶路撒冷的阿拉伯人

1948 年，戰爭即將爆發，約 61 萬猶太人即將建國，當地 70 萬阿拉伯人主動或被迫離開家園，成為所謂的巴勒斯坦難民。以色列的建國獨立日隔天，對這群人而言是災難日 (Nabka)，但仍有 40 萬阿拉伯人留下，稱為「1948 年的阿拉伯人」。他們占現代以色列人口的 21%，大多認同以色列，會自願當兵或參加國家服務，因為這個猶太政府能提供工作機會、教育、醫療、保險、退休金等，而且最高法院和國會都有阿拉伯人。

對比之下，以色列建國後，周遭阿拉伯國家驅離境內 65 萬猶太人，並沒收財產，在埃及、伊拉克、葉門、阿爾吉利亞、摩洛哥、突尼西亞、利比亞等國家被充公的土地總和，至少有以色列國土的 8 倍。

東耶路撒冷，指的是整個耶路撒冷舊城以及橄欖山，在 1948 年到 1967 年這 19 年屬於約旦，居民拿的是約旦護照。六日戰爭後，新管理者以色列政府提供居民兩種選擇，一種是永久居留證的藍卡 (Blue Card)，享有一切社會福利、健保、以及地方選舉權，藍卡可以轉成公民身分，但要通過語言考試以及發誓對猶太國家效忠。

另一種是領綠卡 (Green Card) 以及搬去巴勒斯坦管理的西岸地區居住。50 年過去了，大多耶路撒冷的這批人，不論宗教背景為伊斯蘭教還是基督教，在政治上還是認為自己是巴勒斯坦人，仍不願意接受以色列，選擇持續拿約旦護照和藍卡，這也是為何耶路撒冷有最多的衝突。

▲除非刻意去猶太區或新城區，觀光客在耶路撒冷觀光景點接觸到的當地人，包含餐廳、計程車司機、景點周遭的小販基本上都是阿拉伯人

▲在東耶路撒冷遇見的阿拉伯人，大多會稱自己為巴勒斯坦人（無論是否為基督徒），且視以色列為占領者。政治是敏感又難解的題，但若拉長旅行時間，就會注意到媒體沒提到那些真實在以色列社會生活的阿拉伯裔以色列公民

押沙龍墓、祭司希悉家族墓、撒迦利亞墓

汲淪谷

Yad Avshalom, Bnei-Hezir tomb, Zechariah Tomb in Kidron Valley

🕐 24小時｜➡️ 從客西馬尼園過馬路走2分鐘｜⏳ 1小時｜⁉️ 有免費公廁｜✝️ 撒下15:23、撒下18:18、王下23:4、王下26:19-21、代上24:3,15、代下15:16、代下24:20-22、代下29:16、珥3:2、亞14:4、尼9:38,10:1-2,14,20、約18:1｜🗺️ P.71 ❺❸ ❺❹ ❺❺

汲淪谷，一個在耶路撒冷城外連接著橄欖山的山谷，春天時會有美麗的野花。大衛曾經從這裡起身逃往曠野，躲避叛變的兒子押沙龍。猶大王在潔淨國家時，會將耶和華殿裡的偶像搬到汲淪溪邊焚燒或打碎成灰。汲淪谷被認為是約沙法谷，意思是「神要審判」，也被稱為王谷，一路走下去就是大衛之城。

橄欖山上是一整片猶太墓園，至少有15萬個墓，從第一聖殿時期開始，猶太人相信葬在這裡的人在彌賽亞來時，會首先復活。

谷中會先經過密密麻麻的猶太公墓，接著才是3個景點的墓。號稱押沙龍墓與祭司希悉家族墓，年代均為西元前1世紀，聖經中得了大痲瘋的猶大王烏西雅被埋在「別的宮」(Beit-Hahofshit)，傳統上相信就在這裡。最右邊三角錐屋頂的墓是撒迦利亞墓，年代不可考。

1. 祭司希悉家族墓 (左) 和撒迦利亞墓 (右)，普遍認為屬於耶何耶大的兒子撒加利亞 ／ 2. 從谷底看聖城 (但目前無法進入希悉家族墓) ／ 3. 押沙龍墓實際上比押沙龍的年代晚了 1,000 年

1

在猶太墓上，除了會發現他們會以石頭代替鮮花，在某些墓碑上還會看到星際迷航的瓦肯禮手勢！這個古老的祭司祝福手勢是專屬於亞倫祭司家族的後代(Cohen)，因此也被稱為亞倫祝福(Aaronic Blessing)，內容為：「願耶和華賜福給你，保護你。願耶和華使他的臉光照你，賜恩給你。願耶和華向你仰臉，賜你平安。」(民數記 6:24-26)

▲ 墓碑上出現祭司祝福手勢，代表此人是亞倫的後代

祝福手勢像是希伯來文字母「ש」，而且中間三角形如同是個窗戶，好像神從天上這樣看著我們：「他站在我們牆壁後，從窗戶往裡觀看，從窗櫺往裡窺探。」(雅歌 2:9)

祭司祝福手勢也在贖頭生的銀盤 (Pidyon haben) ▶
上，因為頭生的屬於耶和華，所以仍有要用銀子
贖回的傳統

2　3

橄欖山觀景台
Observant Point in Mount of Olives

🕐 24小時 | ➡️ 在橄欖山上Seven Arches Hotel前面，從客西馬尼園上來15分鐘，或從大馬士革門搭乘#275巴士(見P.70) | ⏳ 0.5小時 | ⁉️ 1.有免費公廁。2.建議在上午順光時來拍照。3.周圍有騎駱駝和賣書的小販 | ✝️ 撒下15:30、亞14:4、可13 | 🗺️ P.71 ④⑧

　　橄欖山觀景台，是拍攝耶路撒冷舊城最棒的位置，也是旅行團一定會帶來的打卡景點。站在這，能清楚看到磐石清真寺園區範圍，也是過去輝煌聖殿的位置。從南牆有台階一路通到大衛之城，大約能想像出古代朝聖之路；東牆上有被封住的金門；橄欖山與舊城之間明顯有個山谷，稱為汲淪谷，順著再往西會有欣嫩谷，又稱地獄谷；再往遠看有個吸睛的聖母安眠教堂，那個山坡就是錫安山唷！

1. 經常會看到基督徒在觀景台唱詩歌／ 2. 把整個耶路撒冷舊城收盡眼底

雞鳴教堂　錫安山　遠寺跟南牆　救贖主教堂、聖墓教堂　金門
大衛之城　　　　　　　　　磐石清真寺

橄欖山半日玩法

橄欖山上的幾個教堂，是各國朝聖者必訪的景點！但耶路撒冷有太多景點，若有時間和興趣探索教堂，再慢慢看吧！

▶ 第一站：路德會升天堂 (Church of Ascension at Augusta Victoria)

▶ 第二站：升天教堂 (Chapel of the Ascension)

一個由伊斯蘭家族管理的小清真寺，這裡有顆石頭據說是耶穌升天前留下的「右」腳印，外部的拜占庭時期的教堂遺跡。橄欖山上還有另外 3 個升天教堂。

🕐 週一～六08:00～11:45、14:30～17:00 | 休 週日 | 💲 5NIS | MAP P.71 46

▶ 第三站：伯法其教堂 (Church of Bethphage)

▶ 第四站：主禱文教堂 (The Pater Noster Churc)

傳統相信耶穌在這裡的洞穴教導主禱文，在 4 世紀的教堂遺跡上，現代建堂於 1874 年，及部分為 1920 年未完成的教堂。目前由加爾默羅會修女院管理，陶瓷牆上有超過 140 種語言的主禱文。

🕐 週一～六08:00～12:00、14:00～17:00 | 休 週日 | 💲 10NIS | MAP P.71 47

▶ 第五站～第八站：橄欖山觀景台、主泣教堂、客西馬尼園與萬國教堂

▶ 第九站：童女馬利亞的墓 (Tomb of the Virgin)

汲淪谷山谷中的天然洞穴，1972 年才被發現，東正教徒相信馬利亞在此逝世和復活。

🕐 每天05:00～12:00、14:30～17:00 | 💲 免費 (小心被騙收門票費) | MAP P.71 51

▶ 第十站：抹大拉馬利亞教堂 (Church of Mary Magdalene)

由俄羅斯傳教會管理的東正教教堂，建於 1888 年，沙皇亞歷山大三世為了紀念他的母親馬利亞而建造。

🕐 週二、四10:00～12:00 | 💲 免費 | MAP P.71 52

客西馬尼園與萬國教堂
The Garden of Gethsemane and Church of All Nations

http +972-2-626-6444 | ⏰ 週一～六冬天08:00～17:00、夏天08:00～17:00 | 休 週日 | ➡️ 橄欖山腳，獅門和糞門之間 | ⏳ 0.5小時 | ⁉️ 1.園丁似乎喜歡送單身女生橄欖樹枝，還是要注意一下。2.客西馬尼園下方有洞穴，入口在面對童女馬利亞的墓右手邊 | ✝️ 太26:36-56、可14:32-50、路22:39-53、約18:1-12 | MAP P.71 50

古老的橄欖園，圍著3顆超過800年的老橄欖樹，由天主教方濟會管理。

客西馬尼，客的意思是「酒醉」，西馬尼的意思是「各種油」，耶穌帶著3個門徒半夜在客西馬尼園禱告，心境就像橄欖一樣被破碎，巨大的壓力讓人喘不過氣，耶穌說：「我心裡甚是憂傷，幾乎要死。」

那晚是逾越節，耶穌並沒有喝晚餐的第四杯酒，反而說「直到我在我父的國裡同你們喝新的那日子。」因為那杯酒代表救贖之杯，但此時此刻的痛苦太令人承受不住，耶穌說：「我父啊，倘若可行，求你叫這杯離開我。」

萬國教堂內昏暗的光線，呈現出被煎熬的心境。祭壇上的石頭，傳統認為是耶穌俯伏在地的「傷痛石頭」(Rock of Agony)。耶穌

為了成為眾人的贖價，當他在面對沉重的救贖計畫時，便勇敢的對天父說：「願你的意旨成全。」

一句「起來！我們走吧。」耶穌叫醒了門徒。此時，耶穌的門徒猶大出現，用一個虛假的親吻問安為記號，將耶穌賣了。

2,000年後，各國愛耶穌的信徒來到此地禱告，萬國教堂建於英國託管時期，其實方濟會早在西元1666年購入土地，但顎圖曼土耳其統治者不允許興建教堂。直到西元

1919年，才將教堂蓋在西元4世紀教堂與十字軍教堂的遺跡上，當時世界第一次大戰才結束，教堂得到12個國家的愛心奉獻，因此得名。

1. 橄欖山腳，巨大的萬國教堂／ 2. 耶穌被抓前，禱告的客西馬尼園／ 3. 祭壇前的「傷痛石頭」，許多信徒會來親吻這塊石頭，半球拱頂的馬賽克主題為耶穌在客西馬尼園禱告

耶穌騎上驢駒之處

伯法其教堂
Church of Bethphage

http reurl.cc/8qm3K7 ｜ ☎ +972-2-628-4352 ｜ ⏰ 4～9月08:00～12:00、14:00～17:00，10～3月08:00～12:00、14:00～16:30 ｜ ➪ 在橄欖山上，從主禱文教堂走來大概7分鐘 ｜ ⏳ 0.5小時 ｜ ✝ 太21:1-11、可11:1-11、路19:29-44 ｜ MAP P.73

每年復活節前的棕梠樹主日，遊行隊伍會先在這裡集合出發。

伯法其，意思是「未熟的無花果之家」，這所天主教堂建於1883年，紀念耶穌曾在伯法其騎上小驢駒，進城時眾人呼喊「和散那！奉主名來的是應當稱頌的！」這應驗先知書上關於彌賽亞的預言：「你的王來到你這裡，是溫柔的，又騎著驢，就是騎著驢駒子。」

1. 棕梠樹主日，這裡屬於以色列統治的東耶路撒冷，雖然這裡離伯大尼村只有2公里，但因為政治的關係，現在需要繞路搭阿拉伯巴士才能到在西岸地區A區，屬於巴勒斯坦政權統治的伯大尼／ 2. 外觀故意蓋得像防禦碉堡，因為怕穆斯林統治者知道後攔阻教堂的興建／ 3. 教堂內有塊從十字軍時期留下的石頭，紀念耶穌踩這塊石頭上

耶穌為耶路撒冷哀哭

主泣教堂
Dominus Flevit Church

📞 +972-42-626-6450 ｜ 🕐 08:00～11:45、14:30
～17:00 ｜ 🔜 在橄欖山上，需搭乘275阿拉伯巴士
上山，離橄欖山觀景台走路5分鐘 ｜ ⧗ 0.5小時 ｜ ⁉️
廁所收費2NIS(到橄欖山觀景台有免費公廁) ｜ ✝ 路
13:34、路19:37-44 ｜ MAP P.71 ㊾

主 教方濟會管理的教堂，有絕佳角度觀
看耶路撒冷舊城，傳統認為或紀念耶穌受
難前，為即將發生在耶路撒冷的災難哀哭。
因此教堂造型象徵耶穌的眼淚，四角有象
徵裝眼淚的瓶子。西元5世紀蓋的教堂，留
下部分馬賽克地板，現代教堂則建於西元
1953年，建築師為安東尼·巴路奇(Antonio
Barluzzi)，也設計了萬國教堂與八福山教
堂。園區還有兩個猶太墓穴，裡面有許多納
骨箱，年代超過2,000年。

從第一聖殿開始的虔誠猶太教徒都希望
被安葬在橄欖山，所以在觀景台能看見密密
麻麻的猶太墓園。因為在六日戰爭前，橄欖
山屬於約旦管理，所以山坡上有許多被摧毀
的墓碑，連墓地的石
板也被拿去當路標使
用。

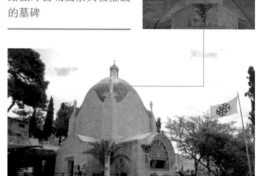

1. 像是眼淚的教堂外觀，
象徵裝眼淚的瓶子／ 2. 耶
路撒冷舊城風景與被摧毀
的墓碑

路德會升天堂
Church of Ascension at Augusta Victoria

🕐 週一～六08:00～12:30｜休 週日｜💲 登頂5NIS｜➡️ 在橄欖山上，需搭乘275阿拉伯巴士上山，離聖殿山篩土計畫場地走路5分鐘、離橄欖山觀景台走路20分鐘｜⏳ 0.5小時｜⁉️ 1.路德會園區的入口，警衛如果詢問的話就説是去看教堂。2.往希伯來大學方向走，那裡的觀景台可以看到猶大山地｜🕇 徒1:9-12｜🅼🅰️🅿️ P.73

在橄欖山北面有個看起來像歐洲城堡的路德會園區，同樣是由德國國王威廉二世成立，並以他的妻子Augusta Victoria命名。園區的土地同樣是蘇丹贈送的禮物，園區內有可登頂的教堂、考古中心、咖啡廳，和主要服務阿拉伯人的醫院。

教堂於1910年完工與獻堂，成為耶路撒冷第一座有電與發電機的現代建築。1917年12月就是在這裡鄂圖曼土耳其人向英國簽署投降書。

1. 教堂和教堂的鐘塔，有60公尺高，電梯故障很久了／2. 教堂內部有美麗的壁畫和馬賽克，偶爾還會有音樂會

知識庫存
撿骨文化

耶穌時期，剛好遇上從希律王開始短暫流行110年的「撿骨禮」。第一次的葬禮，會將逝者的身體抹上香膏與香料，包在裹屍布裡，安置在洞穴中。曾經有個門徒對耶穌説：「主啊，容我先回去埋葬我的父親。」(馬太福音8:21)

因為1年之後還會有第二次葬禮「撿骨禮」，要把逝者的骨頭一一放入稍微比大腿骨大一點的「納骨箱」(Ossuary)，完成這個儀式後，猶太人的家人才能恢復正常生活，例如剪髮、離城和其他社交活動。

▲以色列博物館的納骨箱，其中一個納骨箱上面寫「約瑟」的兒子「耶穌」，其實這兩個猶太名字都是很Kosher的菜市場名

新城區與郊區景點

　　耶路撒冷舊城的面積僅約1平方公里，1844年時舊城大約有1.5萬居民，然而高人口密度和糟糕的衛生條件使得城牆內的居民必須在城牆外建立新社區。

　　1860年時，城牆外第一個猶太人社區平安居所(Mishkenot Sha'ananim)成立；在英國託管時期的1922年，居民數增至5萬；到了1948年以色列建國時，人口已達16.5萬人。而如今，耶路撒冷的人口已經增長到約100萬人，且在1967年六日戰爭之後，東西耶路撒冷不再分隔，城市面積已達約125平方公里。如果想要感受沒有那麼觀光氣息的耶路撒冷，一定要到城外的新城區走走！

以色列博物館
Israel Museum

http israelmega.com/israel-museum｜📍 11 Ruppin Boulevard｜📞 +972-2-628-3285｜🕐週日、一、三、四10:00～17:00，週二16:00～21:00，週五10:00～14:00，週六10:30～16:00｜💲成人54NIS，學生39NIS，孩童(5～18)27NIS｜➡搭#7、#9、#14、#35、#66或#100巴士在「IsraelMuseum/Wise」下車，若是在新城區可以考慮用走的，因為時間差不多｜⌛3～6小時｜⁉1.免費語音導覽機考古區有中文，需要使用護照抵押。2.18歲以下孩童全年週二、六免費入場。3.有免費英文導覽考古館11:00～12:30、猶太藝術館12:30～14:00、第二聖殿模型和死海古卷15:00～16:30｜MAP P.73

以色列的國家博物館，建立於1965年，收藏著50萬件，涵蓋這塊土地5,000年的歷史與考古珍寶，也佐證了聖經的真實度。

若聖經是一部電影，考古館(Archaeo-logy Wing)就像是道具的倉庫，或像有名人手印的星光大道，考古館裡有別是巴的祭壇、有在但所發現的西元前8世紀一個提到「大衛家……以色列王」的碑文、有提到拉吉淪陷的石頭信、有在南牆發現的吹號角石頭、有哥拉汛會堂摩西的座位、有該撒利亞發現寫彼拉多名字的銘文、有西元前7世紀銀製寫著亞倫祭司祝福的護身符、有大祭司該亞法兒子的納骨箱、和仿耶路撒冷聖殿的敬拜場所遺跡等，以及亞舍拉偶像、迦南神

1. 博物館入口／2. 考古館入口的迦南棺材展示／3. 印度猶太會堂

像和其他埃及文物。

猶太藝術館(Jewish Art & Life Wing)裡展示出結婚、葬禮、浸禮、逾越節、七七節、住棚節、贖罪日等猶太節日文化和習俗，並

且有展示各國猶太人的哈努卡燈台區，其實阿富汗、葉門、摩洛哥、突尼西亞等地都曾經有猶太社群呢！另外還有4個從印度、義大利、德國和南美洲的蘇利南移植過來的猶太會堂，風格差異很大，非常有趣！

歷史的精華濃縮在各展出的文物上，非常值得花上一整天浸泡在以色列博物館！最後再到藝術公園和旁邊的死海古卷館與第二聖殿時期的耶路撒冷模型。

希律碉堡　安托尼堡壘　聖殿

大衛之城　汲淪山谷

錫安山　欣嫩谷(地獄谷)

5

1. 各國哈努卡燈台區 / 2. 各國的妥拉經文卷 / 3. 藝術公園 Ahava / 4. 第二聖殿時期的耶路撒冷模型，3 個山谷連成希伯來文字母 ש / 5. 死海古卷館 (The Shrine of the Book)，外觀與內部的設計就像是裝古卷的陶罐。死海古卷有 900 多份手抄本，最古老的抄本年代為西元前 150 ～ 200 年，其中最完整的書卷是以賽亞書，放在展區正中央的是複製品！畢竟這是證明聖經真實性的世紀大發現！以賽亞書的真品非常安全的收藏在地底下的庫房

知識庫角
耶路撒冷的神奇地理

耶路撒冷城建在 3 條河谷之上，由東到西分別是汲淪谷、中谷 (Tyropoeon Valley) 和欣嫩谷 (Hinnom Valley)。中谷雖然看不到，但舊城內仍有一條「山谷路」(Al-Wad Street)，3 個山谷連在一起，形狀就像是希伯來文字母「ש」(Shin)，也就是全能神 (El shaddai) 的名字縮寫！

▲耶路撒冷城是山城，地勢有高有低，地勢最低的「山谷路」，就是中谷的位置

融入庶民文化

Mehane Yehuda市場
Mehane Yehuda or "Shuk"

http en.machne.co.il；詳細介紹//reurl.cc/gZ3Y2X｜🕐週日～四08:30～19:00、週五08:30～15:00｜休 週六｜➡ 在「Mehane Yehuda」輕軌站｜⏳1小時｜⁉市場有免費廁所｜MAP P.73

如果喜歡接近當地人生活的感覺，不要錯過耶路撒冷熱鬧又乾淨的市場！白天的市場有賣蔬果、海鮮、糖果、糕點、甜點、香料、紀念品等250個小攤位，晚上會轉為酒吧的休憩風情，很推薦週五來感受安息日快要開始的氣息。

▲市場中要錢的人，與賣藝的猶太小孩

刻骨銘心的歷史不能忘

大屠殺紀念館
Yad Vashem

🌐 www.yadvashem.org；詳細介紹reurl.cc/qk2GbR｜☎ +972-2-644-3400｜🕐 週日～三09:00～17:00、週四09:00～20:00、週五09:00～14:00｜休 週六｜➡ 搭輕軌到「Har Herzl」走15分鐘｜⧗ 3小時｜⁉ 1.10歲以下孩子不能進大屠殺「歷史」博物館。2.館內不能照相。3.不能帶後背包(有寄存的地方)。4.可租語音導覽25NIS。5.停車費28NIS。6.建議花至少2小時，慢慢在歷史博物館吸收知識，再花1個小時到戶外其他紀念碑走走｜MAP P.73

大屠殺紀念館建於1953年，意思是「有記念、有名號」，這個氣氛沉重的博物館記錄著二戰前納粹大屠殺的來龍去脈，也紀念著被殺害的600萬猶太人以及國際義人。非常震撼，推薦花多點時間來反思歷史刻骨銘心的教訓。

大屠殺歷史博物館，主要分為：反猶與種族主義、納粹的興起、1933～1939年納粹德國中的猶太人、隔離區、納粹營、最終解決方案、猶太人的抗爭、個人與家庭、1939～1945年納粹歐洲時期的猶太生活、國際義人、世界與大屠殺、大屠殺倖存者。

1932年《優良血統説法》、1935年《紐倫堡法案》、1938年《埃維昂會議》都一步步推著猶太人走入集中營，納粹德國創造出「次等人」的觀念，透過有效宣傳使得大眾對猶太人排斥和冷漠。

歷史博物館設計的是從高到低，再升到高，越走就越糟。大屠殺倖存者講述發生的事、成堆的猶太人的鞋子，和推土機將成堆

且裸露的女人屍體推入坑，光是冰山一角，難受的程度都沒有語言能形容，心腸肺腑都被撕開。

但走到結尾卻是1948年5月17日以色列的復國！非常令人感動！並且有個「名字殿」，檔案庫裡紀念每個受害者的名字。

大屠殺（Holocaust），意思是「完全的燔祭」，但希伯來文會稱作「滅亡」（Shoah），現在全世界核心猶太人口是1,460萬人（雙親都是猶太人且自認為猶太人），仍未達大屠殺前1,650萬猶太人的數量。人屠殺結束了，但反猶主義卻依舊存在，2019年甚至在歐洲拍賣著希特勒留下的物品。值得尊敬的是瑞士籍黎巴嫩富豪Abdallah Chatila，即便收到國人的死亡威脅，花了60萬歐元買下大多文物，輾轉捐給大屠殺紀念館，就是不讓任何人有空間「聖化」納粹的行為。

猶太人因為安全顧慮而回歸以色列數量逐年加增，以俄羅斯、烏克蘭和美國為主。

許多大屠殺倖存者終身活在精神與心理的疾病中，以色列國家的存在，並不是合理化大屠殺邪惡罪行，而是肯定在新納粹主義逐漸抬頭的世界，猶太人需要保護自己以及提供下一代安全未來的家園。

1. 走過橋進入紀念館／2. 往滅絕營的火車，紀念被謀殺的猶太人，從下車到送進毒氣室，只有30分鐘。只剩一半的鐵軌，象徵與歷史和痛苦的切割／3. 紀念被謀殺的1.5萬兒童洞穴，裡面一片漆黑，每個名字和年齡被唸出來時，真是令人心碎／4. 社群山谷，紀念5,000個被大屠殺摧毀的猶太社群，很難想像納粹德國的邪惡勢力，是如何深入歐洲村莊／5. 國際義人花園，按國籍紀念每個冒著生命危險甚至傾家蕩產幫助過猶太人的「外邦人」（非猶太人）／6. 紀念150萬民兵對抗納粹的碑／7. 在奧斯維辛集中營，被謀殺的猶太人留下百萬雙的鞋子

發放生命簽證的何鳳山先生

猶太人對華人的態度是好奇且友善的，一方面是因為華人沒有反猶歷史，另一方面是以色列記得大屠殺時期華人向猶太人伸出援手！

國際義人是以色列政府給的最高榮譽，其中包含了中華民國在奧地利的代表何鳳山 (Ho Feng Shan) 先生，也是基督徒，被稱為「東方的辛德勒」。1938 年水晶之夜爆發，德國合併奧地利，何先生任內兩年日以繼夜的簽發「生命簽證」，半年就發出了 2,000 張簽證，讓在納粹德國統治之下的猶太人，有離開的自由到任何國家，當時上海也接收了 3 萬猶太難民。

以色列總理納坦雅胡在 2015 年「謝謝上海」影片中說：「我們永遠感謝你們，永遠不會忘記這段歷史。謝謝！」

▲何鳳山先生的名字 (Ho Feng Shan)

▲ 1938 年起，德國猶太人的護照上都蓋個 J」，若名字看不出來猶太身分，還要被加上「撒拉」或「以撒」

美角
Spotlight
想要玩得更深入嗎？這 5 個博物館也值得去！

天主教聖地博物館
(Terra Sancta Museum)

在舊城裡由天主教會經營的考古博物館，收藏跟基督教或基督教歷史有關的各種文物，有油燈、香膏瓶、羅馬皇帝錢幣、捕魚的鉛錘等，很有趣。

http www.terrasanctamuseum.org | 📍 在苦路第一站 | 📞 +972-2-628-2251 | 🕐 夏天 09:00～18:00、冬天09:00～17:00 | 💲 成人 15NIS，65歲以上年長者、學生、12歲以上孩童 10NIS(包含多媒體的套票要多5NIS) | MAP P.71 28

赫茲爾博物館
(Herzl Museum)

博物館為 1 小時的導覽，以多媒體展覽的方式來分享錫安主義發起人赫茲爾的故事，非常令人感動。博物館所在位置是「赫茲爾山」，這裡有赫茲爾和以色列重要官員的墓。

http reurl.cc/o068kQ | 📍 Shderot Herzl Mount Herzl, Jerusalem | 📞 +972-2-632-1515 | 🕐 週日～四08:30～20:00、週五08:30～14:20，需要提前預約 | 休 週六 | 💲 成人30NIS、學生24NIS | MAP P.73

錫安之友博物館
(Friends of Zion Museum)

氣氛非常友善的博物館，分享著關於一些基督徒如何幫助猶太人並支持在巴勒斯坦建立一個猶太家園的故事，約為 1.5 小時的導覽，有中文字幕，整體很感人但稍微有點商業化。

http fozmuseum.com | 📍 Yosef Rivlin St 20, Jerusalem | 📞 +972-2-532-9400 | 🕐 週一～四10:00～17:00、週五10:00～13:30 | 休 週六、日 | 💲 成人44NIS、學生33NIS、18歲以下孩童免費 | MAP P.70 69

聖經土地博物館
(Bible Land Museum)

講述聖經土地的文明，收藏的文物可看性蠻高的。這裡時常有不錯的特展，而且票券可以 1 個月內免費再用 1 次。

http www.blmj.org/en/home-2 | 📍 Shmuel Stephan Weiz St 21 | 📞 +972-2-561-1066 | 🕐 週日、一、二、四10:00～17:00，週三10:00～21:00，週五、六10:00～14:00 | 💲 成人44NIS，學生、孩童22NIS | MAP P.73

洛克菲勒考古博物館
(Rocketfeller Museum)

耶路撒冷第一個考古博物館 1938 年成立，陳列方式很古老，可以看到羅馬時期、耶利哥伊斯蘭時期與聖墓教堂的梁木。

http reurl.cc/ZXgNQa | 📍 27 Sultan Suleiman Street | 📞 +972-2-628-2251 | 🕐 週一、三、四、六10:00～15:00 | 休 週二、五、日 | 💲 免費 | MAP P.71 68

隱基琳 Ein Kerem

隱基琳，意思是「葡萄園之泉」，沒有出現在聖經中，但傳統相信是施洗約翰的故鄉，現在是個約有2,000人口的阿拉伯村，距離耶路撒冷8公里，景色優美、帶點藝術感，是3個宗教和平相處、讓人能放鬆的景點，值得來散步！

約翰父母的家

隱基琳聖母往見堂
Visitation Church

📞 +972-2-641-7291 | 🕐 冬天08:00～11:45、14:30～17:00，夏天08:00～11:45、14:30～18:00 | 🚌 從Har Herzl輕軌站搭#28巴士到「En Kerem/HaMa'ayan」，下車後走9分鐘(可用15km巴士一日票) | ⏳ 1小時 | ⁉️ 廁所收2NIS | ✝️ 路1 | 🗺️ P.73

傳統上認為這裡是祭司撒迦利亞和妻子以利沙伯夏天的家，美麗的教堂紀念馬利亞的來訪！

撒迦利亞是在聖殿服事的祭司，年邁的以利沙伯奇蹟似的懷孕，天使宣告這孩子的特殊任務：「他必有以利亞的心志能力」、「為主預備合用的百姓」、「從母腹裡就被聖靈充滿了。」在第六個月，親戚馬利亞來訪，才聽到她問安的聲音，在肚子裡的胎兒約翰就歡喜的跳動！

在小山坡上的現代教堂建於1955年，由天主教方濟會管理，入口處地板寫著拉丁文《尊主頌》(Magnificat)，以利沙伯稱馬利亞為有福的，院內有多國語言的版本，寫了馬利亞動人的禱告：「我心尊主為大；我靈以神我的救主為樂」。教堂底層祭壇旁有古老水井，約翰父母的家位置可能在這附近。

1. 大教堂外觀，地板上寫著尊主頌，設計者同萬國教堂的 Antonio Barluzzi／2. 古老水井，馬利亞與肚子裡的耶穌，在這住了3個月／3.馬利亞井(Mary's spring) 與 19 世紀蓋的清真寺，這是 3,000 年前就存在的古老水泉，於第二聖殿時期鑿出了 30 公尺深的水道，現在仍然有水

開路先鋒出生的地方

隱基琳施洗約翰堂

St. John Baharim Church

Ha-Tzukim Ln 81, Jerusalem | +972-2-632-3000 | 冬天08:00～12:00、14:30～16:45，夏天08:00～12:00、14:30～17:45 | 從Har Herzl 輕軌站搭#28巴士到「En Kerem/HaMa'ayan」，下車後走3分鐘(可用15km一日票) | 1小時 | 路1 | MAP P.73

建於西元1920年的施洗約翰教堂和修道院，由天主教方濟會管理，地下的天然洞穴可能是約翰出生的地方唷！

Baharim，意思是「在山裡」，可能是聖經中的「伯·哈基琳」(耶利米書6:1)。村莊內發現耶穌時期的蓄水池或浸禮池，也發現了羅馬時期愛情女神阿弗洛狄忒，庭院的牆上用24個語言寫了父親撒迦利亞的預言。

現代教堂建在拜占庭教堂遺跡上，入口前馬賽克地板上面寫著「神的殉道者」，因為約翰指責希律安提帕不該娶兄弟的妻子而遭砍頭。教堂在西元6世紀撒瑪利亞起義後被摧毀，在西元12世紀醫院騎士團重建了教

堂，隨後又被摧毀。

教堂內左邊鎖著的洞口通往拜占庭時期的墳墓，往下的天然洞穴，在被認為是約翰出生的位置，大理石盤子上用拉丁文寫著「生來作主的開路先鋒」。約翰出生後第八天，變啞巴的父親撒迦利亞完成命名後才恢復說話，這事傳遍整個猶大山地，約翰在這裡長大，直到他住到曠野，成為以賽亞書預言的那位：「有人聲喊著說：在曠野預備耶和華的路，在沙漠地修平我們神的道。」

1. 施洗約翰堂外觀，也是 Antonio Barluzzi 所建／2. 教堂祭壇上，從左到右為撒迦利亞、馬利亞和以利沙伯，這裡大多的訪客都是天主教徒／3. 紀念施洗約翰出生的地方

食住行最前線

餐廳

　　以色列的餐廳C/P值不高，以下的餐廳為綜合價格、位置與菜色所提供的參考資訊，若有需要更多資訊，請掃旁邊的QR碼！

阿拉伯烤肉餐廳
(Al Nasser Restaurant)

舊城阿拉伯區意外的平價烤肉餐廳，建築本身為 600 ～ 900 年前的古蹟，曾經是橄欖油榨，工作人員親切，烤肉非常好吃，可用信用卡。

📍 Khan Al-Zeit St 55(舊城區)｜📞 +972-2-626-1318｜🕐 09:30～19:30｜💲 沙威瑪口袋餅18NIS、鷹嘴豆泥14NIS、茶或咖啡7NIS｜Ⓜⓐⓟ P.70 84

阿拉伯甜點
(Jafar Sweets)

百年老店，不需解釋真心好吃，起司甜點 Kanafe 是必點！

📍 Khan Al-Zeit St(舊城區)｜📞 +972-2-628-3582｜🕐 09:00～20:00｜💲 一份16NIS｜Ⓜⓐⓟ P.70 80

鷹嘴豆泥餐廳
(Lina)

基督徒區內，靠近苦路吃鷹嘴豆泥的小店，平價的選擇，是各國背包客的最愛！

📍 El-Khanqa St(舊城區)｜📞 +972-2-627-7230｜🕐 08:00～16:00｜💲 鷹嘴豆泥25NIS｜Ⓜⓐⓟ P.70 81

▶ 基督堂花園咖啡廳
(Christ Church Café)

世外桃源的咖啡店，咖啡廳通往舒適的露天花園，有乾淨的廁所和 Wi-Fi，提供平價咖啡和簡單餐點。

📍The Armenian Patriarchate St 55(舊城區) | 📞 +972-2-627-7727 | 🕐 09:00～17:00 | 💲9吋Pizza 25～35NIS、沙拉 40NIS、三明治40NIS、咖啡10～12NIS | ᴹᴬᴾ P.70 ⑧⑤

▶ 基督徒資訊中心露天咖啡店
(Christian Information Center Café)

隱藏版的咖啡店，在基督徒資訊中心的頂樓，上露台費用每人 5NIS，食物普通但風景無敵，而且少有人知，非常愜意！

📍Jaffa Gate, Omar Ibn el Qattab Sq.(舊城區) | 📞 +972-2-627-2692 | 🕐 09:00～17:00 | 休 週日 | 💲早餐$20、午餐$25、咖啡$3～4 (可用NIS付、只收現金) | ᴹᴬᴾ P.70 ⑧⑥

▶ 葉門猶太小吃
(Jahnun Bar)

來試試葉門食物，嘗嘗不一樣的中東美味，推薦飽足感十足的蔥抓餅！

📍HaEgoz St 30(新城區) | 📞 +972-52-566-19 19 | 🕐 週日～四09:30～01:00、週五09:30～17:00、週六19:00～02:00 | 💲Malawich 28NIS、Jahnun mini 19NIS | ᴹᴬᴾ P.73

▶ 奧地利修道院的特里特咖啡
(Café Triest at Austrian Hospice)

苦路第三站旁的修道院，充滿維也納風格的裝潢，花園咖啡廳非常愜意，屋頂還有觀景台是需要收費參觀，每人 5NIS。

📍Via Dolorosa St 37(舊城區) | 📞 +972-2-626-5800 | 🕐 10:00～22:00 | 💲雞排64NIS、沙拉46NIS、例湯29NIS、蛋糕24 NIS、咖啡14～16NIS | ᴹᴬᴾ P.70 ⑧②

▶ 聖母院露天餐廳
(Notre Dame Cheese &Wine Rooftop Restaurant)

超浪漫且有風景超好的高級餐廳，適合坐下來慢慢聊天，服務和食物品質都很好，超級推薦！此餐廳屬於聖母院的一部分，員工都是阿拉伯基督徒。

📍Opp. New Gate - Old City(新城區) | 📞 +972-2-627-9111 | 🕐 16:30～23:00 | 休 週一 | 💲Halloumi Salad 42NIS、海鮮義大利麵82NIS、Kanafe 33NIS、咖啡15NIS | ᴹᴬᴾ P.70 ⑧②

中東三明治
(Ariha Sabich)

高評價小吃店，這家的炸茄子中東三明治 Sabich 很受歡迎！沒有廁所但有桌椅。

Agripas St 83(新城區) | +972-52-444-1042 | 週日～四09:30～23:00、週五09:30～14:30 | 休 週六 | $ Sabich 23NIS | MAP P.73

花園咖啡廳
(Derech HaGefen)

很適合在悠閒的早晨來這裡慢慢吃早餐，氣氛、食物和價位都是 100 分。

Derech HaGefen 1, Beit Zayit(郊區) | +972-2-650-2044 | 週日～四08:00～23:00、週五08:00～13:15、週六19:00～23:00 | $ 早餐套餐(烘蛋、沙拉、熱飲一杯、冷飲一杯、麵包、沾醬)78NIS、咖啡14～16NIS、Pizza 62～84NIS、沙拉68～72NIS | !? 非常熱門，建議網路訂位 | MAP P.73

住宿

可根據自己的預算和網路評價來挑選，新城區有許多青年旅館、公寓或精品旅館，而舊城氣氛佳且距離景點超近，美中不足的是房源較老舊。

The Post Hostel

舒適又時尚的青年旅館，位置方便，有寬敞的交誼空間、活動和當地團行程。

Koresh St 3(新城區) | +972-2-581-3222 | $ 床位(12人間)$30，含早餐 | MAP P.70 (91)

Abraham Hostel

獲選為全世界最優秀的連鎖青年旅館，每天都有豐富的活動和多元的當地團行程。

Ha-Nevi'im St 67(新城區) | +972-2-650-2200 | $ 床位(10人間)$30，含早餐 | MAP P.73

Dar Mamilla Guesthouse

全新的義大利教會朝聖者旅館，位置就在 Mamilla Mall，離舊城走路超級方便。

Koresh St #16bis(新城區) | +972-2-627-1165 | $ 單人房$86、雙人房$130，含早餐(在廚房自己弄) | MAP P.70 (94)

Cinema Hostel

舊電影院改造的青年旅館，氣氛不錯。

Shamai St 4(新城區) | +972-77-703-7322 | $ 床位(10人間)$20，含早餐 | MAP P.70 (92)

Ecce Homo

乾淨、位置超級方便，自 1860 年開始的天主教朝聖者住宿，但不適合行李多的人。

St. Marks Rd 20(舊城區) | +972-2-628-4494 | $ 類似單人間床$39、雙人房$106，房間費用含早餐，晚餐$17超划算 | MAP P.71 (93)

Citadel Hostel

800 年老房子，超靠近聖墓教堂，陽台有無敵風景！

St. Marks Rd 20(舊城區) | +972-2-628-4494 | $ 床位(12人間)$21、雙人房$70 | MAP P.70 (90)

聯外交通攻略

「中央巴士」輕軌站後方就是耶路撒冷Yitzhak Navon火車站，另一側是耶路撒冷中央巴士站(Central Bus Station)。

前往機場

搭火車

從耶路撒冷Yitzhak Navon火車站到機場，火車站月台在地下3樓。

- 車程：約22分鐘
- 車資：18NIS
- 車班：每小時1班車
- 末班：週五為14:39，週六安息日結束後20:39重新發車
- 注意：1.火車時刻表請隨時確認官網。2.不能直接用Rav-kav卡感應入站，進站前需要先根據目的地購票(購票方式請參考P.47)，月台在地下3層，電扶梯都很慢，若趕時間可以搭電梯，建議要預留至少8分鐘過安檢、購票和下樓

搭巴士

耶路撒冷中央車站外面有前往機場的#485巴士，從中央車站走1分鐘，就會看到候車亭。

- 車程：約1小時
- 車資：9NIS，必須用Rav-kav卡

- 車班：週間24小時有車，每小時一班車
- 末班：週五為14:05，週六安息日結束後19:05重新發車

旅遊眉角

預約共乘小巴

安息日的唯一選擇，就是搭乘共乘小巴前往機場，記得提前一天就要預約座位唷！(或請旅館人員幫忙預約)

📞 +972-2-625-7227
+972-159-950-0205

前往約旦中部關口

前往約旦的中部關口的黃色小巴，在靠近Sultan Sulliman Terminal在Goldan - Walls旅館旁停車場搭乘。

- 車程：約40分鐘
- 車資：42NIS，行李一件收5NIS，只收現金
- 車班：每天早上7:00發車，每15～20分鐘一班
- 末班：約下午13:00，週五、六末班車是早上10:00

▲ 1. 往橄欖山的巴士站／2. 往約旦邊境的巴士站

■注意：Golden Walls旅館有個通往停車場的不起眼入口，其實就是往約旦的巴士車站和辦公室

☎ +972-2-627-7544

前往西岸地區

前往伯利恆

在Ha-Nevi'im Terminal阿拉伯巴士站，搭乘#231前往伯利恆的Beit Jala，末站下車，走10～15分鐘即可到馬槽廣場。

■車程：約30分鐘
■車資：5.5NIS，可收現金、Rav-kav卡、一日票
■車班：早上06:27發車，每15～30分鐘一班車
■末班：平日為18:27，週五為19:17，週六同平日照常發車

或可搭乘#234到伯利恆隔離牆。

■車程：約15分鐘
■車資：5.5NIS，可收現金、Rav-kav卡、一日票
■車班：平日早上04:30發車，週末早上05:30發車，

▲ Ha-Nevi'im 阿拉伯巴士站

每15～30分鐘一班車
■末班：21:00，週六同平日照常發車

前往橄欖山

在Sultan Sulliman Terminal阿拉伯巴士站搭乘#275，位置在Goldan Walls旅館旁附近。

■車程：約10分鐘
■車資：5.5NIS，可收現金、Rav-kav卡、一日票

前往伯大尼

在Sultan Sulliman Terminal阿拉伯巴士站搭乘#263前往。

■車程：約30分鐘
■車資：7NIS，可收現金、Rav-kav卡、一日票

前往示劍／納布盧斯

在Sultan Sulliman Terminal阿拉伯巴士站搭乘#218到

拉抹(Ramallah)。

■車程：1小時
■車資：每人7NIS，可用Rav-kav卡

在拉抹轉搭20人小巴到示劍(Nablus)。

■車程：1～1.5小時
■車資：每人11.5NIS，只收現金
■注意：坐滿才開，可能要等15～30分鐘

▲往示劍的 20 人小巴

回程在Nablus bus terminal(位在Chicken Malaky Broast旁邊)可搭9人共乘小黃巴回拉抹，再轉搭#218回耶路撒冷。

■車資：每人17NIS只收現金

前往希伯崙

在中央巴士站3樓的6號月台，搭乘#381或#383防彈巴士。

■車程：1.5小時
■車資：8NIS
■車班：早上06:00發車，車次不多建議先查詢
■末班：平日為隔天03:00，週五為13:30，週六安息日

結束後18:45重新發車，末班車到隔天03:00

- ■注意：#381巴士，從以色列進入西岸地區的巴士都是28公噸的防彈車

前往其他城市

在耶路撒冷中央巴士站3樓，有前往以色列各城市的巴士，可直接上車感應Rav-kav卡扣款，請特別注意安息日所有大眾交通工具都停駛，地下室有收費置物櫃。

▲中央巴士站

▲上車時把Rav-kav卡放這裡給司機扣款

前往死海

在4號月台，可搭乘#444與#486巴士。

- ■車程：約1.5小時
- ■車資：16NIS
- ■車班：早上07:00發車
- ■末班：平日為17:00，週五為15:00

前往加利利提比哩亞

在20號或21號月台，可以搭乘#959、#962、#961巴士。

- ■車程：約3小時
- ■車資：16NIS
- ■車班：早上08:15發車，下午開始班次較多，每30～60分鐘一班
- ■末班：平日為23:30，週五為15:50，週六安息日結束後19:00重新發車，末班車為00:00

前往特拉維夫

在15號月台，可搭乘#405巴士。

- ■車程：約1小時
- ■車資：16NIS
- ■車班：早上06:30發車，每15～30分鐘一班
- ■末班：平日為23:20，週五為15:00，週六安息日結束後18:20重新發車，末班車為23:10

但更推薦搭乘火車，不需換車就會到Tel Aviv-HaHagana站。

- ■車程：約32分鐘
- ■車資：24NIS
- ■車班：同前往機場的班車

旅遊直角

安息日如何前往特拉維夫？

若想在安息日前往特拉維夫，可以從耶路撒冷中央巴士站、大馬士革門的Ha-Nevi'im Terminal阿拉伯巴士站旁以及Monbaz street與Ha-Nevi'im路口都可搭乘共乘小巴。

- ■車資：平日25NIS、假日及國定假日35NIS)，只收現金

▲去特拉維夫的共乘小巴

▲ Monbaz St與Ha-Nevi'im路口

市區交通攻略

耶路撒冷輕軌路線圖

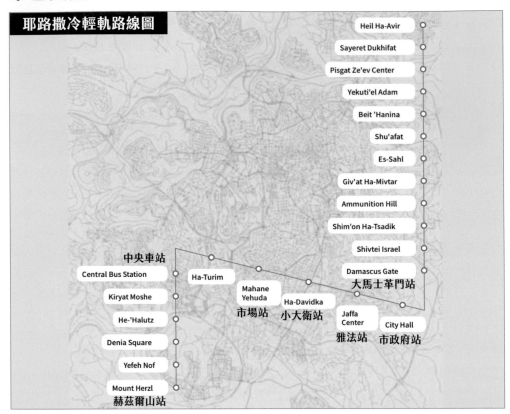

Heil Ha-Avir
Sayeret Dukhifat
Pisgat Ze'ev Center
Yekuti'el Adam
Beit 'Hanina
Shu'afat
Es-Sahl
Giv'at Ha-Mivtar
Ammunition Hill
Shim'on Ha-Tsadik
Shivtei Israel
Damascus Gate 大馬士革門站
Jaffa Center 雅法站
City Hall 市政府站
Ha-Davidka 小大衛站
Mahane Yehuda 市場站
Ha-Turim
中央車站 Central Bus Station
Kiryat Moshe
He-'Halutz
Denia Square
Yefeh Nof
Mount Herzl 赫茲爾山站

耶路撒冷輕軌

　　穿梭於耶路撒冷舊城、新城與郊區的路面輕軌(Jerusalem Light Rail)，目前只有紅線，主要行駛在雅法路的步行街上。需使用Rav-kav卡或Moovit上車。

■ 車資：單程票5.5NIS

■ 車班：早上05:30發車，尖峰時約每6分鐘一班車，離峰時約每12分鐘一班車

■ 末班：平日00:11，週五14:30，週六安息日結束後19:30重新發車，末班車為00:11

■ 注意：單程票享有90分鐘免費轉乘優惠，轉搭公車時需再刷卡。若Rav-kav卡

▲耶路撒冷輕軌

已經充值過就直接上車刷卡，不需另買單程票，若要買一日票，請參考P.51

觀光客最常使用的輕軌站

■ Mount Herzl (最後一站)：從這裡走去大屠殺紀念館

■ Central Bus Station(CBS)：連結中央巴士站與耶路撒冷火車站

■ Mehane Yehuda：新城區最熱鬧的市場，晚上有夜

生活
- Jaffa-Center：三角洲商區的起頭，有許多旅館、餐廳和商店
- City Hall：距離舊城最近的一站
- Damascus Gate：大馬士革門外，靠近阿拉伯沙威瑪店和去約旦的車

購買單程票、一日票步驟

2023年起輕軌不再販售單程票，部分輕軌站販售Rav-kav卡，空卡5NIS。

▲Rav-kav卡自動販賣機：1.觸控螢幕／2.Rav-kav卡放置處／3.信用卡刷卡處(容易失敗，不建議使用)／4.信用卡感應處／5.鈔票投入口／6.投幣口／7.出票口

 Step ❶ 購買空卡
點選左邊「Purchase Anonymous Rav-kav」(購買Rav-kav不記名空卡)。

 Step ❷ 選擇方案
點選最右邊「Card and Contract」(空卡和交通合約)。

 Step ❸ 買單程票
點選最右邊「New Single Ride Contract」(新的單程票)。

 Step ❹ 付款
確認費用為10.5NIS(已包含空卡5NIS與單程票5.5NIS)後，可用現金跟信用卡付款。

 Step ❺ 買市區一日票
購買耶路撒冷市區一日票請回到Step 3，選擇中間的「New daily contract」(新的一日票)後，選擇右邊的「Light Train & Buses」(輕軌和公車)。

Step ❻ 選擇方案
選擇右上角「163-Yellow Daily free up to 15km」(15公里內) 購買一日票請回到Step 3，選擇車)。

Step ❼ 付款
確認費用為17.5NIS(已包含空卡5NIS與一日票12.5NIS)後，可用現金或信用卡付款。

耶路撒冷市區巴士

以色列巴士

這裡的巴士頗有中東的隨性個性，偶爾班次會突然消失，司機也可能隨意更改路線，趕時間的話相對不是那麼可靠。耶路撒冷的市區巴士不賣單程票，請下載Moovit或是購買Rav-kav卡。90分鐘內的免費轉乘，轉車上車仍需再刷卡。

▲上車後請感應 Rav-kav 卡

阿拉伯巴士

通常跑東耶路撒冷的巴士是以2開頭，有自己的系統，可以使用Rav-kav卡或現金，但目前仍不能使用Moovit。

省錢撇步

市區巴士一日票

若會在耶路撒冷整個地區無限搭乘輕軌和巴士，建議買 15km 巴士或輕軌一日票 (12.5NIS)。若住宿離舊城稍遠，或預計前往大屠殺紀念館、以色列博物館、市場、隱基琳、伯利恆皆可使用此票。

圖解猶太文化

宗教猶太人
外表的記號

宗教猶太男士外表上會有3個看得見的記號，一個是某些教派會有獨特的髮型，從小男孩到大人都留著兩鬢的頭髮(Payot)，因為聖經的誡命是「頭的兩鬢不可剃，鬍鬚的周圍也不可損壞。」(利未記 19:27)

第二個是頭上的Kippah帽，雖然不是聖經誡命，但象徵對頭頂上那位神的敬畏。

第三個則是外穿內搭皆可的小禱告巾(Tallit katan)，褲頭旁會露出禱告衣襟的繸子(Tzitzit)，因為誡命是要「世世代代在衣服邊上做繸子，又在底邊的繸子上釘一根藍細帶子。」(民數記 15:38) 現代傳統猶太人習慣把一轉身就會飛起來的繸子塞進褲子裡。

▲戴 Kippa 帽、繸子和留兩鬢的猶太小孩

猶太成年禮

在西牆前，週一或週四都會遇到歡樂的成年禮(Bar Mitzvah)，這是除了出生第八天的割禮之外，對猶太男孩的重要人生里程碑，甚至整個家族很早就會為這天請假和預備慶祝。

猶太男孩在滿13歲之前，會先學習將近1年的妥拉聖經課程、禱告儀式、希伯來文、認識自己的根、做社區服務等。在成年禮上，他會在整個家族與好友面前，很正式的宣示要做「誡命之子」(Bar Mitzvah)，以及用希伯來文朗誦經文，代表祝福的糖果雨會從四面八方丟擲過來。

此後在需要有10人的猶太聚會(Minyan)中，他就被算為群體中的一個有效人數，並且才能使用護經匣、在公共場合讀聖經以及未來結婚。

▲過成年禮的猶太男孩，手上抱的是妥拉經文卷，他已經宣示要守裡面的誡命

　　以色列的男嬰出生第八天需要受割禮，也會在這一天被命名，這個儀式稱為「割禮的約」(Brit Milah)，因為割禮是神和亞伯拉罕以及他的後裔世世代代立約的記號，除非有個人因素，至今都存在大多猶太人身上。

▲行割禮時，由寶寶的教父抱著他坐在這張椅子右邊，左邊要空著，象徵先知以利亞也在場

▲成年禮時男孩會做第一次的「阿利亞」，原意是向上去朝聖，也有延伸上台朗誦希伯來文經文的意思，以後聚會他就有資格上台讀聖經了

▲13 歲男孩過成年禮時，會站在「棚」下，跟住棚節一樣有浪漫典故

▲一起見證成年禮的親友，負責認真而歡樂的丟糖果

極端正統派 猶太人

▲在路上常看到極端正統猶太人，總是穿著黑色西裝和戴著黑帽子，就連夏天也是一樣的裝扮。極端正統派家庭，總是有很多小孩

以色列有74%的人口是猶太人，其中約30%是世俗化猶太人(Hiloni)、24%是傳統猶太人(Masorti)、10%是遵守猶太教條的宗教猶太人(Dati)以及10%的極端正統派猶太人(Ultra-orthodox)，稱為哈雷迪派(Haredi)，意思是「戰兢」。在路上總是會注意到戴大帽子穿西裝的猶太人，但其實他們在以色列也是少數族群。極端正統派運動(Hasidism)是猶太教的一個重要分支，起源於18世紀的東歐，由謝姆‧托夫(Baal Shem Tov)創立。在中世紀，十字軍東征席捲西歐，許多猶太人不幸被殺害，許多猶太人移居到相對於羅馬天主教的嚴苛氛圍較輕的東歐地區。在波蘭立陶宛聯邦時期，這一地區對猶太人來說成為了一個相對和平的避風港，直到17世紀晚期。

烏克蘭哥薩克人(Cossacks)反對波蘭立陶宛聯邦的貴族統治，而受到真正嚴重影響的卻是幫助貴族徵稅的猶太社群。在1648年的起義中，10萬猶太人成為攻擊的對象，這一事件震驚了當時的猶太社群，彷彿世界末日降臨。因此，18世紀在東歐興起了極端正統派的哈西迪猶太教派(Hasidic Judaism)，類似於基督教的靈恩運動。這些人更加強調信仰，並刻意將自己與世俗生活區分開來，追求神聖。

在生活上他們追求聖潔，會刻意將自己與世俗的世界「分別出來」，主要的工作為讀妥拉和禱告，由於早婚且不節育，一家至少有6個小孩，生活相對拮据。

極端正統猶太人內部分為三大群組：

立陶宛猶太人(Lithuanian Jews/Litvishe)：男人會刮鬍鬚、看起來較現代、很追求研讀妥拉。妻子會負責賺錢養家和照顧孩子，

▲極端正統猶太人的裝扮：1. 帽子 ／ 2. 白上衣 ／ 3. 小禱告巾 ／ 4. 黑鞋 ／ 5. 黑長外套 ／ 6. 腰帶 ／ 7. 黑長襪 ／ 8. 黑長褲

並以支持先生全時間在猶太神學院學習為榮。已婚婦女會使用很高級的假髮。

哈希迪猶太人(Hasidim)：相信神祕主義，拉比的地位跟貴族一樣高，而且是世襲制。已婚婦女會戴假髮和絲巾，例如Netflix影集內《出走布魯克林》(Unorthodox)的主角就是匈牙利Satmar哈西迪派的一員。

哈雷迪賽法迪猶太人(Sephardic Haredim)：由來自阿拉伯國家的猶太人所組成。

透過帽子樣式、褲管高低、襪子顏色、外套樣式、襪子要不要塞入褲管內等搭配，猶太人就能判斷出對方屬於哪個拉比的學生。

透過帽子
找到友善的宗教猶太人

若想和宗教猶太人聊天，又怕冒犯到他們，原則上可找頭上戴針織Kippa帽的愛國敬虔分子(National Religious/Hardalim)，他們既認真遵守猶太教條，也熱愛以色列，包含會去當兵，他們比較會願意分享以色列的知識。而哈西迪猶太人只戴有邊的黑絨布Kippa帽，以及立陶宛猶太人只戴無邊的黑絨布Kippa帽，生活優先順序是讀經禱告，原則上不會跟遊客交談，特別是異性。

▲猶太用品店，可以看到各式各樣的 Kippa 帽，因為猶太人也有分不同的宗教背景、文化、和政治立場：1. 針織 Kippa 帽 ／ 2. 有邊的黑絨布 Kippa 帽 ／ 3. 無邊的黑絨布 Kippa 帽

知識加油站

拉比是什麼？

拉比 (Rabbi)，是教導和決定猶太律法，以及生活大小事的宗教權威，包含離婚、誰該讀妥拉、忘記謝飯禱告時該怎麼辦、如何點哈努卡燈等。在耶穌出現之前，就分了以希勒爾 (Hillel) 和沙邁 (Shammai) 兩個拉比的門派，保羅也曾是希勒爾的孫子迦瑪列的學生。拉比對現代以色列的影響仍然很大，現在要移民以色列，一種是要有猶太血緣，另一種就是被拉比認定為猶太教徒。

在餐廳、馬路邊、小冊子上，許多地方都會看到右側這位 Menachem Mendel Schneerson 拉比的照片，他出生於烏克蘭，是 Chabad 教派第七代拉比，1994 年逝世於美國紐約，被部分猶太人認為是彌賽亞。

猶太人
如何禱告

愛神，是最大的誡命，以色列人最重要的就是「你要聽」的禱告(Shema)：「以色列啊，你要聽！耶和華——我們神是獨一的主。你要盡心、盡性、盡力愛耶和華—你的神。」(申命記 6:4-5)這是每天睡覺醒來時要做的禱告，也是死前最後說的話，代表一生一世都在盡力遵守誡命。

在晨禱、安息日和節日時，猶太人會披上白色的大禱告巾(Tallit Gadol)，並且會使用兩個寫著希伯來文字母ש(Shin)的護經匣(Tefilin)，這個字母紀念「全能神」(El Shaddai)的名。護經匣裡面裝著「你要聽」的禱告經文，並要綁在額頭前和手臂上，因為誡命是：「也要繫在手上為記號，戴在額上為經文」(申命記 6:8)

▲ 使用大禱告巾的猶太人，以色列國旗的設計就是以禱告巾為底

在纏帶子時，手掌上會纏ש，手臂上也要纏個ש和7條線，並且會像戒指那樣纏在中指，邊纏邊唸下面這段經文，重申神對以色列說：「我必聘你永遠歸我為妻，以仁義、公平、慈愛、憐憫聘你歸我；也以誠實聘你歸我，你就必認識我—耶和華。」(何西亞書 2:19-20)

▲ 在成年禮上，第一次使用禱告巾與護經匣的猶太男孩

▲ 使用護經匣的猶太男孩，黑盒子有點像是Gopro 攝影機

角落常見的
猶太文化

以色列城門上或旅館房門常會看到一個斜長盒,稱作「門框經文匣」(Mezuzah),因為聖經的誡命是:「又要寫在你房屋的門框上,並你的城門上。」(申命記6:9)斜長盒裡裝著「你要聽」的經文,且外觀上也寫著希伯來文字母ש。猶太人經過時會用手親

▲西牆旁的安檢門旁,放了一個巨無霸門框經文匣

一下門框經文匣,代表時刻對神與神誡命的愛,也代表知道在這個空間裡面的最高權威是神。

在以色列的洗手台常會看到有兩個手把的水壺,敬虔猶太人會使用這個器具配合拉比教導的「洗手禱告詞」(Netilat Yadayim),用來達成宗教禮儀上的潔淨,不是用來裝水喝的唷!

▲西牆前的洗手台,有注意到水壺嗎

▲不妨默默觀察猶太人是怎麼用兩個手把的水壺洗手

▲洗手禱告詞,法利賽人批評耶穌和門徒用「俗手」吃飯!所謂的「俗手」,就是沒有按照拉比的教導方式洗手

時間彷彿凝固的
安息日 Shabbat

▲餐廳或小店門口會有這種小海報，告訴每個人這週安息日是在週五幾點幾分開始以及週六幾點幾分結束

以色列的安息日，時間好像凝固了。耶路撒冷空蕩蕩的街道，安靜到任何一輛車輛的引擎聲，都會顯得刺耳。有人說：「不是猶太人保留了安息日，而是安息日保留了猶太人。」

在創造的第七天，神創造完畢便安息了。安息日，紀念萬物都是創造主藉著祂的話語所造的。十誡，又稱為「十件說出來的話」，包含了「當紀念安息日，守為聖日」。

每逢週五下午，猶太景點、餐廳、公共交通，都會提早打烊，熱鬧的市場會充滿著趕著做最後採買的猶太人。週五傍晚到週六傍晚，猶太人會進入安息日，在晚餐桌上會有蠟燭、祝福的酒杯(Kiddush cup)、象徵雙份嗎哪的兩個安息日辮子麵包、鹽巴、香料盒(Besamim Box)。安息日結束時，會有一個「分別出來」(Havdalah)的禮拜儀式，讚美神將安息日與其他日子分別出來。

根據拉比教導，安息日不能做創作或是破壞的工作，當耶穌醫治了畢士大池旁躺了38年的人，但那人起來「拿著」褥子、或是耶穌「和泥」開了瞎子的眼睛，以及瞎子從聖殿「走到西羅亞池」都違反了在口傳聖經中拉比對於「工作」的39項定義。現代猶太人在安息日，並不只是不上班或不開車(因為發動引勤時有點火)，還包含了不用手機、不看電視、不用任何電器產品、不開燈、不拿東西、不按電梯(因此發明了每層樓都自動停的安息日電梯)、不煮飯、不使用微波爐和榨果汁機等。

安息日的限制也包含了走路距離，不只出現在聖經使徒行傳，在現代猶太社區的電線桿上可看到表示界限的「線牆」(Eruv)，是拉比們規定的「合法」活動範圍，距離約在500～750公尺之間。

安息日是極為美麗的，在猶太會堂聚會的「歡迎安息日」(Kabbalat Shabbat) 古老禮拜儀式中，唱到「來吧！我的愛」(Lecha Dodi)的讚美禱告詩時，全體會眾會起立並轉向面對入口，有如歡迎新娘般，迎接安息日的來臨。

在耶路撒冷，特別能感受到這神所祝福的日子，不要因為大眾交通工具停駛而驚惶，來好好享受和浸泡在安息中吧！

▲ 在商店都會看到在賣這種 24 小時自動開關的安息日開關

▲ 安息日，耶路撒冷空蕩蕩的街道

▲ 不能開火，所以有這種自動打開和維持溫度的盤子

▲ 敬虔猶太人的安息日會有酒和兩個辮子麵包，象徵安息日時有雙倍的嗎哪

▲ 電線桿上的空瓶，現代以色列的「線墻」

▲ 安息日晚餐

153

The West Bank
Judea and Samaria

「以色列啊，你要聽，要謹守遵行，使你可以在那流奶與蜜之地得以享福，人數極其增多，正如耶和華——你列祖的神所應許你的。」
—— 申命記 6:3

西岸地區／
猶大撒瑪利亞

從流奶與蜜之地到以巴衝突

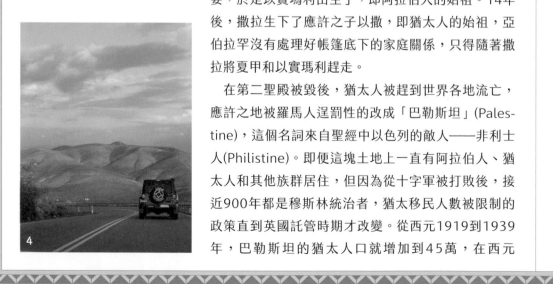

戰爭，從摩西的接班人約書亞跨越約旦河，並攻下耶利哥城便開始了，亞伯拉罕的子孫，以色列的十二支派進入了神所應許的迦南地。究竟這裡是聖經中的猶大和撒瑪利亞，還是由國際政治角度所認為是以色列非法占領的西岸地區呢？

亞伯拉罕，雖稱為多國之父，卻有個無法生育的妻子撒拉。撒拉主動讓她的埃及女僕夏甲給亞伯拉罕當妾，於是以實瑪利出生了，即阿拉伯人的始祖。14年後，撒拉生下了應許之子以撒，即猶太人的始祖，亞伯拉罕沒有處理好帳篷底下的家庭關係，只得隨著撒拉將夏甲和以實瑪利趕走。

在第二聖殿被毀後，猶太人被趕到世界各地流亡，應許之地被羅馬人逞罰性的改成「巴勒斯坦」(Palestine)，這個名詞來自聖經中以色列的敵人——非利士人(Philistine)。即便這塊土地上一直有阿拉伯人、猶太人和其他族群居住，但因為從十字軍被打敗後，接近900年都是穆斯林統治者，猶太移民人數被限制的政策直到英國託管時期才改變。從西元1919到1939年，巴勒斯坦的猶太人口就增加到45萬，在西元

1. 猶大曠野與牧羊人 ／ 2. 伯利恆慶祝復活節聖火的阿拉伯基督徒，在西元1936年時基督徒人口為85%，現在只剩下12% ／ 3. 在希伯崙先祖墓清真寺剛證婚的新婚夫婦／ 4. 撒瑪利亞，這裡大多是無人居住的曠野／ 5. 阿拉伯文的教會詩歌本，早在西元3世紀，在阿拉伯半島的伽珊尼德部落(Ghassanids)便接受了基督教

1920年整個巴勒斯坦地區的阿拉伯人口只有50萬人(而埃及阿拉伯人口是1,300萬人)！當地的阿拉伯人意識到猶太人的勢力越來越大，很遺憾的阿拉伯政治團體帶頭攻擊殺害猶太人。

即便在1922年時巴勒斯坦就已經分了2／3的土地作為外約旦(Transjordan)給阿拉伯人，當西元1937年皮爾(Peel)主領的英國皇家委員會調查了衝突起因後，再度提出猶太人與阿拉伯人的分制案(Partition Plan)，並在西元1939年提出白皮書，宣布接下來5年只接受7.5萬名猶太移民的限制，這個決定造成了猶太人被逼著回到希特勒納粹主義盛行的歐洲，以及至少600萬猶太人受害的大屠殺。

聯合國在西元1947年提出181號決議案，將巴勒斯坦分為猶太人與阿拉伯人的國家。剛經歷大屠殺的猶太人接受提案，但是勢力龐大的阿拉伯人卻拒絕了此提案。如本古里安預測的，西元1948年第一次中東戰爭爆發，耶路撒冷宗教領袖阿明·侯賽尼(Amin el-Husseini)聯合了阿拉伯世界的兄弟：伊拉克、敘利亞、黎巴嫩、埃及、約旦，甚至利比亞的軍隊都來轟

炸與奪回聖地。若以色列沒有獲勝，地圖上不會有條「綠線」(Green Line)，即該年紙上協議的停火線。從1948年開始，約旦河以西的土地被約旦占領，因此稱為約旦河「西岸地區」(West Bank)，此時巴勒斯坦一詞仍代表地區而非民族。

西元1967年，埃及、敘利亞、約旦再次聯合攻打以色列，若以色列沒有獲勝，猶太人至今不能進入耶路撒冷舊城，以色列也從約旦拿回了聖經中的重要地點，包含耶利哥、希伯崙，以及安置會幕的地方「示羅」，還有雅各遇見神的「伯特利」。「屯墾者」就像是另一波猶太移民潮一樣，在政府決策下來之前便搬回列祖產業之地，也就是猶大撒瑪利亞。強大的埃及失敗了，使得埃及出生的阿拉法特開始了法塔赫(Fatah)，意思是要解放被以色列占領的巴勒斯坦的運動，讓被壓迫和被侵占的巴勒斯坦人民可以有自己的國家，也創造了巴勒斯坦「人」的民族意識，將本來是阿拉伯人對猶太人的攻擊，扭轉為巴勒斯坦人對抗以色列人的人權戰爭。

西元1973年，以色列在最神聖的贖罪日被埃及和

1. 耶利哥 A 區遇見的猶太屯墾者／2. 實體的隔離牆，並不是一直都存在，而是在六日戰爭的 36 年後才建起來／3. 基利心山教堂遺跡，後方為被咒詛的以巴路山／4. 亞伯拉罕的墓

3

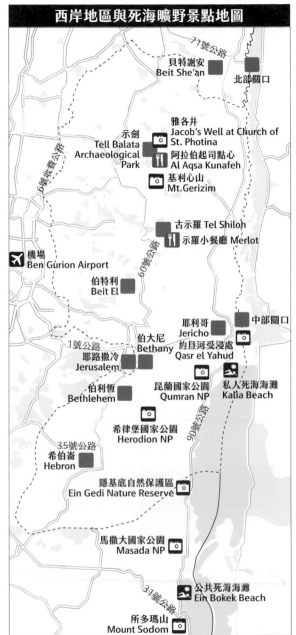

西岸地區與死海曠野景點地圖

71號公路

貝特謝安
Beit She'an

北部關口

雅各井
Jacob's Well at Church of
St. Photina

示劍
Tell Balata
Archaeological
Park

阿拉伯起司點心
Al Aqsa Kunafeh

基利心山
Mt. Gerizim

6號埃賽公路

古示羅 Tel Shiloh

示羅小餐廳 Merlot

60號公路

機場
Ben Gurion Airport

伯特利
Beit El

耶利哥
Jericho

中部關口

約旦河受浸處
Qasr el Yahud

1號公路

伯大尼
Bethany

耶路撒冷
Jerusalem

昆蘭國家公園
Qumran NP

私人死海海灘
Kalia Beach

伯利恆
Bethlehem

希律堡國家公園
Herodion NP

90號公路

35號公路

希伯崙
Hebron

隱基底自然保護區
Ein Gedi Nature Reserve

馬撒大國家公園
Masada NP

公共死海海灘
Ein Bokek Beach

31號公路

所多瑪山
Mount Sodom

敘利亞夾攻，雖然辛苦獲勝，但為了與埃及簽訂和平條約，以色列總理貝金仍將西奈半島的土地還給了埃及，而埃及於1980年成了第一個承認以色列的阿拉伯國家。因為第二次起義的恐怖攻擊，以色列為了保護人民決定興建隔離牆後，西岸地區之間的自由往來不再，許多家族被分離，也使得耶穌出生的「伯利恆」、拉撒路三姐弟住的「伯大尼」、希律蓋的「希律堡」等，都變得相對遙遠。

西岸地區的政局較不穩定，歷史也複雜的讓人揪心和喘不過氣，但對朝聖者來說，西岸地區有不可錯過的聖經景點，在安全時，不妨親身感受這塊土地和上面人民的故事吧！

耶利哥
Jericho

全世界最古老的城市

　　耶利哥，聖經中重要的城市，它在吉甲旁邊，以色列人出埃及後，第一個占領的迦南城市，也是全世界最古老的城市。先知以利沙曾在這裡治水，耶穌在這裡的曠野受試驗，且多次經過耶利哥。

「以色列人在吉甲安營。正月十四日晚上，在耶利哥的平原守逾越節。」
—— 約書亞記 5:10

耶利哥景點地圖

試探山修道院
Mount of Temptation

Canaanite Dyook St

Ein Al-Sultan St

以利沙水泉
Elisha's Spring
纜車站
Cable Car

耶利哥廢墟
Tell es-Sultan

Ein Al-Sultan St

撒該的桑樹
Zacchaeus' Sycamore Tree

Amman St

伯大尼的Sherut站

Jamal Abd
Al-Naser

耶利哥小檔案

名稱與含意：芬芳或月亮
面積：59 km²
人口：約 18,346
降雨量：204 mm
平均氣溫：11°～19°(1月)、
　　　　　25°～36°(7月)
海拔：- 258 m

耶利哥行程：
先上修道院，再逛耶利哥廢墟、
以利沙水泉，之後再去看一眼撒
該的樹吧！
所需時間：至少 3 小時

曠野中的水泉

以利沙水泉

Elisha's Spring / Ein es Sultan

🌐 reurl.cc/7RNxbd | 🕐 08:00～17:00 | ➡ 在耶
利哥廢墟對面 | ⏳ 0.5小時 | ⁉ 出水口建築不一定
開放 | ✝ 王下2:15-22 | 🗺 P.161

　　耶利哥廢墟對面的蘇丹之泉(Ein es Sul-
tan)，就是耶利哥水泉的源頭，西元5世紀
時起被稱為以利沙水泉，是當地人休閒和拍
照的花園。

　　耶利哥因為擁有水泉，至今仍以農業為
生，根據聖經，先知以利沙拿鹽治好了耶利
哥的鹹水，水奇蹟似的變甜至今！步道旁的
無花果樹，就是撒該想看耶穌時爬的那種「
桑樹」。

1. 以利沙水泉，
水源被保護在建
築物內 / 2. 看
起來真的很好爬
的無花果樹

全世界最古老的城市

耶利哥廢墟
Tel Jericho / Tell es-Sultan

🕐 08:00～17:00 | 休 無固定公休但可能隨時休 |
💲 10NIS | ➡️ 與前往試探山的纜車站以及以利沙
水泉都在同個地方 | ⏳ 0.5小時 | ⁉️ 售票處外的噴
泉，水龍頭的水可生飲 | 📖 太 2:13-18 | 🗺️ P.161

耶利哥，全世界最古老的城市，被列為
UNESCO世界文化遺產。

耶利哥是堅固的城市，有兩道城牆保護
水源，居民則住在兩牆之間，城門的年代約
在西元前1,500～2,500年。廢墟的古老石
塔，7公尺高和7.6公尺寬，被視為全世界最
古老的建築，年代認為是西元前7,000年。
廢墟有23層地層，考古人員認為其年代可

以追溯至西元前8,000～10,000年前的史前
時代。

以色列百姓在吉甲守了逾越節和吃了當地
土產後，正式結束40年曠野繞行。靠著祭
司吹角、百姓呼喊，城牆倒下，在應許之地
第一個攻下的城市就是耶利哥，全城只有和
平接待過以色列探子的妓女喇合和她的家人
活下，並住在以色列人當中，後來生了波阿
斯，成了大衛的曾曾祖母。

「撒門從喇合氏生波阿斯；波阿斯從路得氏
生俄備得；俄備得生耶西；耶西生大衛王，
大衛從烏利亞的妻子生所羅門。」
—— 馬太福音 1:5-6

1. 古老石塔、廢墟有 23 層地層／ 2. 兩道城牆／
3. 2,500 年前的宮殿遺跡，發現了「印」和女生的骸
顱／ 4. 噴泉右邊水龍頭的水可生飲

耶穌受洗後禁食40天之處

試探山修道院
Mount of Temptation/Mount Quarantania

🌐 reurl.cc/b7gODd｜📞 +972-2-232-2827｜🕐 週一～五09:00～13:00、15:00～16:00，週六 09:00～14:00｜🚫 週日｜➡️ 搭乘試探山的纜車 (60NIS)，或更省錢做法是讓計程車開到山腳下的停車場，再走路10分鐘上山｜⏳ 1小時｜⁉️ 1.若計程車司機不熟悉停車場的位置，可以打開Maps.Me 給他參考，纜車站到修道院停車場只有2.4公里的路程，計程車只要開5分鐘。2.注意穿著。3.有廁所｜✝️ 太4:1-11、路4:1-14｜🗺️ P.161

　　峭壁上的希臘東正教修道院，建於西元5世紀，紀念耶穌勝過了撒旦的試探。

　　試探山，又稱作「四十山」，上面有許多洞穴是修士靈修的地方，地處高於平地366公尺的位置。建於西元4世紀，在西元19世

紀重建。修道院內部有個紀念聖徒的小山洞，走到底是東正教洞穴教堂，有華麗的聖徒屏風。沿著樓梯上方有塊天然岩石，據說耶穌曾坐過。

　　耶穌在約旦河受浸後，被聖靈引領進入曠野，接受40天魔鬼各樣試探後，耶穌滿有聖靈的回到加利利，開始了公眾服事。

1. 纜車單程 7 分鐘，風景很好但很貴／2. 從修道院看耶利哥平原，一片黃沙中一點綠／3. 修道院內部／4. 傳說耶穌靠過的岩石／5. 修士以前的洞穴

耶穌真正受洗的地方

約旦河受浸處
Qasr el-Yahud

[http] reurl.cc/5MQA16；詳細介紹reurl.cc/pL2k9r
| 📞 +972-2-650-4844 | 🕐 週日～四冬天08:00
～16:00、夏天08:00～17:00，週五冬天08:00
～15:00、夏天08:00～16:00 | ➡️ 需要自駕或跟當
地團，沒有巴士 | ⏳ 0.5小時 | ⁉️ 1.有淋浴的地方
但沒有簾子。2.請自備毛巾或受洗袍 | ✝️ 太3:13-
17、可1:9-11、路3:21-23、約1:29-33 | [MAP] P.159

　　Qasr el Yahud的意思是「猶太人的城
堡」，是離耶利哥只有10公里的約旦河，也
是距離耶路撒冷最近的「活水」。因為山勢
的關係，這個位置極可能是施洗約翰為耶穌
施浸的位置，而對面就是約旦耶穌基督受洗
處。1967年之前，約旦在這裡埋了4,000
枚地雷，顧慮到安全，以色列一直到2011
年才開放此景點。

　　因為「以約和平協議」(Israel-Jordan

Peace Agreement)，以色列加利利湖的水
和約旦小河耶末河(Yarmuk River)的水都不
會流到共用的約旦河，所以約旦河的水是農
業與城市廢水，非常混濁，也不是真正約旦
河應該要有的水量。

　　許多法利賽人也來這裡接受約翰的洗禮。
施洗約翰在這裡指著耶穌說：「看哪，神的
羔羊，除去世人罪孽的！」

---

1. 對面就是約旦耶穌基督受洗處／2. 準備要受洗的
衣索比亞朝聖團／3. 約旦河混濁的水，下去浸泡需
要有決心

古老的浸禮文化

　　根據米實拿的教導，可作為潔淨的水分為 6 種等級：水坑裡的水、搜集的雨水、可容納至少 300 公升浸池的水（即「浸禮池」）、噴泉的水、流動的水，和最好的「活水」，例如約旦河。

　　水是達到潔淨的重要關鍵，自潔必須是要用水洗才會潔淨，然後才能朝拜神。現代敬虔猶太人依舊會在安息日、婚禮、節慶前用浸泡方式預備自己成為潔淨。

為了要看耶穌爬上的樹

撒該的「桑」樹
Zacchaeus' Sycamore Tree

➡️ 從古耶利哥廢墟往Russian Museum方向走20分鐘 | ⏳ 0.5小時 | ✝️ 路19:1-10 | 🗺️ P.161

　　聖經最有名的樹，但只能在欄杆外照相。聖經記載猶太稅吏長撒該為了要看耶穌，所以爬上了一棵「桑」樹！正確品種是西克莫無花果樹(Sycamore-fig Tree)，這棵樹齡已有2,000年囉！就算不是同一顆，都已經很厲害了。

西岸地區與猶大曠野吉普車一日遊

　　西岸地區的交通較為複雜且分散，許多時間或安全上顧慮的人會選擇參加 Abraham Tours 當地一日團，跟著導遊緊湊玩約旦河、耶利哥、伯利恆和其他地方。若喜歡大自然，可以參加吉普車一日遊，探索猶大曠野的冷門景點，例如贖罪日阿撒瀉勒的羊被推下去的懸崖、蓋在峭壁的 Mar Saba 修道院、以及曠野綠洲 En Prat。

▲西岸地區一日團　　▲猶大曠野一日團

▲春天的猶大曠野，可看到耶利哥、死海和耶路撒冷

▲建於西元 5 世紀希臘東正教 Mar Saba 修道院

希伯崙
Hebron

猶太四大聖地之一，也是以巴衝突的縮影

希伯崙，可以見到4,000年前亞伯拉罕走過的街道，他的一家安葬於此，大衛也曾在希伯崙作王，他父親耶西和曾祖母路得也安葬於此。先祖墓也區格成清真寺和猶太會堂，城市分为H1、H2區，遊客可自由走過檢查哨探索兩區。較少觀光客前往希伯崙，但若局勢穩定，這裡很值得來一趟！

「大衛作以色列王四十年：在希伯崙作王七年，在耶路撒冷作王三十三年。」
—— 列王紀上 2:11

希伯崙小檔案

名稱與含意：朋友
面積：4.5 km²
人口：35,000(猶太人約 1,000)
降雨量：400 mm
平均氣溫：5°～ 11°(1 月)、
　　　　　18°～ 27°(7 月)
海拔：930m

希伯崙散步路線：
先看清真寺版的先祖墓，再經
過檢查哨穿過 H2 舊市集和一路
走到 H1 的市場。回 H2 後逛猶
太會堂版的先祖墓，經過 Beit
Hadassah 之後，上到古老希伯
崙山丘看亞伯拉罕走過的路以及
耶西的墓。
路線長度：4 公里
所需時間：至少 3 小時

美角推薦

亞伯拉罕信仰的交集點

先祖的墓
The Cave of the Patriarchs

http en.hebron.org.il │ ☎ +972-2-996-5333 │ ⏰ 冬天04:00
～21:00、夏天04:00～22:00 │休 猶太會堂休週六、清真寺休週
五 │ ➡ 從耶路撒冷搭#383巴士，在「Me'arat Hamahpela」下車
│ ⏳1小時 │ ⁉ 1.有安檢。2.進入猶太會堂男生要戴帽子，現場有
Kippa帽。3.進入清真寺女生要穿現場提供的長袍。4.不能坐在清真
寺的地毯上。5.穆斯林禱告時間會暫時不對遊客開放 │ 📖 創23、創
25:9～10 │ MAP P.167

希伯倫先祖墓，又稱麥比拉洞，是亞伯拉罕、撒拉、
雅各、利亞、以撒、利百加安葬的地方，現在分為兩個
入口一半為清真寺，
另一半為猶太會堂。
希伯崙的意思是「朋
友」，麥比拉的意思

◀ 大希律王修建的先祖墓

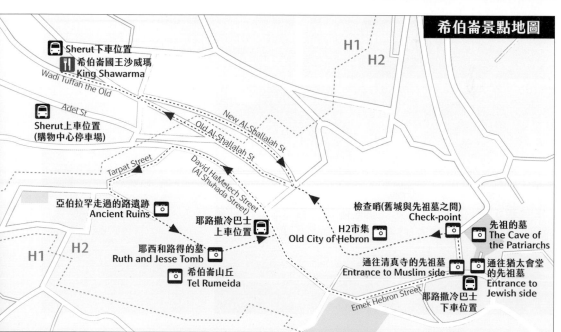

希伯崙景點地圖

H1
H2

Sherut 下車位置
希伯崙國王沙威瑪
King Shawarma
Wadi Tuffah the Old

Adet St
Sherut 上車位置
(購物中心停車場)

New Al-Shallalah St
Old Al-Shallalah St

Tarpat Street

David HaMelech Street
(Al Shuhada Street)

亞伯拉罕走過的路遺跡
Ancient Ruins

耶路撒冷巴士
上車位置

檢查哨(舊城與先祖墓之間)
Check-point

H2市集
Old City of Hebron

先祖的墓
The Cave of
the Patriarchs

H1　H2

耶西和路得的墓
Ruth and Jesse Tomb

希伯崙山丘
Tel Rumeida

通往清真寺的先祖墓
Entrance to Muslim side

通往猶太會堂
的先祖墓
Entrance to
Jewish side

耶路撒冷巴士
下車位置

Emek Hebron Street

是「雙份的」。聖經記載亞伯拉罕花了400舍客勒銀子買了希伯崙的麥比拉田地安葬撒拉，田間的洞成了墳地，後來以撒和以實瑪利也將他安葬在這裡。考古人員在先祖墓下方16公尺深的地方，發現了兩個連在一起的洞！

先祖墓的建築與第二聖殿、該撒利亞、馬撒大同期，皆由大希律王修建，跟西牆一樣至今可以看到在邊上鑿出框邊的希律風格大石頭。在西元4、7、12世紀被輪流改建成教堂、清真寺和教堂，現在天花板為十字軍時期留下。1267～1967年之間，猶太人和基督徒都不准接近先祖墓，走了超過「七階」就是死刑。

1994年，一位從美國移民回以色列的猶太醫生，殺死了30個在這裡晨禱的穆斯林，以色列政府立馬譴責和關閉先祖墓，但開始有了針對巴勒斯坦人的宵禁。9個月之後，政府隔出一半空間做猶太會堂。穆斯林的伊斯蘭基金會(Waqf)管理建築的80%，有利百加和以撒的墓，亞伯拉罕的墓在中央，而猶太會堂則有撒拉、雅各、利亞的墓。

---

1. 猶太會堂的以撒大廳，每年碰到穆斯林的節日時，禱告書和桌椅會收起來給穆斯林用，同樣的碰到猶太節日時清真寺的地毯會收起來給猶太人使用／2. 從穆斯林窗口看亞伯拉罕的墓／3. 穆斯林這面的空間是利百加和以撒的墓／4. 出名的「七階」，有700年的時間，猶太人和基督徒超過這個界線就會被殺

H2市集
Old City of Hebron

🕐 進入H2區域的以色列檢查哨21:00關閉｜➡️ 在先祖墓清真寺入口旁邊｜⏳ 1～2小時｜⁉️ 記得這裡是敏感地區，不要對著以軍照相，政治敏感時期也不要來｜🗺️ P.167

穿過檢查哨，會進入到空蕩蕩的舊市集，隨意抬頭看，不難發現頭頂上的鐵絲網堆積著垃圾，這是40,000個巴勒斯坦居民和1,000個猶太居民共居的地方，屬於以色列管轄的H2區。可以慢慢感受以巴衝突與政治的無奈。

1. 檢查哨，外國人通常不會被要求出示證件／ 2. 幾乎沒人的舊市集／ 3. 舊市集走出來這裡，才是 H2 和 H1 的分界點

古老希伯崙山丘
Tel Rumeida

➡️ 從先祖墓清真寺入口走來約10分鐘｜⏳ 1.5小時｜🗺️ P.167

古老希伯崙山丘，可看亞伯拉罕走過的路、耶西與路得的墓，及眺望先祖墓。

1997年發生拉比被刺殺的事件後，以色列政府才同意猶太居民在H2興建房屋，在挖地基時意外發現了古老石頭路的遺跡，年代在3800年前，也就是亞伯拉罕、以撒、甚至是大衛走過的路！

繼續往上走是耶西和路得的墓，最早被記錄在西元13世紀的文獻中，現在是個小小的猶太會堂。路得作為年輕守寡的摩押女子（摩押地就是現在的約旦），卻因為愛她的猶

太婆婆拿俄米,説:「你的國就是我的國,你的神就是我的神。」(路得記 1:16),她們一起回到猶大地後,路得在波阿斯的田裡拾麥穗,按摩西律法,波阿斯娶了路得為妻,耶西和大衛就是他們的後裔。

1. 建造於 3,800 年前,亞伯拉罕曾走過的路。不過政府沒有鼓勵繼續開挖,或許是刻意避免用挖掘出的文物來合法猶太人擁有土地的正當性,而造成更多政治的不穩定／2. 山丘裡的古老泉源,現在還有水,約 9 公尺深／3. 耶西與路得的墓,裡面有會堂。每逢七七節要收成小麥時,猶太人都會讀《路得記》,也因此這裡變得很熱鬧／4. 觀景台 (Hebron Observatory),入口在亞伯拉罕石頭路遺跡旁的建築物,可以看到希伯崙

ABC 區與 H1 / H2 區

在 1993 年，以色列總理拉賓 (Rabin) 與代表巴勒斯坦人的領袖阿拉法特終於簽署了「奧斯陸協議」(Oslo Accords)，該年成立「巴勒斯坦自治政府」(Palestinian National Authority)，將西岸地區土地分為 ABC 區。

A 區：完全由巴勒斯坦權力機構軍方管理，占了總土地 18%，包含主要城市，例如伯利恆、伯大尼、耶利哥、拉抹、示劍等，以色列公民不可進入。

B 區：為緩衝地帶。

C 區：完全由以色列軍方管理，占了60%，這就是屯墾區所在地。

ABC 區的錯綜複雜，以色列政府興建了連結道路 (Flyovers)，連結 C 區的居民，但也是讓和平進程更難落實。B 區和 C 區道路開放給所有人使用，路上的檢查哨也是最常發生攻擊事件的地點。

希伯崙則是分成了 H1 和 H2 兩區，H1 由巴勒斯坦權力機構管理，H2 區由以色列管理，占希伯崙 3%。

這些協議原本只是暫時且初步為和平建立默契的基礎，但隨著層出不窮的攻擊事件和越來越多屯墾區的興建，這些計畫就不了了之。

2000 ～ 2005 年，巴勒斯坦第二次起義 (The Second Intifada) 爆發，為了隔絕自殺炸彈攻擊，蓋起了實質的邊境圍牆，即隔離牆。同時為了和平，以色列政府從加薩撤離軍隊和所有屯墾者，這又導致民間更多猶太屯墾者住進猶大撒瑪利亞。

▲進入 A 區前的告示，以色列公民不許進入

▲進入 A 區前的檢查哨，約 1/3 的邊境只是鐵絲網

以色列國防軍 IDF

以色列各地的檢查哨，總會看到以色列國防軍 IDF，這些軍人其實就是大學生的年紀，在以色列滿 18 歲的公民，不論男女都有當兵義務，男生 32 個月，女生 24 個月，男人退役後每年仍要當 20 ～ 50 天的後備兵，女人一但懷孕就解除後備兵義務。

1929 年傳出猶太人要占領聖殿山的謠言，阿拉伯人在希伯崙殺死 67 個猶太人，而英國人不但袖手旁觀，甚至將猶太人趕離希伯崙，這使得希伯崙成為阿拉伯人的城市，導致猶太人開始武裝自己，組織民軍「哈加拿」(Haganah)，即以色列國防軍 IDF 的前身。

伯利恆
Bethlehem

伯利恆，大衛的城，是君王的城市

　　聖殿宰殺逾越節的羊羔都來自伯利恆，按照先知彌迦的預言，彌賽亞要在此地出生。彌賽亞，翻譯成基督，意思是「受膏者」，在古代只有君王、祭司或先知才有被膏的身分。伯利恆在聖誕節會有聖誕樹，許多觀光客慕名來耶穌出生的主誕教堂朝聖，這裡屬西岸地區A區，基督徒人口只占12%，雖安全，但需要應付哄抬價格的計程車、導遊、餐廳！

「猶大地的伯利恆啊，你在猶大諸城中，並不是最小的；因為將來有一位君王，要從你那裡出來，牧養我以色列民。」
—— 馬太福音 2:6

伯利恆小檔案

名稱與含意：麵包之家
面積：11 km²
人口：約 30,000
降雨量：557 mm
平均氣溫：6°～12°（1 月）、
　　　　　19°～29°（7 月）
海拔：775m

伯利恆散步路線：
穿過馬槽街，走到馬槽廣場，參
觀主誕教堂與凱撒琳教堂，再搭
計程車去牧羊人教堂和隔離牆。
所需時間：至少 2.5 小時（包含
步行約 30 分鐘）

古代人的家

　　古時的人喜歡在冬暖夏涼又安全洞穴中生活。房屋
是依地形挖掘的洞穴，入口的空間白天是廚房，晚上
是孩子和牲畜睡覺的地方，也會放裝食物的馬槽。

　　另一個空間作為臥房也兼作餐廳，因為都是相連
的，所以聖經才會比喻一盞燈「放在燈臺上，就照亮
一家的人」。

　　通常在附近另一個空間會有客房，聖經翻譯客房為
「客店」，但它不是現代人認知的旅館，而是無償款
待親朋好友的地方，例如耶穌吃逾越節筵席的客房。

▲古代石頭房屋，白天作為廚
房和夜間保護動物的房間

▲現代中東人建築，牲畜仍養
在屋內

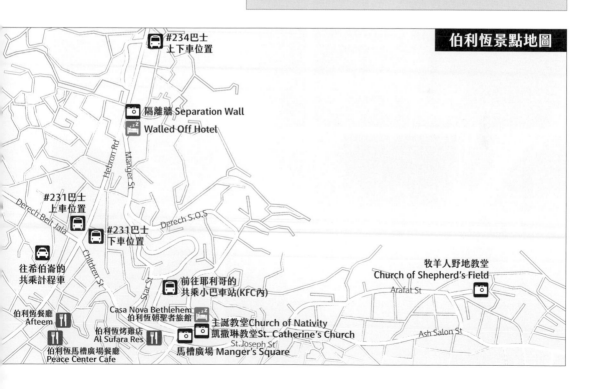

伯利恆景點地圖

#234巴士
上下車位置

隔離牆 Separation Wall
Walled Off Hotel

Hebron Rd
Manger St

#231巴士
上車位置

Derech Beit Jala

Derech S.O.S

#231巴士
下車位置

往希伯崙的
共乘計程車

Children St

Star St

前往耶利哥的
共乘小巴車站(KFC內)

牧羊人野地教堂
Church of Shepherd's Field

Arafat St

伯利恆餐廳
Afteem

Casa Nova Bethlehem
伯利恆朝聖者旅館

主誕教堂 Church of Nativity
凱撒琳教堂 St. Catherine's Church

Ash Salon St

伯利恆烤雞店
Al Sufara Res

St. Joseph St

伯利恆馬槽廣場餐廳
Peace Center Cafe

馬槽廣場 Manger's Square

耶穌降生在伯利恆

主誕教堂
Church of Nativity

http reurl.cc/8qR12M | 🕐 冬天06:30～18:00、夏天06:30～19:30 | 休 週日早上洞穴不開放給遊客 | ⏳ 0.5小時 | ⁉️ 往洞穴的隊伍在右手邊，通常要排半小時以上 | ✝️ 太2:1-11、路2:1-7 | MAP P.173

耶穌降生在伯利恆，現在是由羅馬天主教、希臘東正教、亞美尼亞東正教，按著「維持現況」的原則做管理的教堂，於2012年被列入UNESCO世界文化遺產。

海倫娜在西元333年下令蓋了教堂，現在是全世界最古老的教堂之一，同耶路撒冷聖墓教堂、拿撒勒天使報喜教堂，都是基督徒最重要的朝聖景點。

在西元6世紀因為撒瑪利亞起義而被毀。入口處為「謙卑門」，先是在西元12世紀，十字軍為了阻擋士兵進攻，後來為了防止鄂圖曼土耳其人騎馬進教堂褻瀆聖地，於是一再縮小入口。教堂內部有西元339年的馬賽克地板，以及西元6世紀的壁畫，據說因畫有東方博士，所以波斯人沒有進攻此處。

在教堂通往下方的洞穴，自西元2世紀初帶教會的教父紀錄，就是耶穌出生的洞穴。地上「伯利恆之星」標示出耶穌降生的位置，十四芒象徵耶穌的家譜為3個14代，也

象徵為大衛的後代。這裡經常有大排長龍的隊伍，等候著親吻、撫摸、和朝拜，好像當年帶著黃金、乳香、沒藥來朝拜耶穌的東方博士一樣。

1. 從面對教堂右邊排隊進洞穴／ 2. 紀念耶穌呱呱墜地的地方／ 3. 隨時有聖誕風格的東正教堂才剛整修完畢，斥資 2,000 萬美金，出資者為約旦現任國王／ 4. 西元 4 世紀的馬賽克地板，幸運的話可以看到／ 5. 特別的謙卑門，入口被縮小了兩次

天軍出現的地方

牧羊人野地教堂
Church of Sheperd's Field

📞 +972-2-277-2413｜🕐 週一～六08:00～17:00，週日8:00～11:30、14:00～17:00｜➡️ 從馬槽廣場搭計程車，約15NIS｜⏳ 0.5小時｜✝ 路2:8-20｜MAP P.173

建於1953年，紀念天使向野地牧羊人宣告彌賽亞出生的天主教堂。Beit Sahour在伯利恆郊區，意思是「守夜之家」，旁邊是波阿斯和路得的田地，附近還有個東正教牧羊人教堂。

天使對看守羊群的牧羊人報喜，說：「因今天在大衛的城裡，為你們生了救主，就是主基督。你們要看見一個嬰孩，包著布，臥在馬槽裡，那就是記號了。」於是卑微的牧羊人便成了拜訪耶穌的第一批訪客。

1. 牧羊人野地教堂／ 2. 教堂內部寫著天使天軍對神的讚美：「在至高之處榮耀歸與神！在地上平安歸與他所喜悅的人！」

凱撒琳教堂
St. Catherine's Church

http reurl.cc/V8gyNY ┃ ☎ +972-2-274-2425 ┃ ⊙ 冬天05:30～17:00、夏天06:30～19:30 ┃ 休 週日早上洞穴不開放 ┃ ➡ 從主誕教堂洞穴上來後右手邊有個小門 ┃ ⧗ 0.5小時 ┃ 🛈 有收費廁所 ┃ ✝ 太 2:13-18 ┃ MAP P.173

凱撒琳教堂建於西元1882年，由方濟會管理！每年聖誕夜，會擠滿望午夜彌撒的朝聖客。

凱撒琳教堂和主誕教堂只一牆之隔，與西奈半島的凱撒琳修道院一樣，紀念西元4世紀受逼迫卻沒放棄信仰的女聖徒。右邊階梯走下去有許多洞穴，有耶柔米翻譯聖經的洞穴，還有連著的約瑟洞穴，紀念天使在夢中提示約瑟要帶一家人去埃及避難，以及紀念無辜孩童的洞穴，因為希律王發現東方博士偷跑後，殺了整個伯利恆兩歲以下的男嬰。

修道院中央的雕像為耶柔米，他出生於西元4世紀，花了30年將希伯來文和希臘文的經文，翻譯成拉丁通俗譯本，又稱為《武加大譯本》(Vulgate)，意思是「通用」，直到西元20世紀都是天主教最權威的譯本。

---

1. 武加大譯本作者耶柔米的雕像／ 2. 凱撒琳教堂／ 3. 通往耶柔米洞穴的階梯／ 4. 耶柔米洞穴

充滿政治訴求的塗鴉

隔離牆
Separation Wall

從馬槽廣場搭計程車，約15NIS ｜ 0.5小時 ｜
MAP P.173

隔離牆，是巴勒斯坦第二次起義後，以色列為了隔絕許多恐怖攻擊而興起的圍牆，雖然不是最好的方法，但至少能先止血。隔離牆從2003年開始到2017年已蓋460公里的圍牆，水泥牆的部分約占70公里，寬60公尺、高4公尺，其中以Bansky的畫作最為出名，隨著新的政治議題會有新的作品。

「每個人都要盡力，不管是刺殺或是自殺炸彈還是扔石頭，我們要團結起來，讓世界知道我們要解放巴勒斯坦。」
—— Ahed Tamimi

1. 隔離牆／ 2. 隔離牆旁 Bansky 開了 Walled-off 旅館，可入內參觀／ 3.Ahed Tamimi，因為抗爭以色列而出名的女生

伯大尼 / Bethany
示劍 / Shechem
其他地區 / Others

伯大尼 Bethany / al-Eizariya

伯大尼，意思是「痛苦之家」，聖經記載了馬大姊弟3人是耶穌的好朋友，耶穌經常到他們家住宿！伯大尼距離耶路撒冷2.5公里，現在是個約有2.2萬人口的阿拉伯小鎮，也依然是前往伯利恆或耶利哥的重要轉輸站。

示劍 Shechem

示劍，在基利心山的山腳，現代名稱是納布盧斯(Nablus)，屬於西岸地區A區，請按照情勢判斷是否能安全前往，也別錯過這裡的Kanafe起司點心！

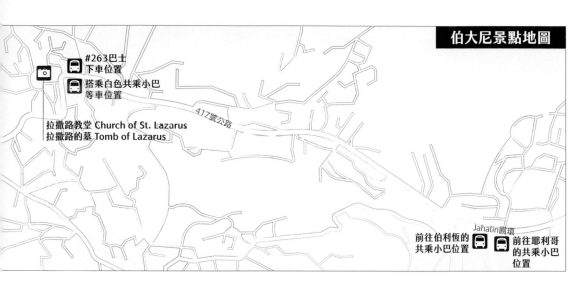

#263巴士
下車位置

搭乘白色共乘小巴
等車位置

拉撒路教堂 Church of St. Lazarus
拉撒路的墓 Tomb of Lazarus

417號公路

Jahalin圓環

前往伯利恆的
共乘小巴位置

前往耶利哥
的共乘小巴
位置

伯大尼

伯大尼三姐弟的家

拉撒路教堂
Church of St. Lazarus

📍 在A區 | 📞 +972-2-279-9291 | 🕐 週六～四冬天08:00～17:00、夏天08:00～18:00，週五冬天08:00～12:00、14:00～17:00，夏天08:00～12:00、14:00～18:00 | ➡️ 從耶路撒冷搭#263阿拉伯巴士，告訴司機Tomb of Lazarus，下車後往拉撒路的墓走，在路口會先經過拉撒路教堂 | ⏳ 0.5小時 | ⁉️ 有免費廁所 | ✝️ 路10:38-42、約12:1-8 | 🗺 P.179

現代教堂建於1954年，由天主教方濟會管理，有美麗的花園、橄欖油榨及小小的考古博物館，這裡被認為是馬大、馬利亞和拉撒路三姐弟的家。愛耶穌的馬利亞，在耶穌受難前用極貴的真哪噠香膏膏在耶穌頭上。

教堂起初建於西元4世紀，可看到當時的馬賽克地板遺跡，耶柔米也曾提及此處。後來因地震被毀，在西元7世紀重建，在西元9世紀都仍是重要朝聖景點。

西元12世紀十字軍第三次和第四次重建了伯大尼教堂，並且由耶路撒冷女王梅利桑德(Melisende)建立了當時在聖地最出名的女子修道院，專門訓練十字軍的貴族，直到修道院在1187年被撒拉丁摧毀。

▲ 拉撒路教堂外觀，也是 Antonio Barluzzi 所建

1. 跟主誕教堂同時期的馬賽克地板／2. 教堂內部，教堂屋頂是唯一的光源，代表拉撒路復活的神蹟／3. 橄欖油榨古蹟

知識眉角

彌賽亞的 4 個神蹟

猶太人等待彌賽亞來救贖他們，帶給人們和平。發起第二次起義的巴柯巴，和卡巴拉主義的沙巴泰·澤維都稱自己為彌賽亞，但是到底誰才是真正的彌賽亞呢？

聖經有超過 50 項關於彌賽亞的預言，除此之外在兩千年前的《死海古卷》〈4Q521〉中，描述了當時拉比所教導「彌賽亞的 4 個神蹟」(The Four Miracles of the Messiah)。

1. 醫治大痲瘋

因為大痲瘋發生在米利暗和烏西亞身上，又稱為「神的手指」，從神降下的災，唯有神能收回使他潔淨。

2. 趕啞巴聾子鬼

所羅門王有寫關於如何「趕鬼」的書，是要說出鬼的名字才能趕鬼。但啞巴聾子鬼聽不到也講不了話，只有神才會知道鬼的名字。

3. 醫治生來瞎眼的

因為猶太人認為這是神對這人或其祖先犯罪的懲罰，那只有神能收回。

4. 使死了至少 3 天的人復活

因為猶太人相信人死後，靈魂還會停留在身體裡最多 3 天，所以真正的彌賽亞必定有能力讓一個死透的人復活。

伯大尼

耶穌行死人復活的神蹟

拉撒路的墓
Tomb of Lazarus

📍 Al Hardub Street, Al-Elzariya (在A區) | 🕐 09:00
～17:00 | 💲 7NIS | ➡️ 在拉撒路教堂旁邊 | ⏳ 0.5
小時 | ⁉️ 1.門票在禮品店買,有收據。2.這間禮品
店賣的紀念品較耶路撒冷貴3倍,記得殺價 | 🕍 約
11-12 | 🗺️ P.179

　　記錄在西元330年文獻裡,這裡是拉撒路的墓,現在是由伊斯蘭家族管理。原來的入口處,於西元16世紀時被顎圖曼土耳其人封住了,方濟會修士另外開鑿了現在的24階。

　　拉撒路死了4天,耶穌在世上作為人子,也哭了。但耶穌的話語有極大的屬靈權柄,說出一句「拉撒路出來!」拉撒路就活了,因此許多猶太人信了耶穌就是彌賽亞,從那日起,大祭司與法利賽人就商議要殺耶穌,甚至連拉撒路也要殺了。

1. 現在的入口,通往拉撒路的墓／2. 通道很窄,裡面的人出來後,才能往下走的 24 階／3. 進入洞穴前的前廳,傳統相信耶穌是站在這裡叫拉撒路出來／4. 墓穴的洞穴內部,根據當時的傳統,拉撒路被放在裡面的小洞,等著屍體腐化

示劍
Tell Balata Archaeological Park

📍 在A區 | 🕐 週日～四08:00～17:00、週五～六
10:00～17:00 | 💲 成人10NIS、學生7NIS、孩童
5NIS | ➡️ 搭乘共乘小巴往舊城方向去，但可以提早
下車 | ⏳ 1小時 | ❗ 1.有簡短的多媒體解說。2.有
個小博物館。3.有廁所 | ✝️ 創12:6、創33、創37
| 🗺️ P.159

示劍，被列為UNESCO世界文化遺產，
在以巴路山與基利心山之間。

示劍曾是迦南城邦，出口大麥和小麥到埃
及，透過兩個出土的阿卡德楔形文字泥板，
得知當時生活中有貿易和教育。城市中間是
祭壇，信仰是當時的生活重心。曾經高8公
尺的城牆，代表城市的富裕和能力，但示劍
也好幾次被攻打和燒成灰燼。

透過阿馬爾奈泥板，示劍的迦南王
Labaya曾多次寫信給埃及法老阿肯那頓

(Akhenaten)並進貢，但後來因為被控叛變
而在附近的傑寧被殺。之後撒瑪利亞人住到
示劍，直到羅馬人在西元72年新建了納布
盧斯城市。

示劍在聖經中出現過63次，雅各曾在這
裡生活，後來安葬在這裡，他的兒子們曾因
為妹妹底拿被玷汙一事，騙示劍的男人行割
禮和最後卻殺了他們。這裡後來成了瑪拿西
支派的地，北國國王耶羅波安在以法蓮山地
建築示劍。

---

1. 示劍城的西北門與城牆，當時的年代約為西元前
17世紀 / 2. 基利心山、做記號的立石和神廟

基利心山　立石　神廟

雅各井
Jacob's Well at Church of St. Photina

📍 Kobri Bour Saeed, Nablus(在A區) | ☎ +972-2-
237-5123 | 🕐 09:00～13:00、14:00～17:00 |
➡️ 從示劍遺跡走來，若要到舊城，計程車一車10～
15NIS | ⏳ 0.5小時 | ❓ 雅各井附近有約瑟墓，但
局勢的關係暫時沒有開放 | ✝ 約4:1-43 | 🗺 P.159

雅各井被認為是耶穌向撒瑪利亞婦人要水的井！耶羅米的著作中提過雅各井這裡在西元384年蓋的教堂，但教堂可能在西元484年或529年的撒瑪利亞人起義中被摧毀，直到希臘東正教會於1860年買了這塊地，終於在2007年重新完成現在的聖福蒂娜教堂，而水井就在教堂底部41公尺深之處，現在還有水。

記錄在聖經，耶穌到了撒瑪利亞的一座城，名叫敘加，靠近雅各給他兒子約瑟的那塊地。耶穌向來打水的撒瑪利亞婦人要水，她卻因為耶穌是猶太人而不太願意幫助他。並且當她發現耶穌是先知時，她立刻尖銳的挑戰耶穌關於猶太人和撒瑪利亞人對於該在耶路撒冷還是基利心山敬拜神的教義問題。然而耶穌卻是拉高她的眼光，明白神要的是心靈與誠實的敬拜，以及救恩出於猶太人的屬靈原則。

1. 教堂的外觀／ 2. 聖福蒂娜教堂，這是東正教傳統上給撒瑪利亞婦人取的名字，據説後來在羅馬成為殉道者。階梯走下去是水井／ 3. 真的有水！有勇氣的遊客可以試喝看看打上來的水

基利心山
Mount Gerizim/Jebel et-Tor

🌐 reurl.cc/0EGV6M｜📞 +972-2-595-0077｜🕐
週日～四冬天08:00～16:00、夏天08:00～17:00，
週五冬天08:00～15:00、夏天08:00～16:00｜💲
成人22NIS、學生19NIS、孩童10NIS｜🔁 需要自駕
或跟當地團，沒有巴士｜⌛ 2小時｜✝ 申11:29、
申27:12、書8:33、士9:7、約4｜🗺 P.159

　　撒瑪利亞人的聖山，風景和遺跡都相當
壯觀，有逾越節宰殺羔羊的聖石、十二支派
的石頭、以及古老聖所遺跡，是2012年才
開放的景點。基利心山，海拔886公尺，是
聖經中祝福的山，從這裡可以看到被咒詛的
以巴路山。

　　撒瑪利亞人有自己的妥拉，他們相信這裡

是亞伯拉罕獻以撒的摩利亞山，每年逾越節
撒瑪利亞人仍會在這裡獻祭。山上的至高點
是聖殿所在的神聖區域，考古學家認為，興
建時期為西元前5世紀，由和倫人參巴拉所
蓋，西元前2世紀的全盛時期有1萬居民居
住在此。

　　西元484年，聖所改建成八角教堂，廢墟
中有洗禮池和裝骨頭的洞穴。後來在西元6
世紀作為了山寨，在西元8世紀被阿拉伯人
摧毀後，城市便無人居住了。

---

1. 獻以撒的基石，撒瑪利亞人相信基利心山是摩利
亞山／2. 根據撒瑪利亞人版本的妥拉經文，城牆外
的石頭為十二支派過約旦河時留下的石頭／3. 西元
5世紀的八角教堂，跟迦百農教堂遺跡一樣／4. 希
臘時期的房屋和橄欖油醉／5.3道城牆為希臘時期、
波斯時期、拜占庭時期 (近到遠)

以色列少數族群 (2)：撒瑪利亞人

撒瑪利亞人，他們既不是阿拉伯人也不是猶太人，而是西元前 8 世紀，來自瑪拿西、以法蓮與利未這 3 個支派，與亞述人的後裔，現在的撒瑪利亞人口只剩 800 人。從 1987 年的第一次起義 (First Intifada) 之後，因為安全關係，原來住在屬於巴勒斯坦管控 A 區示劍的撒瑪利亞人，搬到屬於以色列管理的基利心山上，或是搬到以色列的 Holon。

▲ 約阿咪去撒瑪利亞人村莊過住棚節

1. 撒瑪利亞人 Abud 在撒瑪利亞會堂展示撒瑪利亞人的禱告巾／ 2. 撒瑪利亞人過住棚節時是使用真的水果來裝飾棚子／ 3. 戴著傳統帽子的撒瑪利亞小男孩

安置會幕的地方

古示羅

Tel Shiloh

1

📍Tel Shilo(在C區) | 📞+972-2-578-9122 | 🕐週日～四08:00～17:00，週五08:00～13:00 | 💲成人39NIS、學生及孩童35NIS | ➡️需從耶路撒冷搭乘#461，在「Shilo Junction」下車後走17分鐘 | ⏳2小時 | ⁉️1.先知塔內有個迷你考古博物館。2.只參觀禮品店不用付門票 | 📖書18:1、士21、撒上1-4、王上14、詩78:60-61 | 🗺️P.159

古示羅，位於撒瑪利亞的考古公園內，有示羅會幕所在地的廢墟遺跡，非常感動人心。在耶路撒冷聖殿開始之前，示羅會幕是以色列人最神聖的宗教中心。

會幕，是神與以色列人相會的地方，摩西按著在西乃山上得到的指示而造。約書亞帶領百姓進入應許之地後，將會幕安置在示羅，每年耶和華節期時，十二支派的人會在此聚集，小撒母耳被獻給神後在這長大。以色列人與非利士人打仗，約櫃被擄去，結束三百多年示羅會幕的時期。

1. 先知塔的免費電影，撥放示羅聖經故事的影片，有中文字幕，拍得很精采／2. 西元1世紀的酒醡，撒瑪利亞地區種植許多葡萄樹，可能是在這裡，便雅憫支派來示羅搶女子為妻，這個故事成了現代猶太情人節的由來 (Tu B'Av)／3. 拜占庭教堂左手邊，有大衛之星的馬賽克地板，後來被改成清真寺／4.示羅會幕遺跡／5. 靠近古示羅的山丘有迦南時期的城牆和房屋，還有拜占庭時期的房屋和橄欖油醡

2

3

4

5

雅各夢見天梯之處

伯特利
Beit El

🕐 24小時 | ➡️ 從耶路撒冷中央車站搭#140或#141號巴士約1小時,在最後一站「Bet El Terminal」下車 | ⏳ 1小時 | ⁉️ 1.路上也許會有安檢人員。2.巴士下車處有個瞭望台 | ✝️ 創28:10-19、創31:13、創35:7-8、王上12:28-29,32 | 🗺️ P.159

伯特利,西岸地區屯墾區內的遺跡,有雅各夢見天梯的地方,有耶羅波安的聖殿遺跡,以及第一聖殿時期、第二聖殿時期的猶太墓。

伯特利,意思是「神的家」。雅各就是以色列,他奪了哥哥以掃長子的名分和祝福後激怒了哥哥只好離家,在這裡他夢見耶和華神在天梯上頭,神向他重申對亞伯拉罕的約:「我要將你現在所躺臥之地賜給你和你的後裔。」

伯特利是聖地,北國第一任王耶羅波安,為了鞏固政權而改變民眾去耶路撒冷朝聖的習慣,於是他在伯特利安置了金牛,告訴百姓這就是他們的神,又蓋了聖殿,尺寸跟摩西的帳幕一樣是長15公尺與寬7公尺。

耶羅波安混淆神的律法,帶領北國百姓大量參拜偶像。三百多年後的約西亞王按照預言,打碎偶像,也將那些拜金牛的人的骸骨從墳墓裡拿出來,燒在祭壇上。所以在伯特利會看到很多空著的墓穴。

這裡後來成了穆斯林的聖地,Macam Sheikh Abdullah禱告室建於西元7世紀,意思是「神的僕人」,裡面有個面向麥加方向的壁龕,同樣的地方,在西元11世紀也成了十字軍的小教堂,裡面仍維持有彌撒禮拜用的祭壇。

---

1. 雅各睡覺夢見天梯的大石頭,雅各石柱旁有棵大約1,000年的Boissier古老橡樹,是以色列境內最古老的橡樹之一 / 2. 第一聖殿時期的猶太墓,後方是伊斯蘭禱告室與小教堂 / 3. 耶羅波安的聖殿遺跡,尺寸跟摩西的帳幕一樣

希律的宮殿與陵墓

希律堡國家公園
Herodion National Park

http reurl.cc/WDoLqk | 📞 +972-2-595-3591 | ⏰ 週日～四冬天08:00～16:00、夏天08:00～17:00，週五冬天08:00～15:00、夏天08:00～16:00 | 💲 成人29NIS、學生25NIS、孩童(5～18)15NIS | ➡️ 從耶路撒冷搭乘#371巴士，在「Herodion/Base」下車後走15分鐘 | ⏳ 1.5小時 | ⁉️ 1.園方放映的介紹影片有中文字幕。2.在羅馬劇院遺跡旁的迎賓大廳遺跡有新的電影，只有英文字幕 | MAP P.159

希律堡，一個蓋在人造土邱上的巨大的宮殿，海拔758公尺，根據史學家約瑟夫的

記載，希律王安葬於此。

耶路撒冷是宗教中心，希律王於西元前15年在距離耶路撒冷12公里的山丘上建造了行政宮殿，因為這裡可能是他作王前，和家人戰勝敵人攻擊的地方。宮殿雖在猶大曠野，卻有充足水源，希律能在此享受羅馬澡堂。在這有豪華的迎賓大廳以及可坐300人的皇家劇院，但希律在過世前下令摧毀希律堡，並且吩咐用土蓋住整個希律堡。

西元66年的大起義，羅馬軍團圍攻藏在這的奮銳黨猶太人，他們在此建立了祕密逃跑通道以及浸禮池，並把希律的會客大廳改成會堂。西元132年的巴珂巴起義時，猶太起義軍再次駐兵在此，並摧毀了希律的墓。

在下方的蓄水池，考古學家最新發現一枚寫著彼拉多名字的戒指！山坡側面上的陵墓分成3層共25公尺高，因為在這裡發現了玫瑰色棺材，更加肯定這裡可能就是希律王的陵墓。

1. 希律堡，希律唯一用自己的名字掛名的碉堡／ 2. 希律堡，同第二聖殿、先祖墓、馬撒大和該撒利亞，皆為希律王的建築／ 3. 能坐下 300 人的皇家劇院，遊客站的地方是迎賓大廳入口／ 4. 溫水浴室 (Tepidarium) 上方的拱頂從兩千年前至今還完好無缺／ 5. 猶太起義軍建立的祕密通道／ 6. 希律的陵墓可能在此／ 7. 山腳下有給希律隨從使用的羅馬澡堂和游泳池，中央還有人造小島，遠方可以看到伯利恆和耶路撒冷

知識腦袋　希律王有好多個？

希律王，通常指的是要殺嬰孩耶穌，又留下鬼斧神工建築作品的大希律王 (Herod the Great)。他靠該撒奧古斯都的抬舉，才做了羅馬帝國猶大省的王。

希律安提帕 (Herod Antipas) 是大希律的兒子，在加利利做分封的王，直到西元 39 年，他砍了施洗約翰的頭、被耶穌稱為狐狸、從彼拉多手上受理審判耶穌。

希律亞基帕一世 (Herod Agrippa I)，是大希律的孫子，只做了 3 年的王，殺了使徒雅各，而他的兒子希律亞基帕二世 (Herod Agrippa II)，後來跟使徒保羅辯論，是希律王朝最後一個王。

食住行最前線

餐廳

一定要好好把握西岸地區，A區大概只要以色列一半的便宜物價，來了就多吃一些東西！在政治敏感的地方，建議不要拿出以色列的旅行工具書。

伯利恆烤雞店
(Al Sufara Restaurant)

划算又好吃的烤雞店，可惜沒有廁所！

◉ Manger Square, Bethlehem Palestinian Territories | ☎ +970-2-274-2748 | ◷ 07:00～19:00 | ⑤ 外帶烤雞一隻40NIS、內用半隻雞、鷹嘴豆泥、4種醬和4片口袋餅40NIS | ⬛ P.173

伯利恆餐廳
(Afteem)

靠近主誕教堂頗有氣氛的餐廳，C/P值普通，但可以上廁所！

◉ Manger Square, Bethlehem Palestinian Territories | ☎ +970-2-274-7940 | ◷ 08:00～22:00 | ⑤ 烤雞1盤(3串的量)35NIS、鷹嘴豆泥15NIS、薄荷茶 5NIS | ⬛ P.173

希伯崙國王沙威瑪
(King Shawarm)

在 H1 區，完美沙威瑪、雞肉飯也很對味，物價又不可思議便宜，還有廁所！

◷ 07:00～19:00 | ⑤ 沙威瑪12NIS、雞肉飯17NIS、大杯現榨柳橙汁6NIS | ⬛ P.167

阿拉伯起司點心
(Al Aqsa Kunafeh)

納布盧斯以 Kunafeh 阿拉伯起司點心聞名阿拉伯國家，又以這間老店作為必吃！有種搭車來吃都值得的感動。

📍 Old Town, Nablus, Palestinian Territories | 📞 +970-9-237-6412 | 💲 一份 5NIS | 🗺️ P.159

伯利恆馬槽廣場餐廳
(Peace Center Cafe)

就在馬槽廣場旁的餐廳，可以吃到各種當地佳餚，例如「翻過來的飯」(Makloobeh) 或奶味十足的羊肉燉飯 (Mansaf)。很意外的價格很合理，可刷卡，而且餐廳樓下有免費廁所。

📍 Manger Street, Bethlehem | 📞 +972-2-274-9990 | 🕐 09:00～00:00 | 💲 一份主菜40NIS起、阿拉伯咖啡10NIS | 🗺️ P.173

示羅小餐廳
(Merlot)

不吃可惜的家庭餐廳，食材新鮮美味，C/P值很高，推薦 Halloumi 起司沙拉或鮭魚沙拉，一份夠 2 個人吃。

📍 The entrance to Shiloh settlement | 📞 +972-2-628-4601 | 🕐 週日～四10:00～23:00、週六18:30～23:00 | 休 週五 | 💲 Halloumi起司沙拉59NIS、鮭魚沙拉62NIS、卡布奇諾12NIS | 🗺️ P.159

住宿

　　由於安全顧慮，天黑之後不建議獨旅女性在西岸地區A區過夜。

伯利恆朝聖者旅館
(Casa Nova Bethlehem)

跟主誕教堂連在一起的朝聖者旅館，乾淨、安全、親切、氣氛愉快，熱水夠熱，早餐豐盛，性價比高。

📍 主誕教堂旁 | 📞 +970-2-274-3980 | 💲 單人房$50、雙人房$65、3人房$95含早餐 | 🗺️ P.173

聯外交通攻略

前往伯大尼

參考從耶路撒冷前往伯大尼的方式(P.142)。

回耶路撒冷的話,走到下車時的那條街,看到#263時招手司機就會停,不需要找站牌。

前往希伯崙

參考從耶路撒冷前往希伯崙的方式(P.142)。

或是從伯利恆Beit Jala路口的Fort點搭乘共乘小黃巴到希伯崙H1。

- ■車程:約1小時
- ■車資:9.5NIS,只收現金
- ■注意:1.坐滿發車,安息日也發車。2.從希伯崙回程前往伯利恆的小黃巴車站,位於國王沙威瑪對面的購物中心的停車場內,約下午16:00停止發車

▲伯利恆往希伯崙的小黃巴

前往伯利恆

參考從耶路撒冷前往伯利恆的方式(P.142)。

或是從伯大尼搭共乘小白巴士到Jahalin圓環,再轉搭共乘小黃巴到伯利恆。

小白巴
- ■車程:約5分鐘
- ■車資:1人2NIS

小黃巴
- ■車程:約40分鐘
- ■車資:1人10NIS,只收現金

▲共乘小白巴士

前往耶利哥

從伯大尼往耶利哥

也可以在Jahalin圓環轉搭共乘小黃巴。

- ■車程:約40分鐘
- ■車資:1人12NIS,只收現金

耶利哥回Jahalin圓環的車,要在JSK加油站和清真寺對面的路口坐車。

▲小黃巴的站牌位置,其實是當地人之間的默契

▲在耶利哥回伯大尼的等車位置,算是好找

從伯利恆往耶利哥

要在KFC的巴士站搭「電梯」到B4底層停車場(不是搭電扶梯,那邊是觀光巴士停車場),搭乘共乘小黃巴到耶利哥。

- ■車程:約1.5小時
- ■車資:25NIS
- ■注意:坐滿發車,安息日也發車

▲伯利恆很好認的小黃巴士站

▲注意要到B4停車場,才會找到小黃巴

前往示劍

參考從耶路撒冷前往示劍/納布盧斯的方式(P.142)。

城市交通攻略

伯利恆

搭乘#231巴士，在Beit Jala下車，這是最輕鬆的方法，下車後約步行10～15分鐘可抵達馬槽廣場，不需要搭乘計程車(但有需要的話，成交價在10～15NIS)。

▲ #231 最後一站就是 Beit Jala

搭乘#234，穿過檢查哨與隔離牆後，堅定的走路30～40分鐘即能抵達馬槽廣場，共乘計程車每人3NIS或一車15NIS，不要被聯合起來的司機嚇到，要帶有耐心和一點幽默感的態度殺價。

從馬槽廣場包計程車坐到Beit Sahour牧羊人教堂，只有3公里，約一車15NIS，但開價通常不低於30NIS。

牧羊人教堂回隔離牆，約一車20NIS，但也不一定叫得到車。所以建議直接包車去牧羊人教堂、隔離牆，再到檢查哨，含1小時等待，一共大概40～50NIS。

在伯利恆市區內，包車的行情價會是每小時50NIS。若想去耶利哥，半天(4小時的等待時間)的成交價在一車250～300NIS，若是去耶利哥、約旦河Qasr El Yahud和Kalia私人海灘，一整天的成交價在一車500～600NIS，很容易叫到車。

▲伯利恆馬槽廣場附近，有很多排班等待的計程車司機，會比在隔離牆的司機好談價格些

耶利哥

從市中心到纜車站距離2公里，車程2分鐘，計程車一車10NIS，若叫不到車可請售票人員幫忙。包計程車玩耶利哥內所有景點，包含4小時等待，成交價在100～125NIS之間。到死海，一車單程50NIS，玩完死海後，可再搭以色列巴士回耶路撒冷。

▲耶利哥的觀光客較少，在旅遊資訊中心的圓環，有滿多計程車司機，開價也實在

旅遊貼身

上車前先確認價格

搭乘共乘小黃巴沒有收據，上車前，就要先問「12？Jericho？OK？」或拿手機敲下計算機，確認價格後再上車，才不會被司機故意多收錢。

善用交通一日票

希律堡、伯大尼、伯利恆和拉抹可用15km內巴士一日票來回，而希伯崙和伯特利要用40km內巴士一日票來回。

與阿拉伯人議價實戰

伯利恆隔離區附近比其他城市容易遇到兇巴巴的司機，甚至聯合起來趁機撈一筆。建議不要硬碰硬，既然這些司機是為了賺取更多錢而在演戲，那就心平氣和為了省點旅費來拼演技；露出不敢置信的誇張表情後，喊價先從底價少個3成，再勉為其難的慢慢往上加。

議價一定要鎮定和從容，堅持底價，適時走開。只要沒有撕破臉，總會有人放下身段追來做生意。

注意：付錢時一定要邊給邊確認「10 shekels ok？」，以免已經付了10元卻被說是給10分。

「看哪，我要做一件新事；如今要發現，你們豈不知道嗎？
我必在曠野開道路，在沙漠開江河。」
—— 以賽亞書 43:19

Dead Sea and
the Negev

死海 與
曠野

在世界最低點聽話語的聲音

1

3

　寂靜的死海是地球表面的最低點，也是以色列與約旦的天然邊界。耶路撒冷以南，直到紅海城市埃拉特(Eilat)，是大而可畏內蓋夫曠野(Negev)，乾旱而貧瘠的黃土，占了國土面積55%。水資源是生活的關鍵，即便是現代也只有8%的人口住在這，但以色列卻發展出了滴灌技術的農業，奇蹟似的成為花卉出產國。

　曠野，意思是「話語出來的地方」，亞伯拉罕、以撒、雅各都住在別是巴，這裡是以色列百姓聽見神命令、律例、典章並與神立約的地方。曠野是以色列的主幹，雖然存在卻少被探索，就像是從第一聖殿被毀到耶穌出生，究竟這600年的歷史發生了什麼事呢？

　西元前332年，亞歷山大大帝打贏了波斯人，征服了歐亞大陸，猶大省也被納入版圖。猶太人在知識、文化、語言、信仰上，逐漸被卓越的希臘文明影響，但也有堅持信仰的傳統猶太人。此時猶太人開始有了由長老

2

4

組成的「公會」(Sanhedrin)，有如地方自治政府，管理宗教、法律和政治的一切事。

亞歷山大大帝如先知但以理預言的出現與突然逝世，帝國版圖分裂成4個部分，由埃及的托勒密(Ptole-mys)家族統治耶路撒冷，在他們的治理下，希伯來文聖經被翻譯為希臘文，即《七十士譯本》(Septuagint)，並且由猶太祭司們作為統治者，負責進貢。

後來敘利亞家族塞琉古(Selucids)成了新的統治者，安提阿哥四世用強硬的手段逼迫猶太人改教。壓死駱駝的最後一根稻草，是他逼一個老祭司馬他提亞向異神獻祭。雖然老祭司死了，但外號為馬加比，意思是「鐵鎚」的兒子猶大，發動起義打敗了希臘人(即光明節的故事)，在西元前167年開啟了馬加比王朝，又稱哈斯摩尼王朝(Hasmonean)，直到西元前63年，羅馬的龐培將軍攻下耶路撒冷，猶太人結束短暫獨立的104年。

此地區的政治生態複雜，馬加比的後代也不是良好的統治者，這段期間出現了不同政治理念的猶太人，例如敬虔的法利賽人(Pharisees)，意思是「分離」，他們強調謹守妥拉與口傳律法，拒絕在權力與世俗事務中隨波逐流。與權貴關係良好的撒都該人(Saddu-cees)，可能是祭司「撒督」的後代，他們社會地位高，既處理與羅馬的關係，也主持聖殿內的獻祭。隱世獨居的艾賽尼人(Essenes)，可能是將死海古卷藏在「昆蘭洞穴」的族群，以及想再起義的奮銳黨(Zeal-ots)，可能是馬加比的後代，最後在「馬撒大」壯烈犧牲。

若有充足的時間，曠野很適合花上幾天來安靜，也有很多值得探索的地方！

---

1. 在以色列的死海海灘是免費的唷／2. 希伯來文經文，是多麼珍貴的流傳下來／3. 不會游泳的人，一定要嘗試在死海上漂浮的奇妙體驗／4. 通往大衛待過的隱基底

死海
Dead Sea

聖經怎麼來的？

　　聖經，全世界最暢銷的書，被翻譯超過 3,000 種語言。猶太人讀的希伯來聖經稱為《塔納赫》(Tanakh)，內容就是基督徒稱聖經的「舊約」(Old Testament)，僅書卷次序稍微不同。《塔納赫》是個縮詞，包含摩西五經的妥拉 (Torah)、先知書 (Nevi'im)、以及詩歌體 (Ketuvim)。在昆蘭 11 個洞穴裡發現的九百多份死海古卷手抄本中，涵蓋了除了以斯帖記之外的所有希伯來文聖經書卷！在發現西元前 2 世紀的死海古卷前，世界上最古老希伯來文聖經抄本是西元 10 世紀的馬所拉文本 (Masoretic Text)，兩份手抄本相隔 1,200 年但卻幾乎沒有差異，證實聖經的抄寫是非常謹慎且可靠的！

藏匿死海古卷的洞穴

昆蘭國家公園
Qumran National Park

🌐 reurl.cc/mlQx89；詳細介紹 reurl.cc/Y8oYg0
| 📞 +972-2-994-2235 | 🕐 週日～四冬天08:00
～16:00、夏天08:00～17:00、週五冬天08:00
～15:00、夏天08:00～16:00 | 💲 成人29NIS、
學生25NIS、孩童(5～18)15NIS | ➡️ 從耶路撒冷
中央車站搭#444或#486巴士在「Kalya/Kumran -
Branching」下車後走6分鐘 | ⏳ 1小時 | ⁉️ 園方
放映的介紹影片有中文字幕 | ✝️ 代下26:9-10、書
15:61-62 | 🗺️ P.159、封面裡

西元1947年貝督因牧羊人意外在昆蘭洞穴，發現藏匿在陶罐裡超過2,000年的羊皮古卷！這些古卷極可能是耶穌時期的三大猶太教派之一的艾賽尼人所藏匿的，他們自西元前2世紀便居住於此。艾賽尼人稱自己為「合一」(Yahad)，在社群內共享所有財產，一起追求靈修生活，不享樂且重視自制，極少娶嫁，平時工作內容為抄寫經文，類似後來的修道士。

在遺跡中可看到10個密集的浸禮池和水庫遺跡，因為艾賽尼人一天要洗兩次澡，保持宗教禮儀上的潔淨。在疑似抄寫室的建築裡，發現了陶瓷和鐵的墨水池、還有幾百個陶燈碎片和蘆葦筆。在工作區發現了10萬個椰棗核和加工設施，代表他們收入來源可能是賣流奶與「蜜」的椰棗蜜。

---

1. 從經典角度拍到最容易觀賞的4號洞穴 / 2. 艾賽尼人的浸禮池 / 3. 昆蘭可能是聖經中的西迦迦(Secacah)或鹽城，這個望樓遺跡，可能來自烏西雅時期 / 4. 2,000年前的猶太古文物：黑色是皮製的護經匣，死海古卷除了希伯來文聖經，也包含聖經注釋與非聖經的猶太文獻，例如《社群守則》、《光明之子與黑暗之子大戰》、《禧年書》、《西拉之子的智慧》、《馬加比壹書》等，另外還發現婚姻合約、護經匣、門框經文盒、量杯、未染色的純亞麻織等

隱基底自然保護區
Ein Gedi Nature Reserve

http reurl.cc/zAkKMV；詳細介紹 israelmega.com/en-gedi｜☎ +972-8-658-4285｜🕐 週日～四冬天08:00～16:00、夏天08:00～17:00，週五冬天08:00～15:00、夏天08:00～16:00｜💲 成人28NIS、學生24NIS、孩童(5～18)14NIS｜➡ 搭#444或#486巴士在「Ein Gedi Field School」下車｜⧗ 1.5小時｜⁉ 1.只爬大衛下瀑布路線，來回大約1.5小時，最晚下午3點進場。2.體力許可的話可爬到神廟後再下山到古猶太會堂，剛好繞一圈回停車場，加休息時間約4小時。3.有收費置物櫃5～10NIS｜✝ 書15:62、撒上23:29、撒上24:1、代下20:2、歌1:14、結47:10｜MAP P.159、封面裡

「我以我的良人為一棵鳳仙花，在隱基底葡萄園中。」
── 雅歌 1:14

「高山為野山羊的住所；巖石為沙番的藏處。」
── 詩篇 104:18

　　隱，意思是泉，隱基底就是基底水源之處，是猶大曠野裡珍貴的綠洲，也是以色列境內最大的綠洲。

　　美麗的隱基底深受當地人喜愛，風景優美的健行路線有多種植物，且常見的野生動物有山羊(Ibex)和沙番(Rock Hyrax)，一種類似天竺鼠的可愛哺乳動物。大衛王在逃避掃羅王追殺時，曾躲到隱基底的曠野，因此這裡的天然瀑布便命名為「大衛瀑布」。從入口處很輕鬆的走半小時便可抵達下瀑布，邊走邊感受一下大衛的心情，若體力允許可以繼續再走1.5小時到上瀑布、Dodim洞穴、神廟、書拉密泉和隱基底泉。

1. 大衛瀑布／2. 往神廟的路，難度等級是「算容易」的，在陡的地方有把手／3. 山腳下的古老猶太會堂(Ancient Synagogue)有美麗的馬賽克地板，年代在西元 3～6 世紀／4. 沙番，看了就想抱一隻回家

以色列的少數族群 (3)：貝都因人 Bedouin

發現死海古卷的牧羊人，是古老阿拉伯遊牧民族貝都因人，貝都因人分布在以色列、西岸地區和阿拉伯國家，多半仍過著以物易物的生活，主要為伊斯蘭教徒，少數為希臘東正教基督徒，有些會當以色列邊境警察。

▲放羊的貝都因人

▲帳篷底下的貝都因人（圖片提供：夏達華聖經世界）

禱告巾與繸子

敬虔以色列人即便在玩水時，也不會脫掉身上像是背心的「小禱告巾」，這是為了隨時守著誡命「你要在所披的外衣上四圍做繸子」（申命記 22:12），因為繸子是神和以色列人之間的約定。

在古代，繸子就像印章一樣，代表了身分。聖經記載掃羅王不小心進到大衛躲藏的洞穴，大衛沒有趁機殺死上廁所的掃羅，只是割下了王的衣襟（撒上 24），卻又因此自責。現代禱告巾也代表一個人的身分，猶太人被安葬時會被包在自己的禱告巾裡，家屬會割下衣裳繸子作紀念。現

▲玩水也穿著小禱告巾的猶太人

代改革派猶太婦女，也開始有使用禱告巾的傳統！

猶太精神永不淪陷

馬撒大國家公園
Masada National Park

http reurl.cc/gZonXp；詳細介紹 reurl.cc/8qVbmo｜📞 +972-8-658-4207｜🕐 週日～四冬天08:00～16:00、夏天08:00～17:00，週五冬天08:00～15:00、夏天08:00～16:00｜💲 成人31NIS，學生26NIS，孩童(5～17)17NIS｜➡ 搭#444或#486巴士在「Masada-Center」下車｜⏳ 2.5～3.5小時｜❗❓ 1.有簡短的電影。2.博物館包含在門票內，參觀約需1小時，很值得但不能照相。3.蛇道早上4點就開始開放，可花1小時爬蛇道上山，天氣熱會提早關閉。4.纜車費用成人單程票28NIS、來回46NIS，學生單程票24NIS、來回39NIS，孩童單程票14NIS、來回28NIS。5.纜車最後下山時間與景點關閉時間相同。6.如果剛好有到Arad城市，也可以從西方坡道入口上馬撒大，只需爬15～20分鐘。7.馬撒大日出很值得看｜MAP P.159、封面裡

> 「耶和華，我的力量啊，我愛你！耶和華是我的巖石，我的山寨……」
> ── 詩篇 18:1-2

山寨，在希伯來文就是馬撒大。馬撒大在2001年被認定為UNESCO世界文化遺產，西元前40年，希律王在這裡蓋了兩個宮殿、山景游泳池和羅馬澡堂，根本就是希律王的五星級度假村！

馬撒大是猶太精神的重要據點，因為這裡曾有壯烈犧牲的悲慘歷史。西元66年的大起義，羅馬軍團狠狠鎮壓這樣的「反叛」。起義失敗，968位猶太人退守到有絕佳戰略位置的馬撒大，羅馬人怕這裡會成為下一個反叛的溫床，於是派了1萬名羅馬士兵，帶著1萬名當人肉盾牌的猶太俘虜走蛇道攻打馬撒大。

馬撒大有充足的糧食，也有養鴿子的鴿子樓(Columbarium)，以及希律王的天才蓄水系統，被圍困的猶太人不缺水、也不缺食物，這裡甚至還有當時改建的猶太會堂和浸禮池。但最終，羅馬人找出方法，讓猶太奴隸在西側蓋了沒那麼陡的坡道和高台來砲轟城牆。逾越節的第一夜，眼看著羅馬軍團要

攻下馬撒大，但是猶太人寧願選擇死亡，也不願屈於做羅馬奴隸。礙於信仰禁止自殺，他們讓10個代表殺了所有人，再抽出1人殺死其他9位，最後再自殺，幾個躲藏在蓄水池的婦女孩童，轉述了此事跡給史學家約瑟夫。考古學家發現了很多箭頭和弩球，也在一個房間發現10個寫著猶太名字的瓦片籤，包含奮銳黨反叛軍司令的名字「雅億之子」(Ben Yair)。

馬撒大是以色列人一生的必去景點，以色列人喜歡來這裡晨禱或舉行成年禮，IDF新兵會來到這裡宣誓「馬撒大不再淪陷」(Masada will never fall again)，意思是要自強！現在有了國家，絕不能再讓自己的民族淪陷到需要做奴隸或死亡。

來以色列，一定要來馬撒大！

1. 希律冬宮在北方峭壁上，北面的宮殿有 3 層，下面兩層的宮殿是天才建築師蓋在峭壁上的 ／ 2. 籤室，在這裡發現 10 個寫著猶太名字的瓦片籤（可在博物館看到）／ 3. 馬撒大是猶大曠野的一個獨立山丘，比死海高 400 公尺／ 4. 三溫暖高溫浴室的地板，羅馬澡堂是重要的社交和商業場合，因為身上無法藏武器，所以是最安全的地方。牆壁上有石膏壁畫的「粉飾」牆。入口處是更衣室 (Apodyterium)，進去後有溫水浴室 (Tepidarium) 和冷水浴室 (Frigidarium)，可看到高溫浴室 (Caldarium) 地板中間有約 200 個小瓦柱，讓熱氣從瓦管中散發出來，非常厲害的作法／ 5. 西面坡道，馬撒大失守處

一起爬馬撒大看死海日出

以色列人的共同回憶之一，是在黑夜中走當年羅馬人攻下馬撒大的蛇道，登頂後在山上靜靜看從死海冉冉升起的太陽。

清晨的馬撒大，沒有吵鬧的各國旅行團，卻有披著白色禱告巾靜靜晨禱的猶太人，這個畫面，比日出更珍貴！若沒有自駕，可參加 Abraham Tours 馬撒大日出團，或是前一晚在馬撒大青年旅館過夜。這條路線老少閒宜，穿好走鞋慢慢走 40 ～ 50 分鐘，絕對沒問題！

馬撒大日出團 ▶

▲搭纜車是輕鬆上山的方法

▲馬撒大的日出

▲走蛇道上山，慢慢品嘗死海與曠野美景

變成鹽柱的羅得太太

聖經故事中，羅得一家從罪惡之城所多瑪被天使救出來，但羅得的太太因為回頭一看變成了鹽柱 (創 19) (Lot's wife)，而羅德的女兒跟羅德後來生下了亞們人與摩押人的先祖，也是以色列人的敵人。

▲這個死海公路旁的特殊景點可能長得有點像人，而底下又剛好有個山洞，所以算是一個打卡景點吧，附近可以停車

Ein Bokek死海海灘

Ein Bokek Beach

http reurl.cc/eXoVQQ | ⏰ 07:00～17:00 | ➡️ 搭乘#444或#484巴士，在「Daniel Dead Sea Hotel」下車後走4分鐘 | ⏳ 1～2小時 | ⁉️ 1.有免費淋浴設施、更衣間和廁所。2.現場付費設施有陽傘(10NIS)和海灘椅(10NIS)。3.記得帶大毛巾和坐墊。4.安息日也要付停車費(可用Pango APP付費)。5.靠Leonardo Plaza的海灘有白色結晶鹽。6.海灘關閉時間意思是沒有救生員，為了安全起見，不建議下水，但夏天還是可以看風景，不會趕人 | MAP P.159、封面裡

Ein Bokek是南死海的免費公共海灘，美麗的海灘有清澈的藍綠色海水，沙灘乾淨且質地柔軟，隨便一張IG打卡照片都讓人羨慕不已！而且露天的淋浴設施以及廁所都是完全免費的。

死海的水有超過21種礦物質，是保養品的神奇原料，而且因為死海的海水有33%以上的鹽分(比一般海水鹹9倍)，不會游泳的人也可以很神奇的在水中漂浮起來唷！進到水中請先坐下，再往後躺，就會浮起來了。

切記不要在死海游泳，真的常有人在死海嗆水送醫，或意外溺死，有傷口的話也要注意，身上再小的傷口也會因死海高濃度的鹽分產生刺痛感！

1. 漂浮在海面上／ 2. 免費的露天淋浴設施，冬天也有溫水／ 3. 很重要的提醒，這裡就算是安息日也要付停車費，不然會有罰單

省錢旅行

在紀念品店買 5NIS 死海泥

在商店街可買到死海泥，拍照起來會很可愛，而且非常有「我在死海」的氣氛唷！

一包 600 公克 ▶ 的死海泥，才 5NIS

Kalia死海海灘

Kalia Beach

http kaliabeach.com；詳細介紹 reurl.cc/lvxL0A｜☎ +972-2-994-2391｜🕐 冬天08:00～18:00、夏天08:00～19:00｜💲 成人18NIS、孩童(0～13)免費｜🔜 離耶路撒冷自駕25分鐘，或從耶路撒冷中央車站搭#444或#486巴士在「Water Park」下車後走20分鐘｜⌛ 1～2小時｜❗ 1.有賣簡單的食物。2.單程接駁車10NIS，租借椅子8NIS，若有需要可以直接買套票。3.停車費每小時18NIS，每15分鐘增加4NIS。4.不要跳水和游泳，愜意的飄浮最合適。5.不要整顆頭泡進水裡，鹽度過高弄到眼睛非常不適。6.不要未經同意向穆斯林婦女照相。7.淋浴間很陽春，記得帶毛巾｜MAP P.159、封面裡

　　Kalia是北死海的私人海灘，是最靠近耶路撒冷的選擇！位於西岸地區內，這裡大多訪客是阿拉伯人或旅行團。算是有度假村的氣氛，有地球最低點的酒吧、飲料吧，價格也很合理，一杯美金5元，海灘上有座椅、躺椅和陽傘，還有兩間紀念品店，有乾淨的淋浴設施、收費置物櫃。北死海海灘的沙質比較黑和硬，但可以盡情享受天然死海泥！

▲低於海平面 430 公尺的死海，這裡還有免費死海泥可以擦，但不可以帶走唷

知識廊房
以巴衝突有解嗎？

　　你可能很意外，以色列不是只有猶太人，而且老百姓一起生活的以巴「不」衝突才是常態。在西岸地區內會發現白底綠字的巴勒斯坦車牌與以色列的車牌都能自由活動，包含這個死海海灘的客人許多是巴勒斯坦人，相對於政治，他們更在乎工作、家庭、個人成就等。

　　以巴衝突有 5 個最核心的政治問題很難達到共識：耶路撒冷的管理權、屯墾區的興建、1948 年和 1967 年的難民、清楚的邊界、水資源。但以色列人可能需要先伸出橄欖枝，先在其他和平議題上努力，

▲容易發生衝突的地點會有拿槍的軍人

即便巴勒斯坦解放組織持續給殲滅猶太老百姓的「聖戰士」（恐怖分子）撫恤金。而巴勒斯坦人可能也要更積極的拒絕意識形態，追求一個真正民主、不貪污且能被問責的政府，提供給人民更好的教育、衛生、經濟條件。

內蓋夫曠野
Negev

曠野吉普車行程

　　遠遠的看拉蒙河谷還不過癮嗎？其實可以考慮吉普車行程，最短的行程 2 個小時，就能輕鬆的近距離探索的神奇地貌！

▲ Adam Sela 的團
(2 小時起)

▲ Negev jeep
Tourist Israel 的團
(4 小時起)

別是巴

亞伯拉罕及兒子立約之井

別是巴
Tel Be'er Sheva National Park

http reurl.cc/9V9W5d；詳細介紹 is.gd/J7Oale｜📞 08-646-7286｜🕐 週日～四冬天08:00～16:00、夏天08:00～17:00，週五冬天08:00～15:00、夏天08:00～16:00｜💲 成人14NIS、學生12NIS、孩童(5～18)7NIS｜➡ 從耶路撒冷搭#470巴士往Be'er Sheba(別士巴的另個拼法)，約1.5小時後下車轉搭#10巴士，15分鐘後在「Tel Be'er Sheva National Park」下車｜⌛ 1小時｜⁉ 可用國家公園年票｜📖 創26｜MAP 封面裡

> 「所羅門在世的日子，從但到別是巴的猶大人和以色列人都在自己的葡萄樹下，和無花果樹下，安然居住。」
> —— 列王紀上 4:25

別是巴的廢丘遺跡位於以色列中部，與米吉多(Megiddo)和夏瑣(Hazor)都一同在

2005年被認定為UNESCO世界文化遺產。這裡是以色列先祖亞伯拉罕和以撒住過的地方，現在仍能看以撒的活井、猶大南國時期帶角的祭壇以及西元前8～10世紀的鵝蛋型的城市模樣，值得一訪。

別是巴的意思是盟誓的井或是七井，聖經記載非利士人亞比米勒特地在這裡與亞伯拉罕立約。在大衛和所羅門時期，都常用「從但到別是巴」來代表整個以色列的疆界。

---

1. 在入口處會看到四角的祭壇模型，真跡在以色列博物館。考古人員是在儲藏室的牆壁中發現這些被打碎的祭壇石頭被拿去做牆壁，推測應該是因為希西家王的宗教改革 / 2. 別是巴的井有 70 公尺深，全年有水，可以供給全鎮的居民和路過的商隊。這個井被一些學者認為是以撒挖的井，可能是鐵器時期所鑿的（西元前 11 ～ 12 世紀）/ 3. 鵝蛋型的城市，所有的街道都會交集在這個廣場 / 4. 大門 (The Main Gate) 有兩個塔，可以看到這裏的城牆有兩道牆，中間有空間可以作防禦

本古里安在曠野的家
Ben-Gurion Desert Home

http www.ben-gurion.co.il | 📍 Sde Boker | 📞 08-656-0469 | 🕐 週日～四08:30～16:00、週五08:30～14:00、週六10:00～16:00 | 💲 成人20NIS，學生、孩童(5～18)15NIS | ➡️ 從Mitzpe Ramon搭#55或#64巴士到「Sde Boker-Center」後走10分鐘 | ⌛ 1小時 | ⁉️ 1.關於「領袖」的多媒體影片片長20分鐘，所以關門前20分鐘工作人員就會鎖門了。2.寶拉咖啡廳的氣氛很好，但關門時間跟曠野的家一樣 | MAP 封面裡

　　本古里安是以色列第一任總理，他的願景是開發南地曠野，要讓猶太人能在荒瘠的曠野活下來，國家才會有未來。他在1953年退休後，就以身作則的加入在斯代博克(Sde Boker)成立奇布茲的年輕人，一起做剪羊毛等勞動。他在這個奇布茲住了人生最後20年，根據他的遺囑，他的家保持現狀的留下來給後人看一個真正不求個人享受與利益的領袖是怎麼過完一生的。

---

1. 本古里安在奇布茲的家／ 2. 他的書房就是個有超過 5,000 本藏書的小圖書館

「奇布茲」農場的世界

　　「奇布茲」(Kibbutz) 農場是一種帶著錫安主義的夢與社會主義的理想，共同耕耘、共同生活、與共同分享碩果的社群。一無所有的猶太人，建國前來到一片荒蕪的以色列，為了能保持猶太文化，他們非常團結，以集體生活的方式開墾荒地，用農業為國家經濟奠定了基礎，也成功的在土地上為猶太人「卡位」，爭取到更大的國土面積。他們身體力行靠勞力耕耘這塊土地，相信有付出才有收穫。

　　在奇布茲的世界，每個會員可以有不同的工作，但所有收入都是交給奇布茲，大家享受一樣的教育、醫療、食物、住宅和車，每個居民都是大家庭的一分子，也都要委員會來決定如何創造未來或照顧好彼此的需求。以前以色列有300個奇布茲，現在保持原來理念和運作方式的不到40個，奇布茲至今仍扮演不可或缺的經濟角色，只占 1.6% 人口，卻能生產全國 5.2% 的出口！

邂逅山羊與看曠野的觀景台

本古里安墓園
Ben Gurion's Tomb

http reurl.cc/V8o2gY｜📍 Sde Boker｜🕐 全天｜⤏
從Sde Boker-Center搭#55、#60或#64巴士到
「Midreshet Ben Gurion」後走5分鐘｜⧗ 0.5小時
｜MAP 封面裡

1973年，本古里安總理去世後，沒有選擇葬在耶路撒冷給官員的赫茲爾山 (Mt. Herzl)，而是葬回他最愛的曠野，在他愛妻寶拉旁邊。墳墓在靠滴管灌溉科技而變得綠意盎然的小公園裡，觀景台可看到尋的曠野(跟聖經同名但不是同樣位置)，旁邊就是以他命名的本古里安大學，創立於1969年。

1. 本古里安和妻子寶拉的墓／ 2. 這裡可以看到非常多的野山羊

以色列建國之父：本古里安 Ben Gurion

大衛·本古里安 (Ben Gurion, 1886 ～ 1973)，錫安之夢的實踐者，以色列第一任總理，特拉維夫機場和內蓋夫大學都以本古里安命名。在年輕時本古里安便提倡希伯來文與回歸，他從波蘭移民到巴勒斯坦，但被顎圖曼土耳其人驅逐。英國託管時期，阿拉伯民族與猶太民族衝突不斷，已被默認為猶太人領袖的本古里安，在英國領袖面前指著聖經説：「這本聖經就是依據，我們自從有民族開始便擁有這土地。」

聯合國在 1947 年提出 181 號分治決議案，阿拉伯人拒絕了，在英國人結束託管的前一天，本古里安率先宣布國家獨立並且立刻進入戰爭狀態！阿拉伯國家果然聯合起來殲滅猶太人，但卻靠本古里安在緊急中的應變能力、領導力、魄力、行動力，以及強大整合資源人脈的能力，一個夾縫中求生存的民族，打贏了關鍵性的第一場中東戰爭，開始了復國的歷史，也因為本古里安的堅持，這個國家的名字才繼續稱為「以色列」。

「要成為實踐者，首先要先相信奇蹟。」
—— 本古里安

▲本古里安
(圖片來源由 https://reurl.cc/XL9L6D)

香料之路上的大城

阿夫達特古城
Avdat National Park

http reurl.cc/DmpxaQ | 🕐 週日～四冬天08:00～16:00，夏天08:00～17:00。週五冬天08:00～15:00，夏天08:00～16:00 | 💲 成人28NIS、學生24NIS、孩童(5～18)14NIS | ➡️ 從Mitzpe Ramon搭#55、#65或#392巴士到「Ovdat / Antiquities」 | ⏳ 1.5小時 | ⁉️ 1.介紹的電影有中文字幕。2.車子可以開到最上面的停車場。3.阿夫達特比馬穆謝特還要大，如果走最長的導覽路線，至少要3小時 | **MAP** 封面裡

　阿夫達特是納巴泰人香料之路上的重要城市，如今仍能完整看到在山丘上壯觀的羅馬城市，有房屋的廢墟、教堂、神廟、酒榨、塔樓、城牆等等，山腰上有羅馬豪宅以及墓穴，山腳有羅馬澡堂，這個城市在西元7世紀因為地震而沒落。

　阿夫達特是以納巴泰國王Oboda二世命名，納巴泰人原本是有阿拉伯血統的遊牧民族，他們的首都就是在約旦出名的玫瑰之城佩特拉，而在以色列境內共有4個納巴泰城市(馬穆謝特、阿夫達、Halutsa、Shivta)，在2005年被列為UNESCO世界遺產。在西元前3世紀到西元3世紀的羅馬時期，他們從遠東或是阿拉伯出口香料到希臘羅馬，而這條香料之路從葉門和阿曼一直到加薩的海港，約2,400公里長。

1. 視野很好的阿夫達特古城，下方是墓穴，現代的高速公路位置就是香料之路的路線 / 2. 拜占庭時期的酒榨 / 3. 建於西元3世紀的神廟，獻給宙斯Oboda / 4. 住宅區的廢墟

納巴泰人的養馬城市

馬穆謝特古城
Mamshit National Park

📶 reurl.cc/EGvY7v；詳細介紹 israelmega.com/mamshit | 📞 08-655-6478 | 🕐 週日～四冬天08:00～16:00、夏天08:00～17:00，週五冬天08:00～15:00、夏天08:00～16:00 | 💲 成人22NIS、學生19NIS、孩童(5～18)9NIS | ➡️ 從Be'er Sheva搭#48巴士到「Dimona」到Mamshit，在這裡找計程車，一車約50～65NIS | ⏳ 1.5小時 | 🗺️ 封面裡

馬穆謝特(Mamshit)也是納巴泰人香料之路上的重要城市，這裡有兩個事業，一個是開建築學校，另一個是養馬，現在的阿拉伯馬(Arabian horse)就是他們培育出的品種。

馬穆謝特有兩間教堂和一個修道院，保存

📷 旅遊局角

騎駱駝的行程

想要體驗騎駱駝嗎？在 Dimona 的 Cameland 有提供價格合理的駱駝行程，大人小孩都很適合唷！

▲ Cameland 的騎駱駝體驗行程

▲ 1 小時的行程，會走古代香料之路和用普通觀光客看不到的角度來看馬穆謝特和山谷

的比阿夫達特完整。並因為它是唯一擁有完整城牆的城市，用著這樣的條件和地理位置順理成章成為保護拜占庭東南邊境國土的守衛城。

1. 這是馬槽，馬匹是城市重要經濟來源之一 / 2. 拜占庭教堂，馬賽克地板上有兩個十字架，代表這教堂建於西元 427 之前，因為那年開始禁止使用十字架作為地板上的裝飾 / 3. 十字架造型浸禮池，至於旁邊那小小的圓形池是給嬰兒浸禮用的

拉蒙河谷觀景台與訪客中心

Mitzpe Ramon Visitor Center

http reurl.cc/2WO7Zn｜ Ma'ale Ben Tur St, Mitzpe Ramon｜ 08-658-8691｜ 週日～四冬天08:00～16:00、夏天08:00～17:00，週五冬天08:00～15:00、夏天08:00～16:00｜ 成人28NIS、學生24NIS、孩童(5～18)14NIS｜ 從耶路撒冷中央車站搭#470巴士，在Be'er Sheva轉#392到「Mitzpe Ramon」｜ 1小時｜ 1影片有中文字幕。2.要記得付停車費，否則會拿到希伯來文的罰單，要繳費很麻煩，線上付款還要有當地ID｜ MAP 封面裡

看似被隕石打中的地球表面，事實上是大自然鬼斧神工的傑作，經過大水的沖蝕、岩石沉積、褶皺和風化，形成了全世界最大的天然河谷，14公里寬和40公里長。在觀景台可以欣賞到無敵美景，訪客中心提供地質學的介紹以及以色列第一位太空員拉蒙(Ilan Ramon)的傳奇故事。

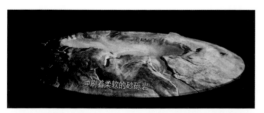

▲影片解釋凹坑的形成，其實是雨水與河水沖蝕掉小山丘比較軟的砂礫石灰岩後，剩下周圍比較硬的岩石

▲觀景台的風景

隱阿夫達特國家公園

Ein Avdat National Park

http reurl.cc/6NRXDM；詳細介紹 reurl.cc/zAd8dQ｜ 週日～四冬天08:00～16:00、夏天08:00～17:00，週五冬天08:00～15:00、夏天08:00～16:00｜ 成人29NIS、學生25NIS、孩童(5～18)15NIS｜ 從Mitzpe Ramon搭#64或#65巴士到「Midreshet Ben Gurion」再走下來｜ 1.5小時｜ 1.可用國家公園年票。2.南北兩個入口都有停車場，但是到峭壁那裡就變成單行道，建議自駕者在南邊的停車場停車，走到瀑布後就掉頭。3.不要跟另一個Avdat古蹟景點搞混了｜ MAP 封面裡

隱阿夫達特位於南地曠野內，是個由河流切割出來的峽谷，在這能感受到以色列奇妙的曠野地形，還能看見曠野中的水池、瀑布、禿鷹、山羊！喜歡大自然的話不要錯過這條健行的機會！

▲隱阿夫達特池和小瀑布，健行到這裡就可以回頭了

食住行最前線

以色列餐廳
(Me Casa)

靠近耶利哥的隱藏版以色列餐廳，分量相當大方，價格實惠，非常推薦！

📍 Vered Jericho Roundabout 9810501, Vered Jericho | 📞 02-970-7078 | 🕐 10:00～21:00 | 💲 Pizza 40NIS、烤雞沙拉65NIS、炸魚薯條65NIS | 🅼🅰🅿 封面裡

餐廳

　　死海地區人口稀少，餐廳用餐選擇不多，建議自己帶三明治和堅果，或是找以色列連鎖輕食咖啡店Aroma或Greg等，基本上不會踩到雷。

山羊奶咖啡店
(Kornmehl Farm)

農場經營的山羊起司專賣店，有簡單的起司餐點和山羊奶咖啡，還有曠野的景觀！

📍 靠近Tlalim | 📞 08-655-5140 | 🕐 週二～日10:00～17:30 | 🈑 週一 | 💲 咖啡13NIS、200克起司盤52NIS、Pizza53NIS | 🅼🅰🅿 封面裡

馬撒大山寨餐廳
(Mount Masada Restaurant)

國家公園內的自助餐廳，價格算實惠又有無敵景觀！

📍 在售票處旁(馬撒大園區內) | 🕐 週日～四11:00～16:00、週五11:00～15:00 | 🈑 週六 | 💲 套餐(含主菜、3個配菜、沙拉、湯、飲料)75NIS、沙威瑪套餐(含薯條與飲料)58NIS | 🅼🅰🅿 封面裡

住宿

寶拉咖啡廳
(Pola Cafe)

在本古里安在奇布茲的家旁邊的小小咖啡廳，坐在橄欖樹下滿浪漫的，還可品酒。

📍 Winery Road, Sde Boker | 📞 08-656-0430 | 🕐 週日～四09:00～16:00、週五09:00～14:00、週六10:00～16:00 | 💲 咖啡12NIS、可頌15NIS、品酒(5種) 45NIS | 🅼🅰🅿 封面裡

馬撒大青年旅館
(HI Masada Hostel)

馬撒大山腳唯一、而且帶有游泳池的青年旅館，住這裡很方便隔天4點半起床爬馬撒大看日出！

📍 馬撒大東邊山腳的售票亭旁 | 📞 +972-2-594-5622 | 💲 床位(4人間)$40，含早餐 | 🅼🅰🅿 封面裡

▶ 內蓋夫帳篷民宿
(Desert Shade)

在 1990 年拉蒙山谷只是個建築通往埃拉特 40 號公路的建築工人小鎮時,民宿主人就在得天獨厚地理位置的峭壁旁,用環保的建築材料自己蓋了這個營區,環境很棒,而且可以看到曠野日出唷!

◉ Kakal Boulevard 1, Mitzpe Ramon │ ☏ +972-8-658-6229 │ ⑤ 2人房$120、3人房$180、4人房$200、5人房$240,含早餐 │ MAP 封面裡

▶ 內蓋夫草泥馬民宿
(Alpaca Farm)

在拉蒙峽谷附近的特色住宿,可以跟草泥馬互動和參加騎馬行程!適合有自駕的小團體。

◉ Alpaca Farm │ ☏ +972-2-865-88047 │ ⑤ 2～5人房$300 │ MAP 封面裡

交通攻略

死海地區的#444、#486與#384巴士班次不多,而且非常不固定,建議隨時用Google Maps和Moovit查詢,要注意週五車次提早結束,而且週六沒有車唷!

車程與費用	耶路撒冷	昆蘭	隱基底	馬撒大
昆蘭	45分鐘 12NIS	-	-	-
隱基底	1.5小時 12NIS	40分鐘 12NIS	-	-
馬撒大	2小時 16NIS	40～60分鐘 16NIS	20分鐘 12NIS	-
Ein Bokek	2小時 16NIS	40～60分鐘 16NIS	20分鐘 12NIS	10分鐘 5.5NIS

從耶路撒冷出發

參考耶路撒冷聯外交通篇(P.143)。

往別是巴

可搭#470巴士。
■車程:約1.5小時
■車資:16NIS

■車班:早上06:10發車,每小時1班車

從別是巴到拉蒙山谷(Mitzpe Ramon)可以搭#64、#65、#392。
■車程:約1.5小時
■車資:16NIS

旅遊眉角

不一定能搭上的 #444 巴士

由於 #444 路線為耶路撒冷與紅海城市 Eilat 之間最快的巴士,當地人會透過網路或電話預約(只有這段長程巴士可以預約),因此只是去死海的話,碰到已經客滿的 #444 可能就上不了車,所以建議規劃行程時以 #486 的班次為主。

省錢眉角

死海一日遊必備 一日票

當天從耶路撒冷來回死海,一定要買超級划算的 75km 巴士一日票!只要 32NIS 就可整天無限搭乘死海 Ein Bokek、馬撒大、昆蘭的巴士。請參考 P.51。

Galilee and Golan Heights

「主的靈在我身上，因為他用膏膏我，叫我傳福音給貧窮的人；差遣我報告：被擄的得釋放，瞎眼的得看見，叫那受壓制的得自由，報告神悅納人的禧年。」
—— 路加福音 4:18-19

加利利與
戈蘭高地

耶穌此生待最久的地方

美麗的加利利，是耶穌一生待最久的地方，「拿撒勒」是他長大的故鄉。

這塊土地屬於拿弗他利與西布倫支派，一直都是與外族混居的地，在以色列北國時期的百姓曾在「但」事奉耶羅波安安置的金牛犢。這裡有山有水，農業和漁業都很發達，在耶穌時期至少有240個猶太村莊，例如「抹大拉」、「迦百農」、「哥拉汛」，以及羅馬城市「貝特謝安」和「提比哩亞溫泉」。這裡也是起義軍的基地，例如「迦姆拉」和「亞伯山」的猶太人都參與了起義。

兩次猶太起義失敗，死了幾百萬的猶太人。沒有了聖殿又不能進入耶路撒冷，猶太人怕信仰失傳，於是把口傳聖經在「基波立」編撰成《米實拿》，拉比也設立更嚴格的猶太教義。另一方面，信耶穌的猶太人將福音傳給世界各地的外邦人，甚至透過多馬傳到了印度大陸。耶穌復活後，門徒開始傳福音，那時作為信仰領袖的耶路撒冷猶太主教都仍是與耶穌有實質血緣的猶太人。

西元313年，君士坦丁大帝頒發了米蘭敕令，基督

1. 與約旦一面鐵絲之隔／2. 拿撒勒村扮演居民的人／3. 長得像饅頭的他泊山／4. 冬天可以滑雪的黑門山／5. 許多朝聖客會來洗禮的小約旦河

教被合法化，但「猶太人」卻被貼上殺了耶穌的標籤，整個族群開始受逼迫。西元325年，尼西亞公約將安息日改到星期日，教會也不過逾越節，反倒制定了復活節的日期。從此非猶太人的教會教父開始了「替代神學」，耶穌的猶太背景也開始被希臘化。

西元380年，羅馬皇帝狄奧多西將基督教立為國教，多了國家政治勢力來確保基督教義。約在西元410年，羅馬帝國分裂成以拉丁語和羅馬天主教傳統為主的西羅馬帝國，首都為羅馬，以及以希臘文和東正教傳統為主的東羅馬帝國，首都為新羅馬，即君士坦丁堡。前者先在西元476年滅亡，而留存下來的東羅馬帝國一直撐到西元1453年才被鄂圖曼土耳其殲滅，為了區分而被後人稱為「拜占庭」。在基督教朝聖景點，例如「五餅二魚教堂」、「庫爾西」、「八福山教堂」等朝聖景點，都有拜占庭時期的教堂和修道院的遺跡，但大多在西元7世紀左右都被伊斯蘭教徒摧毀。

為了從異教徒手中收回聖地，西元1095年，教宗烏爾巴諾二世發起十字軍東征的宗教戰爭，並也發明

了贖罪券的概念以獲得資金。熱血沸騰的呼召聖戰，但屠殺行動卻先從西歐當地的猶太人開始。在聖地，十字軍屠殺了上萬個猶太人與伊斯蘭教徒，建立了耶路撒冷王國，四處蓋城堡與城牆和修建教堂。

　　西元1174年，在加利利的「哈定角」的哈丁戰役中，十字軍敗給了撒拉丁，在西元1291年，被訓練有素的奴隸兵馬木路克人正式擊退，離開聖地，留下了傷痕和宗教對立，也讓英格蘭、法國、西班牙這些國家首度在西元1291、1394和1492年相繼將猶太族群驅離。

　　因為耶穌，這2,000年人類帶著不同的企圖來到聖地，這塊土地經歷了許多分裂和紛爭。遊覽車帶來各國信徒，匆忙走過各個與耶穌有關的景點，但不妨放慢腳步，看看周遭發生的人事物和反思，因為最震撼人心的風景，或許不是因為摸到哪塊石頭或聖物，而是體會到在傷痕累累的歷史中做和平使者的寶貴。

1. 寧靜的加利利湖 ／ 2. 拿撒勒天使報喜教堂／ 3. 耶斯列平原以北的山林

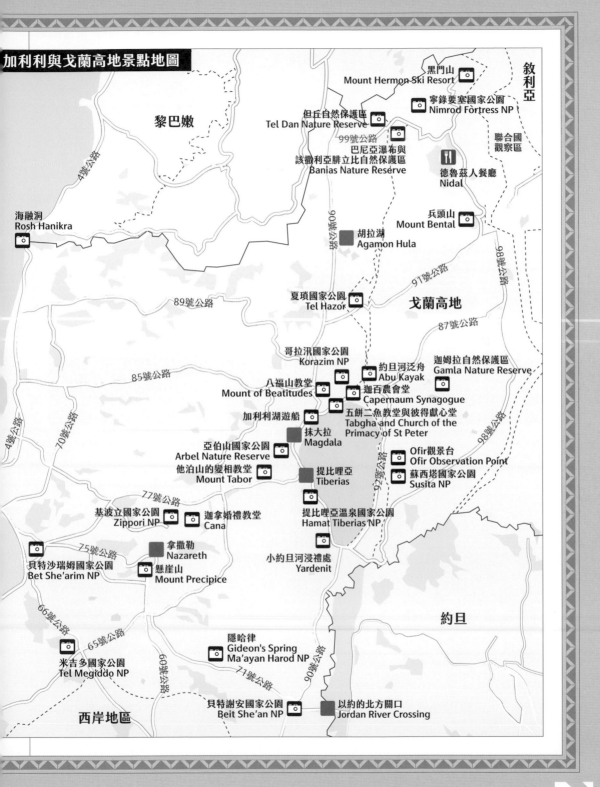

加利利與戈蘭高地景點地圖

黑門山
Mount Hermon Ski Resort

寧錄要塞國家公園
Nimrod Fortress NP

敘利亞

黎巴嫩

但丘自然保護區
Tel Dan Nature Reserve

99號公路

巴尼亞瀑布與
該撒利亞腓立比自然保護區
Banias Nature Reserve

聯合國
觀察區

德魯茲人餐廳
Nidal

海融洞
Rosh Hanikra

兵頭山
Mount Bental

98號公路

胡拉湖
Agamon Hula

90號公路

97號公路

戈蘭高地

夏瑣國家公園
Tel Hazor

89號公路

87號公路

85號公路

哥拉汛國家公園
Korazim NP

約旦河泛舟
Abu Kayak

迦姆拉自然保護區
Gamla Nature Reserve

八福山教堂
Mount of Beatitudes

迦百農會堂
Capernaum Synagogue

4號公路

70號公路

加利利湖遊船

五餅二魚教堂與彼得獻心堂
Tabgha and Church of the
Primacy of St Peter

抹大拉
Magdala

亞伯山國家公園
Arbel Nature Reserve

Ofir觀景台
Ofir Observation Point

他泊山的變相教堂
Mount Tabor

提比哩亞
Tiberias

98號公路

蘇西塔國家公園
Susita NP

92號公路

77號公路

基波立國家公園
Zippori NP

迦拿婚禮教堂
Cana

提比哩亞溫泉國家公園
Hamat Tiberias NP

貝特沙瑞姆國家公園
Bet She'arim NP

75號公路

拿撒勒
Nazareth

小約旦河浸禮處
Yardenit

約旦

懸崖山
Mount Precipice

66號公路

65號公路

隱哈律
Gideon's Spring
Ma'ayan Harod NP

90號公路

米吉多國家公園
Tel Megiddo NP

60號公路

71號公路

貝特謝安國家公園
Beit She'an NP

以約的北方關口
Jordan River Crossing

西岸地區

221

聖經中的植物

聖經中提到的植物，很多都能在現代以色列看到唷！

「因為耶和華——你神領你進入美地，那地有河，有泉，有源，從山谷中流出水來。那地有小麥、大麥、葡萄樹、無花果樹、石榴樹、橄欖樹，和蜜。」

—— 申命記 8:7-8

7 種美好的果實

小麥
田邊常見的農作物。

大麥
當大麥剛成熟吐穗時，那個月分是聖經中的「亞筆月」(Aviv)，通常在4月，現代常見翻譯為春天。

葡萄樹
平原會種麥，山地會種葡萄，以色列北部有不少酒莊，別忘了試試這裡的葡萄酒。

無花果樹
夏天的果子(kayitz)指的就是無花果樹，與結局(ketz)是雙關語，通常在8月。

石榴樹
象徵愛情，裡面許多種子，也象徵613件要守的誡命。

橄欖樹
被選作為以色列的國徽，經過破碎與壓榨後就是橄欖油，可作膏抹、食用和點燈。

耶穌比喻中的植物

椰棗
椰棗就是流奶與蜜之地的「蜜」，是棕梠樹的其中一種。

芥菜種子
芥菜是路邊雜草，能堅忍的在夾縫中成長，種子雖小，但放到嘴裡卻有爆炸性的辣勁。

(圖片提供：夏達華聖經世界)

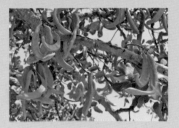

豆莢
豆莢是在耶穌比喻中的「浪子」所吃的食物。因為翻譯的關係，可能就是施洗約翰所吃的「蝗蟲」。

其他重要植物

皂莢木
帶有刺且奇形怪狀的木頭，卻被選為製作約櫃的材料，在乾旱的曠野，只有皂莢木生存得下來。

杏花
杏樹是以色列第一個在春天開花的樹。杏樹與「認真地觀注或留意保守」(shaked)是發音相同的雙關語。

風茄
在創世記30章，無法生育的拉結，為了這種叫做「風茄」的植物，和她姊姊交換與她丈夫雅各同房的機會。

谷中的百合花
圖左(圖片提供：夏達華聖經世界)：雅歌書中，新郎說「我是沙崙的玫瑰花（或譯：水仙花），是谷中的百合花」。在乾旱的夏天，唯一盛開在地中海旁沙崙谷的花！圖右：以色列的國花「常見的小新娘」(Kalanit)，也有人認為這才是沙崙玫瑰。

栗樹
在希伯來文的名字很長，叫做「這些以色列地」。

拿撒勒與周遭
Nazareth and Around

來好好感受，歷史中的耶穌吧！

拿撒勒，在耶穌時期只有150～200人的小城，而村民認識的耶穌，就是木匠約瑟的兒子。

在5公里外，有個羅馬大城「基波立」，裡面有羅馬劇院、豪宅和石頭馬路。用現代標準來看，拿撒勒依舊不是個讓人羨慕的小鎮，山陡難停車、巷弄狹小、街道雜亂、商業機會也不多，為什麼不去住基波立？耶穌以「拿撒勒人」(Natz'ri)的身分被認識，因為這個字專門指橄欖樹的枝子或是根部(Netzer)，這樣應驗先知以賽亞所說：「從耶西的不必發一條；從他根生的枝子必結果實」、「這是要應驗先知所說，他將稱為拿撒勒人的話了」(馬太福音2:23)。

拿撒勒小檔案

名稱與含意：橄欖樹的枝子或是
　　　　　　根部
面積：14.123 km²
人口：約 79,646
降雨量：580 mm
平均氣溫：3°～14°(1 月)、
　　　　　19°～30°(7 月)
海拔：360 m

拿撒勒散步行程：
從天使報喜教堂開始，參觀拿撒
勒修女會後，進入舊市場逛逛，
喝杯咖啡，再到希臘東正教報喜
教堂看看！
路線長度：2 公里
所需時間：至少 1.5 小時

現代的拿撒勒，環境上仍
然不是一個令人羨慕的小鎮。
山陡難停車、巷弄狹小、街道
雜亂、商業機會也不多。但多
麼奇妙，這個地方正是上帝選
擇讓耶穌成長的地方。現代希
伯來文中的基督徒就是用「拿
撒勒人」(Natzri)這個字。因
此，當基督徒來到拿撒勒，可
以更深入地思考耶穌對門徒
們所說的話：「我心裡柔和謙
卑，你們當負我的軛，學我的
樣式；這樣，你們心裡就必得
享安息。」(馬太福音11:29)

讓我們一起來好好感受歷史
中的耶穌吧！

知識擂台 約瑟、馬利亞、耶穌，都是希伯來文名字

　　2,000 年前，約瑟、馬利亞和耶穌，一個普通的猶
太家庭，住在猶太小村拿撒勒，至今，這些聖經中大
家非常熟悉名字也都是以色列非常熱門姓名。

名字	英文	原意
約瑟	Yosef、Joseph	增添
馬利亞	Miriam、Mary	米利暗
以利沙伯	Elisheva、Elisabeth	我的神是供應
撒迦利亞	Zechariah	耶和華記得
約翰	Yohanan、John	被耶和華恩寵
耶穌	Yeshua、Jesus	拯救
以馬內利	Emmanuel	神與我們同在

拿撒勒景點地圖

希臘東正教報喜教堂
Greek Orthodox Church of the Annunciation

拿撒勒
Fauzi Azar Inn

拿撒勒百年咖啡廳
Café Abu Salem

拿撒勒修女會
Sisters of Nazareth Convent

拿撒勒天使報喜教堂
Basilica of the Annunciation Nazareth

往安曼與迦拿巴士站牌

往傑寧(Jenin)的路邊Sherut

往海法，
Paulus Hashishi /
Tawfik Zayyad
巴士站牌

拿撒勒村
Nazareth Village

At-Bishara St.

Paulus ha-Shishi St.

Tawfiq Ziad St.

Al-Wadi el Jawani St.

拿撒勒阿拉伯餐廳
Luna Bistro

75號公路

往提比哩亞，
BIG Center
巴士站牌

往海法，Hamahtsavot Junction
巴士站牌

拿撒勒天使報喜教堂
Basilica of the Annunciation Nazareth

http reurl.cc/LNoR4K | ⊙ Al-Bishara St 12, Nazareth | ☎ +972-4-656-0001 | ⊕ 洞穴教堂05:45～21:00、上層大教堂08:00～18:00、聖約瑟教堂07:00～18:00 | ➡ 搭車到「Nazareth Central Station」後，往舊市場的方向走3分鐘 | ⧗ 0.5小時 | ⁉ 1.廁所清潔費2NIS。2.教堂外可看到古代洞穴房屋的遺跡，可透過導覽行程入內，包含參觀小小的博物館，在紀念品店購買行程15NIS。3.注意服裝儀容，不可穿短褲和無袖上衣 | ✝ 路1:26-55、太1:18-25 | MAP P.225

紀念天使向馬利亞宣告要從聖靈感孕的天主教堂，可能是馬利亞家的原址，海倫娜下令在這蓋教堂，於西元470完工。現代教堂在1960～1969年完成了第五次整修，分為上下兩層教堂，共17層樓高。

下層的洞穴教堂在祭壇的地方有個洞穴，傳統上相信這裡是馬利亞的家，旁邊的馬賽克地板遺跡可追溯到西元4世紀。上層是華麗的教堂以及外面長廊有各國的馬利亞馬賽克作品。

根據聖經，天使加百列向童女馬利亞顯現，報了喜信：「聖靈要臨到你身上，至高者的能力要蔭庇你，因此所要生的聖者必稱為神的兒子」，馬利亞就從聖靈懷了孕。以

猶太傳統來說，馬利亞許配給大衛家的木匠約瑟時，就算是約瑟的妻子了。還好天使也在夢中向約瑟解釋，這一切是要應驗先知的預言：「主自己要給你們一個兆頭，必有童女懷孕生子，給他起名叫以馬內利。(就是神與我們同在的意思)」(以賽亞書7:14)

聖約瑟教堂是園內另一座獨立教堂，建於1914年，下面有些遺跡，包含君士坦丁時期的基督徒洗禮池、穀物儲藏室、蓄水池。雖然沒有考古證據，但被認為原來是約瑟的工作室。

1. 天使報喜大教堂外觀／2. 傳統上認為洞穴教堂中央的祭壇，就是馬利亞的家，祭壇左後方可以看到石頭階梯／3. 洞穴教堂／4. 聖約瑟教堂地下遺跡，應該是洗禮池／5. 上層大教堂

耶穌童年故居

拿撒勒修女會
Sisters of Nazareth Convent

📍 6166 St, Nazareth ｜ 📞 +972-4-655-4304(需要先預約) ｜ 🕐 週一～六09:00～18:00 ｜ 休 週日 ｜ 💲 導覽費用25NIS ｜ ➡️ 從拿撒勒天使報喜教堂出來後，往正前方的小巷走1分鐘 ｜ ⏳ 0.5小時 ｜ MAP P.225

西元1855年當拿撒勒修女會在蓋修道院時，在地面挖掘出耶穌時期拿撒勒村的遺跡，2020年有考古學家提出這個洞穴房屋可能就是耶穌童年的家，因為房屋旁有西元4世紀拜占庭時期的教堂，以及十字軍留下的樓梯遺跡，代表這個地方一直對基督徒有重要的意義。

另外很值得一看的是一個耶穌時期的猶太家庭墓(可能是房屋已經不住人之後才蓋的墓)，墓穴由一個300公斤重的圓形石頭擋住出口。這個墓被認為是耶穌在世上的父親—木匠約瑟的墓。

---

1. 拿撒勒修女會，也有提供住宿／2. 2,000 年前的洞穴屋，這裡可能就是耶穌與弟妹的童年故居

教堂內稍微往下走，還可以看到清澈的天然小溪，水龍頭接出來的水，可以直接生飲。

希臘東正教報喜教堂
Greek Orthodox Church of the Annunciation

📍 Al-Bishara St 62, Nazareth │ 📞 +972-4-657-64 37 │ 🕐 週日～四冬天08:00～16:00、夏天08:00 ～17:00，週五冬天08:00～15:00、夏天08:00～ 16: │ ➡️ 從拿撒勒天使報喜教堂，沿著Al-Bishara路 往北走800公尺會看到一個廣場和馬利亞井 │ ⏳ 0.5 小時 │ 🗺️ P.225

希臘東正教會的天使報喜教堂，建於西元3世紀。傳統相信天使加百列報喜時，馬利亞在井旁取水，便選在拿撒勒的小溪旁蓋了這間教會。教堂在西元7世紀被毀，十字軍時期重建後又再度被毀。西元1769年在原址蓋了現在的教堂，外表有可愛的粉紅屋頂，內部華麗的風格與天主教堂非常不同。

▲色彩飽和的東正教堂

拿撒勒村
Nazareth Village

🌐 nazarethvillage.com；詳細介紹 reurl.cc/yka2dl │ 📍 5079 St, Nazareth │ 📞 +972-4-645-6042 │ 🕐 週一～六09:00～17:00 │ 🚫 週日 │ 💲 成人55 NIS、學生45NIS、孩童(5～16)30NIS │ ➡️ 離天使報喜教堂走路15分鐘 │ ⏳ 1.5小時 │ ⁉️ 1.強烈建議最晚在拜訪前一週就要預約時間。2.聖經餐滿有趣，須提早預約(75NIS) │ 🗺️ P.225

按照聖經以及耶穌的比喻所設計出來的主題導覽行程，導覽時間約為75分鐘。行程中會看到真人角色扮演農民、木匠、牧羊

人、染毛線的人，並且會看到耶穌時期的酒榨、橄欖油榨、由西元1世紀的建材蓋成的會堂、洞穴墳墓，這裡也發現拿撒勒唯一看守葡萄園的望樓。

來以色列朝聖的旅客，能透過精心設計又風趣的導覽，以融入情境的方式，真實認識耶穌的世界，雖然是商業，但整體氣氛還是滿好玩的，也很適合拍照。另外可以預訂聖經餐，飾者會扮演耶穌時期的人，端出一桌當時的食物！

1. 拿撒勒村扮演的村民，會現場示範將羊毛變成毛線／2. 仿拉撒路的墳墓，可以進去／3. 聖經餐：包含雅各豆子湯、優格、鷹嘴豆泥、蘋果生菜沙拉、中東香料和橄欖油

知識補給

麥子、葡萄酒和橄欖油的作成

在以色列經常會看到禾場、酒醡和橄欖油醡等農業社會的遺跡。

以色列的平地種著穀類，收割的莊稼要在禾場上脫殼和簸揚。先用鑲了銳石的脫粒板在硬地上把麥粒壓碎，再簸揚讓風把外殼的糠吹走。聖經常用農業比喻，神對覺得自己是隻蟲的以色列說：「看哪，我已使你成為有快齒打糧的新器具；你要把山嶺打得粉碎，使岡陵如同糠秕。」（以賽亞書41:15）

以色列山地種著葡萄，收取葡萄後要光著腳踹酒醡，避免葡萄籽弄破產生苦味，而讓葡萄汁的品質下降。葡萄汁會裝罐，發酵釀酒，這就是新酒。

橄欖油千年以來，一直都是猶太人重要的食材。秋天是以色列採收橄欖的季節。橄欖要先被破碎，再慢慢用3種不同重量的大石頭，長時間擠出油。初榨的油(Virgin Oil)是最好的油，用來點燃聖殿的金燈台或宗教膏抹。第二批油用在食物、烹飪、醫藥或美容上，最後一批油則做肥皂或油燈的油。

> 「耶和華應允他的百姓說：我必賜給你們五穀、新酒，和油，使你們飽足」
> ── 約珥書 2:19

▲酒醡，拜占庭時期

▲橄欖油醡

拿撒勒旁的富有羅馬大城

基波立國家公園
Zippori National Park / Sepphoris

http is.gd/m4fT2J；詳細介紹 reurl.cc/Rvoalx
| 📞 +972-4-656-8272 | 🕐 週日～四冬天08:00
～16:00、夏天08:00～17:00，週五冬天08:00
～15:00、夏天08:00～16:00 | 💲 成人28NIS、學
生24NIS、孩童(5～18)14NIS | ➡️ 適合自駕，最近
的巴士站在「Hosha'ya」，下車後爬山47分鐘 | ⏳ 2
～3小時 | ⁉️ 多媒體互動的電影拍得很棒，可惜沒有
中文 | MAP P.221

基波立曾是富裕的羅馬大城，距離拿撒勒只有5公里，步行只要2小時，推測耶穌會常來城裡做生意，傳統上相信馬利亞的父母來自這裡。

基波立的意思是「小鳥」，在西元前55年成為羅馬帝國在加利利地區的首都，取了羅馬名字泄否里斯(Sepphoris)，全盛時期有3萬居民，包含猶太人和外邦人。

這裡有羅馬大道、羅馬住宅區和可以容納4,500人的羅馬劇院，也挖到好幾個猶太人的浸禮池。在建於西元3世紀希臘酒神(Dionysus)豪宅裡的會客大廳，有精緻的馬賽克地板，包含「加利利版蒙娜麗莎」！

第二聖殿被毀後，猶太人被趕離耶路撒冷，信仰中心移到加利利，拉比猶太王子將公會(Sanhedrin)從貝特沙瑞姆移到基波立，在西元220年在這編撰了口傳聖經《米實拿》，意思是重複。別錯過西元5世紀的猶太會堂，中央華麗的馬賽克地板主題包含12星座、聖殿、潔淨儀式和獻祭，代表猶太人對聖殿的重建、恢復獻祭、得到救贖和對蒙福生活的渴慕。

5

1. 羅馬劇院，可能是在西元 1 世紀末蓋的／ 2. 加利利版蒙娜麗莎，這個馬賽克地板是用特別小的石頭拼湊而成，代表花了更多的資金才能有這樣精緻的作品。這裡是會客室，沒有馬賽克地板的地方是一個圖 U 型的桌子，當時的客人就像耶穌時期一樣，會是在地上半做半躺的吃飯／ 3. 非常值得一看的拜占庭時期猶太會堂，當時的會眾一定很有錢／ 4. 會堂中間的圖樣跟提比里亞的會堂一樣，是以太陽神和 12 星座作為主題／ 5. 羅馬大道，南北幹道都叫 Cardo，地板拼斜的才不會卡住車輪

村民推耶穌下山的小山丘

懸崖山
Mount Precipice

➡ 適合自駕，最近的巴士站在「National Insurance /Road 75」，下車後爬山25分鐘｜⧗ 0.5小時｜✝ 路4:16-30｜MAP P.221

拿撒勒郊區風景優美的觀景台，高度約 395公尺，可以看見拿撒勒、耶斯列平原、米吉多，以及遠方的他泊山，非常適合照相。傳統上相信，這裡就是拿撒勒會堂的人，看不起對他們來說只是木匠的耶穌所說狂妄的話，因此氣得想把耶穌從山崖上推下去的地方。

▲遠眺拿撒勒

▲景觀台

迦拿婚禮教堂
Wedding Church at Cana

📍 Kafr Kanna | 📞 +972-4-651-7011 | 🕐 週一～六冬天08:00～17:00、夏天08:00～17:30，週日冬天12:00～17:00、夏天12:00～17:30 | 休 週日上午 | ➡ 搭巴士到「Kafr Cana」後步行3～5分鐘(這邊巷弄都很多，找路一定要用Google或是問當地人) | ⏳ 0.5小時 | ✝ 約2:1-115 | MAP P.221

天主教迦拿婚禮教堂，建於1990年。在耶穌時期，迦拿是個比拿撒勒富有許多的城市，現代教堂下方可看到岩床和西元4世紀的猶太會堂遺跡。

耶穌曾來迦拿參加了一個婚宴，所有人正快樂時酒卻用盡了，於是耶穌將門口石缸的水變成上好的美酒送上宴席，這是耶穌的第一個神蹟！所以有許多朝聖者會來這間教堂重申婚約，歡迎耶穌加入他們的婚姻，祝福他們的婚姻永遠是一罈上好的美酒。

希臘東正教也有自己的迦拿婚禮教堂，只是不對外開放。

---

1. 各國訪客常來迦拿教堂重申婚約 / 2. 地下室有個文物，或許是基督徒洗禮用的容器，但不是猶太人的石缸。石缸會是拿得動的瓶子 (Stone jars)，只有約60～80公分高，用來裝著禮儀上潔淨的水

📚 猶太婚禮眉角

傳統上，猶太人進入婚約會分為兩個階段，訂婚和結婚。訂婚後，雙方婚約便已經成立，新娘就屬於新郎，若要取消婚約必須拿到宗教離婚證書才算數。

一直到正式結婚前，新娘會繼續跟父母住，直到新郎為她預備好婚禮。新人結婚時，會在一個特別的結婚棚 (Chuppah) 之下，意思是「遮蓋」，雙方會在證人面前簽下婚姻合約，新郎會給新娘戒指，接著要踩碎杯子或易碎物，象徵紀念耶路撒冷被毀的聖殿，然後來賓就會祝福新人。

猶太婚禮必須讓新人歡樂的規定，所以大家會唱歌跳舞、製造出美好的氣氛。拉比發現在「棚」和「必須歡樂」這兩個規定上，婚禮和住棚節有異曲同工之妙。

▲結婚棚象徵神同在，傳統出現於西元 16 世紀

▲婚禮結束時要踩碎杯子或易碎物，會説「Mazel Tov！祝好運！」

傳統上的變相山

他泊山的變相教堂
Basilica of the Transfiguration at Mount Tabor

http reurl.cc/xlbZ0V | 📍 Monte Tabor 1610001
Nazareth-Israel | 📞 +972-4-667-6300 | 🕐 週一
〜五08:00〜17:00，週六08:00〜12:00、14:00
〜17:00 | 休 週日 | ➡ 只能走路或共乘小巴上下
山，若要搭共乘小巴預約電話+972-4-655-9696
| ⏳ 0.5小時 | ✝ 士4、路9:28-36、太17:1-9、可
9:2-10 | MAP P.221

　　靠近拿撒勒的小山丘，海拔高度約588
公尺，以色列女士師底波拉曾派巴拉在他泊
山打敗迦南將軍。之後他泊山成了周遭的逃
城，羅馬人曾在這裡蓋城牆。

　　從西元6世紀開始，朝聖者開始將他泊
山當作耶穌向門徒變相的山(黑門山是另一
個可能選項，畢竟經文是說「高山」)，紀
念耶穌向門徒顯現祂的榮耀。十字軍先在
這蓋了碉堡。哈定戰役之後，教堂被短暫
的遺棄，直到1229年重新啟用後，又被遺
棄到西元1631年後，天主教方濟會和希臘
東正教會從德魯茲領袖法赫魯丁(Fakhr ad-
Din)得到蓋教堂的許可，現代的變相教堂於
1924年重建。

1. 變相教堂的外觀，設計者也是 Antonio Berlucci，
門口上方的銘文是拉丁文的馬太福音 17 章 / 2. 教
堂內挑高，上方祭壇的馬賽克壁畫中間是耶穌，兩
側在雲上的是先知以利亞和摩西，以及在地上的是 3
個門徒彼得、雅各、約翰

米吉多國家公園
Tel Megiddo National Park

http reurl.cc/6N42Q5；詳細介紹 israelmega.com/megiddo | ⑨ near Megiddo junction(roads #65 and #66) | ☎ +972-4-659-0316 | ⏰ 週日～四冬天08:00～16:00、夏天08:00～17:00，週五冬天08:00～15:00、夏天08:00～16:00 | $ 成人28NIS，學生24NIS，孩童(5～18)14NIS | ⇨ 從拿撒勒要轉至少一次車，到「Ancient Megiddo Intersection」站下車後還要走10分鐘，建議自駕 | ⧗ 2～3小時 | ⁉ 1.多媒體中心有中文字幕。2.蓄水池要走183階，走到底後若不回頭，會到園區另一個出口，再從外面走回訪客中心 | ✠ 書12:21、書17:11、士1:27、王上9:15、王下9:27、王下23:29、亞12:10-11、啟16:16 | MAP P.221

　米吉多，一個在耶斯列平原上的古老丘陵，充滿許多跟聖經有關的廢墟，列為UNESCO世界文化遺產，基督徒相信啟示錄提到的哈米吉多頓戰爭會發生在這裡！

　米吉多的意思是「軍隊結集的地方」，而哈米吉多頓其實就是「米吉多山」。米吉多的位置剛好在重要古文明之間的路口，往北是美索不達米亞和亞述，往南是埃及，往西是地中海，往東是摩押地，米吉多又是個比耶斯列平原高出21公尺的丘陵，重要的戰略位置是兵家爭奪之地。英國將軍艾倫比(Allenby)在第一次世界大戰中，就是在這裡打敗了鄂圖曼土耳其。

　米吉多有充足的水和豐饒的土地，曾經

是迦南人、以色列人、埃及人和亞述人的城市，最早在法老王圖特摩西三世(Thutmose III)的銘文中提起，收服了叛亂的迦南城市米吉多。亞蘭王哈薛及亞述王提格拉(Tiglath-Pileser III)都摧毀過米吉多。考古學家在米吉多發現了26層地層，包含最早西元前4,000年銅石期(Chalcolithic)的地層！這裡可以看到迦南時期的城門和宮殿，以及西元前3,100～3,500年的神廟，還有以色列時期的城門和馬廄。這裡還發現了耶羅波安的印，上面寫著「聽阿！耶羅波安的僕人！」

5

1. 迦南時期的城門／ 2. 青銅時期神廟與祭壇／ 3. 西元前 8 世紀，耶羅波安二世開始有的穀倉／ 4. 以色列王國的馬廄，北國以色列是以養馬聞名，甚至連亞述人的文獻都讚美以色列的戰馬／ 5. 西元前 10 世紀所蓋的祕密水道，現在還看得到水

基甸與300勇士的哈律泉

隱哈律
Gideon's Spring/
Ma'ayan Harod National Park

http reurl.cc/ykbZKq；詳細介紹 reurl.cc/XLr62E｜
℡ +972-4-983-1643｜🕐 週日～四冬天08:00
～16:00、夏天08:00～17:00，週五冬天08:00
～15:00、夏天08:00～16:00｜$ 成人22NIS、
學生19NIS、孩童(5～18)9NIS｜➡ 建議自駕，或
是從Afula搭公車約26分鐘，在「Gid'ona」下車後
走7分鐘｜⧗ 1小時｜⁉ 可以露營｜✝ 士7:1-8｜
MAP P.221

1

2

隱哈律是當地人帶小孩來踩水的迷你國家公園，清澈的水從基利波山(Mount Gilboa)的洞穴中湧出，來泡泡腳非常舒服。聖經中作為士師的基甸，曾按照上帝的指示，在哈律的水泉旁靠士兵喝水方式揀選出要向米甸人爭戰的300勇士。

1. 基甸洞穴有清澈的水泉／ 2. 很適合來泡腳放鬆的國家公園

貝特沙瑞姆國家公園
Bet She'arim National Park

http reurl.cc/XLr6RM；詳細介紹 reurl.cc/3OAD4V
| 📍 Kiryat Tiv'on | 📞 +972-4-983-1643 | 🕐 週日〜四冬天08:00〜16:00、夏天08:00〜17:00，週五冬天08:00〜15:00、夏天08:00〜16:00 | 💲成人22NIS、學生19NIS、孩童(5〜18)9NIS | 🚏搭乘#331巴士在「Kiryat Tiv'on Junction」下車後走20分鐘 | ⧗ 1.5小時 | MAP P.221

多門之家，是最古老的猶太墓園，位於迦密山山腳以及耶斯列平原以北，於2015年被列為世界文化遺產。

西元132年，重量級猶太拉比Akiva稱巴柯巴為彌賽亞，但由巴柯巴帶領的第二次起義卻仍失敗了，並且猶太人也因此被趕出耶路撒冷，猶太公會(Sanherin)遷移到加利利的貝特沙瑞姆。但在Akiva壯烈犧牲生命的那天，相傳就是「猶大王子」(Yehuda Hanassi)的生日，他是編撰猶太經典《米實拿》的重要拉比。

為了靠近猶大王子的墓地，眾多猶太人也安葬於這裡的山洞，因而使這裡成了一大墓園，被稱為「猶太民族跳動的心臟」。這裡直到1936年才被發現，墳墓洞穴的年代為西元2世紀，有些墓穴門口造型是模仿當時有錢人家的門，有些墓穴被盜了，較特別的是敘利亞猶太人墓穴牆上刻有金燈台。以及在棺材墓穴發現了135個希臘風格的石棺(Sarcophagus)，意思是「吃肉體的傢伙」。

---

1. 猶大王子的墓，他直接埋在土裡，沒有用石棺／2. 金燈台造型的牆，以及像膠囊旅館床位(Loculi)的墳墓／3. 被打碎的門，與挖出石穴空間(Arcosolia)型的墓穴

美角推薦　被地震摧毀的羅馬城市

貝特謝安國家公園
Beit She'an National Park

http reurl.cc/Rv74Ee；詳細介紹 reurl.cc/klbd33 | ⊙ Beil She'an | ☎ 1972-4-658 7189 | ⊙ 週日～四冬天08:00～16:00、夏天08:00～17:00，週五冬天08:00～15:00、夏天08:00～16:00 | $ 成人28NIS、學生24NIS、孩童(5～18)14NIS | ⇨ 從提比哩巴搭乘#28巴士約半小時，到「Bet She'an Terminal」下車 | ⧗ 2.5小時 | ⁉ 晚上有燈光秀 | ✝ 書17:11、士1:27、撒上31:10、王上4:7,12、可7:31 | MAP P.221

處於基利波山山腳平原的羅馬城市，可看到羅馬街道、澡堂、劇院、神廟、公廁、商店等建築，有走進歷史的氣氛。

貝特謝安在聖經是伯善或伯珊，意思是「安逸之家」。貝特謝安有著豐富而漫長的歷史，法老王圖特摩西三世(Thutmose III)占領過這裡；掃羅和約拿單戰敗於非利士人，屍首被掛在這。在伯善丘陵上有迦南的藝術品、埃及總督的住宅、還有以色列時期留下來的遺跡。

羅馬時期，貝特謝安成為了10個行政中心之一(Decapolis)，新約聖經音譯為「低加波利」。在西元1世紀蓋了一個可坐7,000人的羅馬劇院。旁邊是標準的羅馬澡堂，建於西元4世紀。羅馬城市一定都有重要社交、娛樂、商業、運動、美容場所。

中間的羅馬大道，長150公尺和寬24公尺，柱子上的裝飾有希臘酒神。兩旁是商店和市集廣場，終點是神廟。不過西元4世紀起，這個城市改信基督教，原來異教徒的建築都重新賦予基督教意義。經過公共水泉(Nyphaeum)爬上伯善丘陵(Tel Bet She'an)，可以更清楚看到在西元8世紀的地震摧毀的城市。

另一側還有一個澡堂、神廟和公共水泉，以及有57個馬桶的羅馬公廁！

東澡堂　公廁　神聖之地　劇院　Palladius街　基利波山　西澡堂　市集廣場　公共水泉　神廟　Sigma商店

加利利周遭
Around Galilee

現代猶太人四大聖城之一：提比哩亞

　　加利利的自然風光與空氣中特殊的宗教氣息，都讓人喜歡。但景點較分散，且不容易用乘坐巴士抵達，建議自駕或跟團，並利用提比哩亞(Tiberias)為據點來探索此區！

　　提比哩亞是西元20年，由安提帕斯建立的城市，西元3世紀公會從耶路撒冷遷移到提比哩亞，因為許多的猶太拉比與學者搬遷與安葬到這裡，包含邁蒙尼德，所以也成為了現代猶太人四大聖城之一。

提比哩亞小檔案

名稱與含意：羅馬帝國第二任皇
帝提庇留的名字

面積：11 km^2

人口：約 43,664

降雨量：430 mm

平均氣溫：11°～16°(1月)、
25°～36°(7月)

海拔：-65 m

參加當地一日遊，完成加利利行程！

對於時間緊湊或沒有打算自駕的人，最輕鬆解決加利利和戈蘭高地一日遊的交通方式，就是透過參加當地一日團，從耶路撒冷／特拉維夫出發。

▲ Abraham Tours
的加利利一日遊

▲ Tourist Israel
的加利利一日遊

▲加利利湖

提比哩亞景點地圖

往↑

祝福之家 Beit Bracha
抹大拉旅館 Magdala Hotel

90號公路

77號公路

🍴 提比哩亞烤肉
Simha And Sons Grill

👜 Big Fashion
購物中心

🚌 前往抹大拉、五餅二魚教堂
采法特的巴士站牌

🛏 提比哩亞朝聖者住宿
Casa Nova Tiberias

Ha Yarden St

🚌 前往貝特謝安
的巴士站牌

🚊 提比哩亞中央車站

HaYarkon-St

77號公路

🍴 提比哩亞彼得魚
Avi's Restaurant

迦百農會堂
Capernaum Synagogue

http capernaum.custodia.org；詳細介紹 reurl.cc/
EGNDEK │ 📞 +972-54-672-1059 │ 🕐 08:00～
17:00 │ 💲 10NIS │ ➡️ 從提比哩亞搭乘#52巴士約
18分鐘，在「Kfar Nahum Intersection」下車後走
20分鐘，巴士班次不多 │ ⏳ 1小時 │ ⁉️ 注意服裝
儀容，不可穿短褲和無袖上衣 │ 📖 太4:12-16、太
8:5-17、可1:21-22 │ MAP P.221

迦百農，耶穌教導、醫病、趕鬼的服事
中心，園區內有會堂古蹟、彼得的家、村莊
廢墟和美麗的加利利湖畔，由天主教方濟各
會管理。

迦百農，意思是「安慰之村」。「迦百」
的意思是村(Kefar)，「農」的意思是安慰
(Naum)。迦百農是個農業和漁業都很發達
的城市，有無花果、葡萄、魚和美好的天
氣。這裡講希臘文、且交通又方便，耶穌在
迦百農教導、醫病、趕鬼，名聲就傳遍了加
利利的四方，就連百夫長也慕名而來！而迦
百農的位置，也應驗了聖經的預言：「從前
神使西布倫地和拿弗他利地被藐視，末後卻
使這沿海的路，約但河外，外邦人的加利利
地得著榮耀。」(以賽亞書9:1)。

迦百農舊會堂是這裡的亮點，仔細看的話
會發現底部有黑色的玄武岩，那是耶穌時期

的猶太會堂原址。現在的白色會堂建於西元5世紀，而且會堂有根柱子上刻著捐獻者的名字，竟然還有西庇太家族！很可能耶穌使徒雅各和他兄弟約翰的後代子孫，持續住在迦百農、持續做猶太人、甚至蓋會堂，不存在信耶穌就不再是猶太人的現代觀念。

挖掘出的一片住宅區廢墟中，規模只有實際的1／3！在門徒彼得家的舊址，同樣在西元5世紀，蓋了八角形狀的教堂，現在正上方是1990年建的教堂。靠近教堂那側的鐵門可以通往加利利湖畔！

1. 西元5世紀的迦百農會堂／2. 底基為黑色玄武岩的猶太會堂／3. 第二聖殿時期的猶太村莊，挖掘出許多榨油和石磨等農業器具／4. 拜占庭時期的教堂遺跡，據說以前是彼得的家

感受耶穌行走在水面上

加利利湖遊船
Sea of Galilee Worship Boat

🌐 reurl.cc/7RAW0N；詳細介紹 reurl.cc/Geqlpx｜📞 +972-54-686-4247｜🕐 請先預約｜💲 60NIS｜➡️ 從提比哩亞搭乘#48約12分鐘，在「Kibbutz Ginosar 4」下車後走4分鐘｜⏳ 1.5小時｜❓ 1.需要提前兩天預約。2.上船位置99%是在Ginosar，在Yigal Alon Centre耶穌船博物館後面。3.耶穌船博物館很小，可以看到一艘耶穌時期的漁船｜✝️ 太14:23-33、約6:1、6:19-20、可4:39｜🗺️ P.221

▲上船的 Ginosar 碼頭

想在美麗的加利利湖上搭船遊湖嗎？信耶穌的猶太人Daniel，提供在加利利湖的敬拜船行程，1小時的旅程中有美麗的風景和熟悉的詩歌旋律，可以靜靜的想像門徒以前打魚的畫面！

耶穌和門徒常常一起搭船，五餅二魚奇蹟後，耶穌半夜走在水面上去找門徒，害門徒以為見到鬼。耶穌連忙對他們說：「你們放心！是我，不要怕！」耶穌上了船，風浪就停止了。

出船時間會以旅行團為主，建議在預計搭船前2天再聯絡Daniel，看哪個時段開放散客加入囉！

耶穌餵飽5,000人的神蹟

五餅二魚教堂
Church of the Multiplication of the Loaves and Fishes

http www.tabgha.net | ☎ +972-4-667-8100 | ⏰ 週一〜五 08:00〜16:45、週六 08:00〜14:45、週日11:00〜16:45 | 🚌 從提比哩亞搭乘#450或#541巴士約18分鐘，在「Kfar Nahum Junction」下車後走8分鐘 | ⏳ 0.5小時 | ⁉ 1.注意服裝儀容，不可穿短褲和無袖上衣。2.廁所收費2NIS | ✝ 太14:14-21、可6:34-44、路9:11-17、約6:1-14 | MAP P.221

天主教本篤會教堂，紀念耶穌五餅二魚的神蹟。

教堂最初是由信耶穌的猶太拉比學者 Joseph of Tiberias 在西元350年建立，教堂內的馬賽克地板年代為西元4世紀，有各種動物與植物的圖案。在西元7世紀教堂被阿拉伯人摧毀，直到西元1981年才重新出土、並在隔年獻堂。塔巴(Tabgha)，意思是「七泉」(Heptapegon)，這個希臘詞演變成阿拉伯文時，p變成b，o變成a，又被縮寫後成了塔巴。

耶穌給了門徒醫治和趕鬼的權柄，門徒走遍各鄉各地，傳講天國的福音，耶穌的名聲也因而紅遍各地，甚至連殺了約翰的希律王都想見他。一天時間晚了，但現場只有5個餅和2條魚，於是「耶穌拿起餅來，祝謝了，就分給那坐著的人；分魚也是這樣，都隨著他們所要的。」就這樣，耶穌餵飽了現場5,000人！

---

1. 五餅二魚教堂在 1982 年獻堂／ 2. 靠近祭壇主題則是五餅二魚，那裡的石頭可能就是耶穌擘餅的地方／ 3. 馬賽克地板年代為西元 4 世紀／ 4. 塔巴意思是七泉

飯前與飯後禱告傳統

為什麼基督徒在吃飯前，都要虔誠的做謝飯禱告？這個傳統是因為學習耶穌的榜樣，而拿餅祝謝的猶太文化是根據聖經：「你吃得飽足，就要稱頌耶和華—你的神，因他將那美地賜給你了。」（申命記 8:10）

就像《主禱文》，猶太人有習慣使用固定的禱告詞，稱為「稱頌詞」（Bracha）。祝謝和稱頌，都是同個希伯來文字，字根的意思是在人面前謙卑的「跪伏」，使對方在靈性上或是物質面「變得富足」。在

以色列的猶太餐廳，眼尖的話會發現希伯來文小紙卡，那就是飯前和飯後的「稱頌詞」囉！

▲希伯來文稱頌詞紙卡

耶穌問「你愛我嗎」的地方

彼得獻心教堂
Church of the Primacy of St Peter

📞 +972-4-672-4767 ｜ 🕐 08:00～16:50 ｜ ➡ 從提比哩亞搭15分鐘的巴士到「Tabgha Intersection」，下車後走5分鐘 ｜ ⏳ 0.5小時 ｜ ⁉ 1.注意服裝儀容，不可穿短褲和無袖上衣。2.廁所收費2NIS ｜ ✝ 太 4:18-22、約21 ｜ MAP P.221

天主教方濟各會管理的教堂，紀念耶穌復活與彼得的經典對話「你愛我嗎？」西元4世紀建立，現代教堂在西元1934年獻堂。

教堂祭壇的石頭可能是耶穌烤魚的地方，教堂外就是美麗的加利利湖！

在提比哩亞海邊，耶穌呼召漁夫彼得：「來跟從我，我要叫你們得人如得魚一樣。」耶穌在受難前，和門徒約定好在死裡復活以後，要在加利利見面。耶穌受難後，曾經信誓旦旦不會離棄耶穌的彼得，記得自己3次否認耶穌，也洩氣的回加利利捕魚賺錢。復活的耶穌烤魚和餅給門徒吃後，問了彼得3次：「你愛我嗎？」然後在舊地，耶穌向彼得再次邀請：「你跟從我吧！」

▲耶穌問彼得3次：「你愛我嗎？」這麼浪漫的場景，在地上有愛心的石頭，很適合拍照

▲教堂祭壇的石頭可能是耶穌烤魚的地方

八福山教堂
Mount of Beatitudes

http reurl.cc/qkb3A3 | 📞 +972-4-679-0978 | 🕐 08:00～11:45、14:00～16:45 | 🚌 從塔巴走14分鐘到「Kfar Nahum Junction」，搭乘#450巴士到「Mt. HaOsher」下車後走6分鐘 | ⏳ 0.5小時 | ⁉ 1.注意服裝儀容，不可穿短褲和無袖上衣。2.停車費10NIS。3.小販部咖啡16NIS、新鮮柳橙汁10NIS。4.在教堂內請勿說話 | ✝ 太5-7、太28:16-20 | MAP P.221

八福山教堂是天主教方濟各會修女管理的教堂，有美麗的花園和紀念耶穌登山寶訓的小教堂。

八福山教堂離塔巴和迦百農不遠，最初在西元4世紀蓋了教堂，現代教堂則是建於1936～1938年，中央馬賽克地板用拉丁文寫著8種有福的人。

1. 八福山教堂，也是 Antonio Barluzzi 的作品／2. 教堂內部

真正的伯賽大在哪？

最新的考古發現，學者認為 El-Araj 廢墟才是真正的伯賽大，因為這裡離加利利湖才夠近，且在這裡的拜占庭教堂廢墟發現了銘文，清楚寫著「康斯坦丁諾斯是彌賽亞的僕人」、「天上使徒之首以及管理鑰匙的人」，證實了這裡曾是彼得的家。

▲ El-Araj 廢墟離加利利湖非常的近（圖片提供：夏達華聖經世界）

在八福山教堂興建之前，朝聖者認為耶穌是在亞伯山旁的哈定角 (Horns of Hattin) 分享八福，因為這裡是拿撒勒通往迦百農的必經路線，有狹窄的山谷、山洞，山上還有平台以及更高的兩個山峰，並且天然的風也助於從山上傳送聲音下來。

極度有群眾魅力的耶穌，對著羅馬帝國體制之下，有著馬加比起義精神，並且對著還想要再起義的猶太人，講了八福。耶穌也可能是在這裡，給了門徒大使命：「所以你們要去，使萬民作我的門徒，奉父、子、聖靈的名給他們施洗。凡我所吩咐你們的，都教訓他們遵守，我就常與你們同在，直到世界的末了。」（馬太福音 28:19-20)

但歐洲十字軍東征卻靠刀劍征服聖地，趕走異教徒。西元 1187 年，這裡發生了著名的「哈定角戰役」，結局是十字軍輸給了伊斯蘭教徒，再也沒有擁有耶路撒冷的管理權。

---

1. 遠看像兩個角的哈定角山丘／2. 教紀念五餅二魚的碑文，但被破壞了／3. 還可以繼續往上爬／4. 山上是個平台

「虛心的人有福了！因為天國是他們的。哀慟的人有福了！因為他們必得安慰。溫柔的人有福了！因為他們必承受地土。飢渴慕義的人有福了！因為他們必得飽足。憐恤人的人有福了！因為他們必蒙憐恤。清心的人有福了！因為他們必得見神。使人和睦的人有福了！因為他們必稱為神的兒子。為義受逼迫的人有福了！因為天國是他們的。」
—— 馬太福音 5:3-10

猶太人與基督徒歷史的十字路口

抹大拉
Magdala

http magdala.org；詳細介紹 israelmega.com/magdala｜ⓞ Migdal Junction｜ⓒ +972-4-620-9900｜
🕐08:00～18:00｜$ 成人15NIS、學生10NIS、年長者(65歲以上)10NIS、孩童(12歲以下)免費｜➡ 從提
比哩亞搭乘#54、#55、#56、#59、#450或#541巴士約11分鐘，在「Migdal Junction」下車後走8分鐘
｜⧗1.5小時｜❓1.注意服裝儀容，不可穿短褲和無袖上衣。2.入口和買票在旅館大廳，這裡也可以喝咖啡
｜✝ 可5:25、太15:39、可8:10、路8:2｜MAP P.221

抹大拉，西元1世紀的富有猶太漁村，因為耶穌曾在「抹大拉的馬利亞」身上趕走7個鬼而出名。2009年才被意外挖掘出耶穌時期的古老會堂、猶太村、商店街、碼頭、浸禮池遺跡！這裡同耶路撒冷聖母院為一樣是天主教教廷的產業。

抹大拉的意思是「塔」，也被稱為「醃鹽魚的地方」(Taricheae)。優越的地理條件，

讓抹大拉發展了農業和漁業，大型市場遺跡有20幾個房間，內有可能是魚池的設施。市場遺跡旁蓋了聚會中心，漁船教堂的位置以前是港口，講台設計成耶穌時期的漁船，紀念耶穌在船上講道。有間特別的玄武岩小教堂，打造像會堂一樣，沒有十字架，只有幅巨大的畫紀念聖經中血漏婦人來摸耶穌衣襟的神蹟。

抹大拉地區也吸引著許多猶太訪客，因為抹大拉不但是以色列目前7座西元1世紀會堂之一，且會堂中央挖掘出的「抹大拉之石」刻著金燈台，證實了猶太民族與土地的關聯性！

靠近亞伯山的小溪，住宅區遺跡有4個浸禮池，還有馬賽克地板的豪宅。這裡有天然流動的水，不難理解過去有錢的猶太人喜歡住這邊，或是為何來自抹大拉的馬利亞，

有經濟條件支持耶穌的事工！就連著名的羅馬史學家約瑟夫，也是來自抹大拉的猶太人唷！這裡讓人真實感受到耶穌時代的生活環境，非常值得一看。

1. 耶穌走遍了加利利各會堂，一定也來過抹大拉古老會堂／ 2. 大型市場遺跡／ 3. 抹大拉村莊／ 4. 抹大拉之石，最古老的金燈台，按照年代，此金燈台造型是按照第二聖殿中真正的金燈台而設計的

知識鴨角

彌賽亞的翅膀

第二聖殿時期的猶太人，流傳許多關於「彌賽亞的預言」(Messianic Prophecies)，例如：「但向你們敬畏我名的人必有公義的日頭出現，其光線（原文是翅膀）有醫治之能。」（瑪拉基書 4:2）

猶太人當時的外衣類似現代的禱告巾，中間有洞讓頭可以穿過去，再搭配腰帶抓住身形的線條，然後在自然垂下的 4 個衣角要加上繸子。這 4 個衣角 (Kanaf)，被翻譯成「四圍、衣角、衣服邊、衣襟」，和翅膀是同一個字。那位血漏的猶太婦人

相信這位拿撒勒的耶穌就是那位等候的彌賽亞，所以他的「翅膀」是醫治之處，能夠讓她「只摸他的衣裳，就必痊癒。」

▲巨大的畫，關於血漏婦人

泡腳看加利利湖的好地方

提比哩亞溫泉國家公園
Hamat Tiberias National Park

http reurl.cc/mljnE7；詳細介紹 reurl.cc/eX4xqW | ⊙ Eli'ezer Kaplan Blvd 1, Tiberias | ☎ +972-4-672-5287 | 🕐 週日～四冬天08:00～16:00，夏天08:00～17:00，週五冬天08:00～15:00，夏天08:00～16:00 | 💲 成人14NIS、學生12NIS、孩童(5～18)7NIS | ➡ 搭乘#5、#23、#26、28或#30巴士在「Road 90/Eliezer Kaplan Blvd」下車 | ⏳ 1小時 | ⁉ 1.會堂遺跡有免費多媒體燈光秀。2.不能在水池邊吃東西。3.建議帶毛巾擦腳。4.當地人會穿泳衣全身浸泡下去，但廁所沒有沖洗的地方 | 🗺 P.221

提比哩亞泡溫泉，是泡腳看加利利湖美景的祕密基地！

這裡在聖經稱為「哈末」的堅固城，意思是「溫泉」，直到西元20年亞基帕王建立了提比哩亞，這裡才稱為哈末提比哩亞(Hammat Tverya)，意思是「提比哩亞溫泉」。國家公園內有3個溫泉池，溫度介於30～40度之間，水質內含有氯化鈉、氯化鈣、鉀、溴化物和硫酸，可以來泡泡腳！

另外也有羅馬時期的城門、水道和澡堂遺跡，以及西元8世紀伊斯蘭時期的文物和建於1780年的土耳其澡堂(Hamam Suleiman)遺跡。

1.35度的溫泉池和羅馬時期的遺跡／2.40度的溫泉池與無敵加利利湖美景／3.會堂遺跡(Severus Synagogue)的多媒體燈光秀，會堂建立於西元230年，重建於西元3世紀和4世紀，中央華麗的馬賽克地板主題有兩個金燈台、住棚節枝條以及當時流行的12星座！中間是希臘太陽神赫利奧斯(Helios)，還有4位女子代表擬人化的四季！推測當時教義不算嚴格，或猶太人認為信仰、民族和文化是分開的

金燈台與常見的猶太符號

7 個燈座的金燈台 (Menorah)

是以色列護照上的國徽，也經常在紀念品店、博物館內或國會外遇見。金燈台是神在設立會幕時，安置在聖所的擺設之一。

▲ 放在猶太區，用金子打造的金燈台

大衛之星 (Magen David)

以色列國旗中的標誌，意思是「大衛盾牌」，因為卡巴拉神祕主義而開始成為猶太人的標誌。

▲ 大衛之星，也是以色列救護車上的符號

七種美好果實 (The Seven Species)

是神在《申命記》應許在迦南美地會有的 7 種產物，卡巴拉神祕主義者認為這代表「神的面向」，小麥代表守約的忠誠、大麥代表節制、葡萄樹代表美好與和諧、無花果樹代表忍耐、石榴樹代表榮耀與謙卑、橄欖樹代表根基以及椰棗代表國度與尊榮。

▲ 7 種美好果實：小麥、大麥、葡萄樹、無花果樹、石榴樹、橄欖樹以及椰棗

活著 (Chai)

這兩個希伯來文字母組成的記號，也是因為卡巴拉神祕主義者，而成為常見的飾品符號，且因為數值為 18，猶太人送禮時會用 18 的倍數來祝福一個人的生命。

▲ 這兩個字母發音為 Chai，意思是「活著」，在以色列常聽到的一句重要的話就是「以色列百姓活著」(Am Yisrael Chai)

護身符「法蒂瑪之手」(Hamsa)

因為卡巴拉神祕主義者而在猶太社群廣傳，民間相信這樣做小孩就不會生病、女人就會生育等。這符號的起源可追溯到腓尼基 Tanit 女神，以及聖經中巴力之妻亞斯塔錄，兩個女神演變成聖經中的亞舍拉！這隻手大多出現在中東與北非等伊斯蘭世界，也跟伊斯蘭教有關連，法蒂瑪是穆罕穆德的女兒，這個手也稱為「五」(Hamsa)，可能象徵伊斯蘭教義中的五功。

◀ 這隻像是擋住的手，跟土耳其避邪之眼象徵避邪的概念一樣

俯瞰加利利湖美景的山丘

亞伯山國家公園
Arbel Nature Reserve

http reurl.cc/V8ZrKN；詳細介紹 reurl.cc/vkbyjN | ☎ +972-4-673-2904 | ⏰ 週日～四冬天08:00～16:00、夏天08:00～17:00，週五冬天08:00～15:00、夏天08:00～16:00 | 💲 成人22NIS、學生19NIS、孩童(5～18)9NIS | ➡ 從Tiberias搭乘#42巴士，在「Arbel」下車後走23分鐘 | ⧗ 1小時 | ⁉ 適合自駕 | ✝ 太5-7、太28:16-20 | MAP P.221

抹大拉旁的亞伯山，是個適合俯瞰加利利湖美景的小山丘，海拔約181公尺。這裡可能是耶穌傳講八福的山，有空來拍照打卡，或是很熱血的加入以色列健行者，爬峭壁下山吧！

觀景台有遼闊的加利利湖景，也可以看到約旦谷、戈蘭高地，甚至黑門山唷！亞伯山

極受喜好爬山的以色列民眾歡迎，路邊有美麗野花，山由白色的石灰石和白雲石組成，外觀卻又是黑色的玄武岩，又因為喀斯特地形，而有許多天然洞穴。

西元前161年，馬加比起義軍曾待在這裡反抗希臘家族塞琉古王朝，猶太起義軍也在西元前38年，在洞穴裡反抗有羅馬軍隊撐腰的大希律王，後來血腥收場。從觀景台有條幾乎垂直的登山路線，要抓著纜索和鋼釘，之後會經過起義軍的山洞，爬到山腳德魯茲人Hamam村約2小時，有點挑戰性，但爬完很有成就感。

停車場附近，有個西元4世紀的猶太會堂廢墟，不要錯過！

---

1. 亞伯山往古老猶太會堂的路 / 2. 1,600 年前的古老猶太會堂 / 3. 從山上看山腳的 Hamam 村，走得下去唷 / 4. 熱血健行路線，要手腳並用

被耶穌責備的城市

哥拉汛國家公園
Korazim National Park

http reurl.cc/jl4Nep；詳細介紹 reurl.cc/8qgWYX
| 📞 +972-54-693-4982 | 🕐 週日～四冬天08:00
～16:00、夏天08:00～17:00，週五冬天08:00
～15:00、夏天08:00～16:00 | ➡️ 建議自駕 |
⏳ 0.5小時 | ⁉️ 這裡很容易找到聖經小動物沙番 |
✝️ 太11:21-22、路10:10-13 | MAP P.221

古老的猶太村莊廢墟，正中央是玄武岩會堂遺跡，有住家建築、浸禮池以及橄欖油

榨。哥拉汛字根意思可能是「先驅者」。這村莊在西元1世紀便存在，在3世紀開始繁榮，玄武岩會堂建於此世紀，入口處有張摩西的座位，真品在以色列博物館，樑柱的造型中居然有美杜莎的頭。

耶穌曾責備哥拉汛：「哥拉汛哪，你有禍了！伯賽大啊，你有禍了！因為在你們中間所行的異能，若行在推羅、西頓，他們早已披麻蒙灰悔改了。」發生於西元363年的地震，摧毀了哥拉汛。

1. 西元 3 世紀玄武岩會堂／ 2. 哥拉汛猶太村遺跡

旅遊
撇步

熱血走耶穌步道 (Jesus Trail)

從拿撒勒到迦百農這條約 62 公里的健行路線，稱為「耶穌步道」。4 天徒步路線會經過基波立、迦拿、哈定角、亞伯山、抹大拉、塔巴，是個另類從自然感受聖經的方法。

一路上都有健行記號，或考慮當地旅行社 Abraham Tours 的服務，有負責行李運送與住宿的半自助行程，也有跟專業導遊一起走的行程。建議秋天或有野花的春天出發。

一生必走一次的耶穌步道行程 ▶

以色列候鳥濕地公園

胡拉湖
Agamon Hula

http reurl.cc/vkZexa；詳細介紹 reurl.cc/OV8qqX｜
☎ +972-4-681-7137｜🕐 週日～四08:00～17:00
、週五、六06:30～17:00｜💲 成人35NIS，孩童
(5～18)21NIS｜➡ 從Tiberias#搭541公車到「Ag-
amon Hula」後走15分鐘，建議自駕｜⏳ 2小時｜
⁉ 1.強烈建議參加日落／日出團(64NIS／85NIS)。
2.園區很大，若不參團還是需要腳踏車，每人
50NIS。3.胡拉湖濕地公園(Agamon Hula)跟旁邊的
胡拉自然保護區(Hula Nature Reserve)是兩個不同單
位經營的景點。4.園區有咖啡廳｜MAP P.221

胡拉湖處在歐洲、亞洲與非洲之間，是
候鳥遷移中重要的休息站。每年大概有50
萬隻候鳥會經過以色列，非常值得把握在

11～4月之間的季節來賞鳥。以色列建國初
期缺乏糧食，而且還要防止瘧疾等疾病的傳
播，於是在1958年把胡拉湖的水抽掉，濕
地就變成了農地。但為了保育生態，近30
年JNF-KKL「猶太國家基金會－以色列土地
基金」重新把湖水填滿，並開啟了「鶴鳥計
畫」(Crane Project)。現在遊客看見回來的
候鳥，都是保育成功的碩果。

▲非常推薦參加賞鳥解說行程，內容及解說都很完整

走進迦南與古以色列歷史

夏瑣國家公園
Tel Hazor

http reurl.cc/94e6qx；詳細介紹 israelmega.com/
tel-hazor｜☎ 04-693-7290｜🕐 週日～四冬天
08:00～16:00、夏天08:00～17:00，週五冬天
08:00～15:00、夏天08:00～16:00｜💲 成人
22NIS，孩童(5～18)9NIS｜➡ 搭#505或#542公車
到「Tel Hatsor Junction」後走15分鐘，建議自駕｜
⏳ 1小時｜🕆 書11:10、士4、王上9:15｜
MAP P.221

夏瑣與米吉多、別士巴UNESCO認定為
世界遺產。迦南時期的夏瑣包含上下兩城，
上城約10公頃，下城70公頃，已經是個1.5
萬人的城市。考古人員發現夏瑣遺跡中包含

宮殿、神廟、大城牆、住宅區等，還有陶
瓷、泥偶、武器、珠寶等，可看出此城的繁
華。夏瑣與埃及、敘利亞、赫人王朝、巴比
倫以及希臘地區都有貿易往來，最早在西元
前18世紀的埃及文獻裡提到夏瑣，難過聖
經形容「素來夏瑣在這諸國中是為首的」！

▲建於西元前 13 ～ 14 世紀的迦南宮殿，考古人員
發現夏瑣的地層中有一層是灰燼，與聖經描述約書亞
放火燒了夏瑣吻合

紀念耶穌受洗的朝聖景點

小約旦河浸禮處
Yardenit

http www.yardenit.com；詳細介紹 reurl.cc/rL7QON | 📍 Yardenit Baptismal Site | 📞 +972-4-675-91 11 | 🕐 週六～四08:00～18:00、週五08:00～16:00 | ➡️ 從提比哩亞搭乘#26或#28巴士約10分鐘，在「Bet Yerah Regional School」下車後走3分鐘 | ⏳ 0.5小時 | ⁉️ 1.碰到猶太節日會提早約13:00關。2.下水洗禮須租用浸禮袍(美金$10)，包含浸禮袍、毛巾、盥洗室的使用，和一份堅定洗禮證書。3.若要下水，需在閉園前1小時開始 | ✝️ 太3:13-17、可1:9-11、路3:21-23、約1:29-33 | MAP P.221

現代版的約旦河朝聖景點，紀念耶穌受施洗約翰的洗禮，風景優美，有收費的盥洗室和廁所，以及應有盡有的紀念品店。其實普遍已經接受耶穌受洗的約旦河是靠近耶路撒冷的約旦河受浸處(Qasr el Yahud)，但這裡每年持續接待超過40萬名朝聖者，即便商業氣息比較重，仍是朝聖團的熱門景點！

▲各國快樂的朝聖客，帶著感恩的心來到此地

另類接觸約旦河

約旦河泛舟
Abu Kayak

http abukayak.co.il；詳細介紹 reurl.cc/Ge3oyd | 📍 Jordan Park | 📞 +972-4-6-921-078 | 🕐 週日～五09:00～16:00 | 休 週六 | $ 65NIS | ➡️ 需要自駕 | ⏳ 2～3小時 | ⁉️ 1.現場買票貴10NIS。2.需要信用卡或證件才會有置物櫃的鑰匙。3.只要4歲以上的小孩就可以玩。4.記得帶水和零食。5.進到約旦河公園時說要去泛舟，可免停車費 | MAP P.221

約旦河公園(Jordan Park)裡的Abu Kayak可以玩泛舟和漆彈。在約旦河泛舟，聽起來很棒吧？

泛舟分2人或4人的橡皮艇，價格相同，現場提供救生衣，但實際上過程一點都不可怕。約旦河缺水，水流很緩慢，老少咸宜，租船使用時間是沒有限制的！碰到2個非常小的瀑布時，記得身體要往後躺唷！結束後有免費接駁車回園區，旁邊是免費的伯賽大的遺跡。

戈蘭高地
Golan Heights

來一趟戈蘭高地，會發現戰爭這麼真實

　　1967年之後，戈蘭高地成為以色列的土地，考古工作也才開始，國際大多不承認此現況，除了美國在2019年承認以色列擁有對戈蘭高地的主權。敘利亞爆發內戰時，敘利亞傷者偷渡到以色列，而以色列也將心比心的提供人道資源。來一趟戈蘭高地，會發現戰爭這麼真實，也更能理解，若以色列沒有充足的土地，離敘利亞這麼近的以色列，發生戰爭時真的沒有緩衝餘地！

擁有加利利湖美景的古羅馬城市

蘇西塔／希坡國家公園
Susita National Park / Hippos

➡ 需自駕，在7891號公路上(是正常的柏油路) | ⌛ 1小時 | ⁉ 1.這個國家公園目前還沒正式營業，所以免收門票費中，但新的馬路2023年剛修好，而且飲水機和廁所都可以用。2.用Google導航請找「Horvat Susita」 | ✝ 路8:26-39 | 🗺 P.221

位於加利利湖東側的古羅馬城市遺址，於西元前3世紀建立，是聖經中提到的低加波利(Decapolis)十大自治聯邦城之一。蘇西塔(Susita)在希伯來文的意思是馬，跟它的希臘文名字希坡(Hippos)意思相同。這是一個希臘化猶太人的城市，在耶穌時期就存在了。當耶穌在山上傳講登山寶訓，以及說「你們是世上的光。城造在山上是不能隱藏的。」(馬太福音5:14)，可能就是面對繁榮且蓋在山上的蘇西塔而講，同時耶穌也可能是在這個城市附近趕出格拉森人身上的鬼，使得一群豬闖下山崖，投在湖裡淹死了。蘇西塔在拜占庭時期成為基督教城市，據說有8座教堂，目前挖出3個，最後城市在西元749年的地震後而沒落。

在這裡可以看見羅馬東西向商業大道(Decumanus Maximus)、公眾建築、住宅、劇場、水道，以及完整的加利利湖美景，非常值得來一趟這個超冷門，卻讓人有意外驚喜的景點！

1. 羅馬東西向商業大道／2. 西北教堂的廢墟／3. 羅馬澡堂廢墟和超美的加利利湖景

北方的馬撒大

迦姆拉自然保護區
Gamla Nature Reserve

🌐 reurl.cc/4Q7ym3；詳細介紹 reurl.cc/mljq97 | 📞 +972-4-682-2282 | 🕐 週日～四冬天08:00～16:00，夏天08:00～17:00。週五冬天08:00～15:00，夏天08:00～16:00 | 💲 成人28NIS、學生24NIS、孩童(5～18)14NIS | ➡️ 附近沒有公車站牌，建議自駕 | ⏳ 3小時 | ⁉️ 1.在峭壁一定要小心。2.一定要帶足水，因為沒有飲水機。3.夏天時規定爬古老迦姆拉，最晚下午2點之前要出發、爬瀑布路線最晚下午3點之前要出發(冬天與週五早1小時) | 🗺️ P.221

2,000年前的古老猶太城市，隱藏於戈蘭高地的迦姆拉(Gamla)，有耶穌時期猶太會堂、住家、橄欖油榨，這裡曾是猶太大起義(Great Revolt)對抗羅馬人的據點。

迦姆拉，意為「駱駝」，外型像駱駝的山峰，兩旁都是山谷。西元前4、5世紀，猶太人回歸猶大時，便居住在迦姆拉。

古老迦姆拉不易抵達，但值得一看。走在山間小路上，告示牌寫著史學家約瑟夫在《猶大戰爭》對羅馬軍團攻打迦姆拉的描述。在希律年間有個從迦姆拉城來的人名叫猶大(Judas of Galilee)，他呼籲猶太人要為自由奮鬥，他提倡不向羅馬賦稅，以及只有神才是統治者。在撒督該人、艾賽尼人和法

利賽人3教派之外，又創建一個教派，影響了接下來在西元66年發生的大起義。

猶大的孫子Ben Yair成為了馬撒大的反叛領袖，迦姆拉也加入對抗羅馬人的行列。迦姆拉對於自己難攻的地勢是挺有把握，當時也有從其他村莊過來投靠的居民，一共約有9,000人，其實當時耶路撒冷人口也不過6～8萬。

迦姆拉在西元67年淪陷，和馬撒大一樣以悲劇收場，即便最厚的城牆有5.8公尺寬，羅馬人也用投石器攻破了。古老的猶太會堂也成為了戰場，在中央留下許多箭頭。羅馬人殺死4,000人，剩下的5,000人走投無路從山崖絕望的跳下，寧願死也不要做羅馬奴隸。

1. 像是駝峰的迦姆拉，後方是加利利湖／ 2. 走往古老迦姆拉的步道／ 3. 從峭壁懸崖往下看，5,000 人曾在這自殺／ 4. 耶穌時期的猶太會堂／ 5. 路上有沙番！像天竺鼠的聖經可愛動物

 美角推薦

加利利湖觀景台

Ofir觀景台
Ofir Observation Point

http reurl.cc/2WkgAX ｜ ➡ 在789號公路上 ｜ ⌛ 0.5 小時 ｜ MAP P.221

俯瞰加利利湖全景的私房景點，不用門票，而且從停車場到觀景台，不需要爬山就可以看到風景，多好啊！這裡有很美的日落唷！

1. Ofir 觀景台在 789 公路上的標誌／ 2. 超棒的觀景台／ 3. 美麗的加利利湖日落

北國以色列的首都

但丘自然保護區
Tel Dan Nature Reserve

http reurl.cc/OV8XVX；詳細介紹 reurl.cc/7R1D2D | ☎ +972-4-695-1579 | 🕐 週日～四冬天08:00～16:00、夏天08:00～17:00，週五冬天08:00～15:00、夏天08:00～16:00 | 💲 成人28NIS、學生24NIS、孩童(5～18)14NIS | ➡ 從提比哩亞搭乘需轉一次車，在「Dan Intersection」下車後走10分鐘。建議自駕 | ⌛ 2小時 | ⁉ 請勿飲食 | ✝ 創14:14、書19:47、士18、士20:1、撒上3:20、王上4:25、王上12:26-33、王上 15:20 | MAP P.221

　　但丘，是個水源充沛的世外桃源，也是走進聖經世界的重要古蹟，親眼看見北國以色列留下來的祭壇以及城門遺跡！這裡屬於「但」支派的產業，「但」，意思是「審判」，就像「但以理」的意思是「神是我的審判」。

　　但為約旦河三大源頭之一，是黑門山融化的雪水，可以在清澈的水池泡泡腳唷！迦南人在此居住，5,000年前的城門遺跡仍存

在，以前叫做利善或拉億。亞伯蘭曾經從別是巴衝到但來救羅得。從聖經的士師記時期起，「從但到別是巴」代表以色列的全境。

西元前930年大衛王朝分裂，耶羅波安建立了「以色列王國」管理10個支派。城門前鋪石子的廣場，過去是戰車停車場，城前有個「祭司燒香的邱壇」。城門口有帶著桿子基座的座位，國王或是長老坐在這裡管理城中大小事。考古學家在這裡挖到「但丘石碑」，紀錄哈薛王(Hazael)打贏「大衛王室」的豐功偉業，證明了大衛王朝的存在和聖經的真實！

耶羅波安自創宗教來鞏固自己的政權。用金牛代替耶和華，也改了節期，更打破規則容許讓任何人當祭司，這裡留下了耶羅波安二世重蓋的祭壇、邱壇、蓄水池和祭司房。

別忘了到旁邊觀景台看看，據說可以看到黑門山！

---

1. 但丘是自然保護區而不是國家公園，因為這裡的水是約旦河三大水源之中最重要的一條／ 2. 以色列王國的城市遺跡！會先看見這個很厚的城牆／ 3. 大台子就是邱壇，長 18.2 公尺、寬 18.7 公尺／ 4. 迦南時期的城門，因為亞伯拉罕在創世紀 14:14 曾經衝到今天的但來救羅德，所以這裡叫做迦南門也叫亞伯拉罕門／ 5. 不要掉進戰壕，1967 年六日戰爭前，這裡就是戰火前線

知識眉角

以色列的少數族群 (4)：德魯茲人 Druze

以色列的少數族群還有德魯茲人，他們在血緣上是阿拉伯人，人口約 14 萬，多半住在戈蘭高地。信仰伊斯蘭的阿拉伯人並不把德魯茲人算為一分子。德魯茲人大多效忠以色列，甚至會自願加入以色列國防軍 IDF。

▲德魯茲人的國旗

▲台灣青年拜訪德魯茲人 (圖片提供：陳泓昇 Kenny)

以色列最北的城堡

寧錄要塞國家公園
Nimrod Fortress National Park

http reurl.cc/0E8Dll；詳細介紹 reurl.cc/b7jzav｜
☎ +972-4-694-9277｜🕐 週日～四冬天08:00
～16:00、夏天08:00～17:00，週五冬天08:00
～15:00、夏天08:00～16:00｜💲 成人22NIS、學
生19NIS、孩童(5～18)9NIS｜➡ 附近沒有公車站
牌，建議自駕｜⏳ 2小時｜⁉ 1.很難找到人，若要
分散行動，一定要先約好集合時間。2.廁所在閉園前
15分鐘就關了｜MAP P.221

　建於西元13世紀阿尤布王朝的寧錄要塞，位於重要戰略位置，把關大馬士革、推羅到加利利的路。在沒有戰事的現代是個眺望黑門山、戈蘭高地、加利利湖和胡拉谷風景的好地方。

　寧錄，是聖經人物的名字，意思是「我們一起來叛亂」。西元1227年為了防止十字軍攻打下聖地，撒拉丁的姪子Al-Aziz Othman興建了要塞。西元1260年蒙古人短暫打敗了阿尤布王朝，卻又被馬木路克將軍拜巴爾一世擊敗。拜巴爾一世擴建了要塞至西元1277年，在西元1291年，由於十字軍被逐出聖地後，要塞的重要性開始衰落。在20世紀這裡曾短暫被法國人以及敘利亞人作為

1. 寧錄要塞與西北門前掉落的大石頭／2. 拜巴爾一世的標誌／3. 祕密通道，約27公尺長／4. 城樓和黑門山

軍營和砲兵觀察點。

從西北門進入要塞，入口的阿拉伯文銘文提到Al-Aziz Othman，回程時從這裡走祕密通道！西塔還在開挖，有個銘文上刻著獵豹，是馬木路克王朝最偉大的統治者埃及蘇丹拜巴爾一世(Sultan Baybars)的標誌。接著西南塔可以入內探險，從旋轉樓梯往下是拜巴爾一世擴建後加上的射箭窗口，有絕佳的位置攻擊上坡的敵人。旁邊有個大小為長25公尺、寬9.5公尺、深度為8公尺的大水庫，搜集雨水才不怕被敵人圍城。經過美麗塔，一路往上爬會經過乾涸的護城河，這裡有最早蓋的城樓(Donjon)，四角都有塔樓，作為要塞最後的防禦線。

◆◆◆◆◆◆◆◆◆◆◆◆◆◆◆◆◆◆◆◆◆◆◆◆◆◆◆◆◆◆◆

巴尼亞瀑布與該撒利亞腓立比自然保護區
Banias Nature Reserve

🌐 reurl.cc/OV8XGg；詳細介紹 israelmega.com/banias | 📞 +972-4-695-1579 | 🕐 週日～四冬天08:00～16:00、夏天08:00～17:00，週五冬天08:00～15:00、夏天08:00～16:000 | 💲 成人28NIS、學生24NIS、孩童(5～18)14NIS | ➡️ 從提比哩亞搭乘需轉一次車，搭乘#58巴士在「Sa'ar Fall/Road 99」下車後走20分鐘。建議自駕 | ⏳ 1.5小時 | ⁉️ 1.公園有兩個入口，直接把車停在這兩個入口的停車場會比較省時間，瀑布的停車是地圖上的「Banias Fall parking」，從停車場走10分鐘就能到瀑布，該撒利亞腓立比入口在「Hermon Stream Nature Reserve」，從停車場走2分鐘就能到洞穴。2.有時間健行的話，從瀑布走90分鐘才會到該撒利亞腓立比的洞穴。3.門票請保管好，重新入園時會再看一次 | ✝️ 可8:27～9:1、路9:18-27 | 🗺️ P.221

巴尼亞瀑布，約10公尺高，以色列最大的瀑布，為黑門山的雪水，是約旦河的支流之一。西元前4世紀這裡蓋了一個給希臘神明「潘」(Panias)的廟，但由於阿拉伯文沒有「P」的發音，於是變成巴尼亞(Banias)。

根據約瑟夫的《猶太古書》的記載，大希律王在西元前16年這裡蓋了一個獻給

1. 巴尼亞，以色列最大的瀑布／2. 石壁上鑿出的洞，也都是用來供奉希臘神明的

奧古斯都的神廟，之後大希律的兒子腓力(Philipp)在戈蘭高地作王，以巴尼亞作為首都，用自己的名字把城市改名為「該撒利亞腓立比」(Caesarea Philippi)。

該撒利亞腓立比的入口在另一端，這裡有個40公尺高的峭壁，洞穴前有希臘神明「潘」的廟宇。古代人為了生育，會帶動物，甚至是人來獻祭。剩下的遺跡，曾經是奧古斯都、宙斯、復仇女神、和潘神與舞山羊的廟。

耶穌選擇這特殊地點問他的門徒：「你們說我是誰？」基督徒相信耶穌是人又是神，但受到希臘文化影響的人，聽到耶穌希臘化的名字(Jesus)，會先想到一個半人半神的耶穌。彼得回答說：「你是基督，是永生神的兒子。」於是耶穌才預告了必須上耶路撒冷被殺和復活的計畫：「正如人子來，不是要

受人的服事，乃是要服事人，並且要捨命，作多人的贖價。」（馬太福音 20:28）

1. 潘神洞，春天可能會有水唷／ 2. 潘神洞穴前的泉水，傳説若蒙神明悦納了，河水會變成紅色。潘神洞的峭壁有 70 公尺長、40 公尺高（圖片來源／畫説聖經）／ 3. 獻給奧古斯都的神廟／ 4. 潘神與舞山羊的廟，潘(Pan)下半身為羊卻又是神，其實驚慌害怕 (Panic) 這個英文單字是因為他故意讓人驚慌害怕而來

黑門山
Mount Hermon Ski Resort

http reurl.cc/Y8rO9D；詳細介紹 reurl.cc/jlj8kZ |
☎ +159-9-550-560 | 🕐 08:00～16:00 | 💲 成人
42NIS(包含纜車87NIS)、孩童(3～12)36NIS(包含纜
車87NIS) | ➡ 附近沒有公車站牌，建議自駕或官網
預約Shuttle(付費接駁車) | ⧖ 3小時 | ⁉ 1.夏天不
用付下滑雪場門票，若搭纜車到上滑雪場另外算錢(
但也還是不會有雪)。2.可以在下滑雪場租賃滑雪道
具，約160NIS。3.上方滑雪場有租賃塑膠雪橇，一
次40NIS。4.冬天旅遊旺季時，付了入場費後，車子
只能停在下停車場，然後要轉搭免費接駁巴士到下
滑雪場，所以要預留至少半小時的時間。5.記得戴
太陽眼鏡和擦防曬。6.販賣部的咖啡約10NIS、漢堡
34NIS | ✝ 詩133、太17 | MAP P.221

冬天總是被白雪覆蓋的黑門山，是以色
列最高的山，也是在聖經有名的山，還可能
是耶穌向門徒變相的山。黑門山的最高峰在
敘利亞境內，海拔為2,814公尺，在以色列
境內的最高峰為2,224公尺，黑門山的雪水
融化後從約但河流向加利利，就像神的話語
從高處流下來。下滑雪場有販售簡餐、咖
啡、滑雪教學場以及有付費遊樂設施，也可
以額外再花錢搭纜車到上方滑雪場。

1. 冬天在戈蘭高地看到有下雪的山，肯定就是黑門
山／2. 下滑雪場，在這裡其實就可以堆雪人了／
3. 要去上滑雪場才需要搭纜車，遊客能抵達的冬天
滑雪場最高峰為2,020公尺／4. 從纜車上看下滑雪
場以及正在滑雪的人

「（大衛上行之詩。）看哪，弟兄和睦同居是何等地善，何等地美！這好比那貴重的油澆在亞
倫的頭上，流到鬍鬚，又流到他的衣襟；又好比黑門的甘露降在錫安山；因為在那裡有耶和
華所命定的福，就是永遠的生命。」 —— 詩篇 133:1-3

以敘戰火前線

兵頭山
Mount Bental

http reurl.cc/0E8jEx｜➡ 搭乘#54、#59、#87、#95、#159巴士，在「Square」下車走25分鐘。建議自駕｜⧖ 1小時｜⁉ 1.山上有非常棒的Coffee Annan咖啡廳(16:00關門)。2.建議帶手電筒進入壕溝。3.非常推薦先看HBO的以色列戰爭片《眼淚谷》(Valley of Tears)｜MAP P.221

兵頭山海拔高度1,165公尺，是以色列與敘利亞之間的瞭望台，旁邊就是贖罪日戰爭時，發生悲愴血戰的眼淚谷(Kunetra Valley)。

在1973年的贖罪日，以色列以160台坦克，力戰擁有1,500台坦克的敘利亞，雖然是以卵擊石，卻在僅剩9台還能執行任務的坦克情況下，險勝敘利亞。(以色列在1979年與埃及簽署「埃以和平條約」，將西奈半島控制權歸還。)

從1974年起，這條在以色列和敘利亞之間約為2～6公里的緩衝地帶，雙方不可有軍隊，並且由聯合國維持和平部隊來做監督的工作。

來到這裡，可以感受到以色列與敘利亞之間肉眼可見的距離。進入像是迷宮般的隧道地堡，感受六日戰爭和贖罪日戰爭時，以色列士兵在這打仗、生活起居、討論戰情，甚至幾十年前的舊海報和白板都在牆上，彷彿回到戰爭的歷史場景。

1.戈蘭高地的兵頭山／2.聯合國的維持和平部隊員，背景那兩塊紅色正方形的地方就是敘利亞／3.士兵的壕溝，可以走下去／4.報廢的坦克被做成可愛的藝術品

食住行最前線

拿撒勒百年咖啡廳
(Café Abu Salem)

從 1914 年開始，拿撒勒最古老的的咖啡廳之一，許多當地人在這裡下棋聊天大。

📍6143 St 7-15, Nazareth (舊城裡) | 📞 +972 -5-35530103 | 🕐 週一～四09:30～18:30 、週五～六09:30～15:30 | 休 週日 | 💲 肉桂堅果熱飲15NIS、阿拉伯黑咖啡8NIS、茶10NIS | MAP P.225

餐廳

　　加利利和戈蘭高地的餐廳費用沒有比大城市便宜，建議還是看評價來挑餐廳，或是買超市的食物簡單吃吃。

提比哩亞烤肉
(Simha And Sons Grill)

在地人熱門餐廳，烤肉超好吃，還有 19 種中東澎湃小菜吃到飽！

📍Al Hadif St, Tiberias (加油站旁) | 📞 +972 -4-673-1542 | 🕐 週六21:00～23:30、週日～四11:00～23:30 | 休 週五 | 💲 一串烤肉39～50NIS、買兩串加10NIS送小菜吃到飽 | MAP P.239

拿撒勒阿拉伯餐廳
(Luna Bistro)

裝潢高級舒適，但價格意外合理的阿拉伯料理餐廳，可以試試看阿拉伯烤肉飯 Maqloubeh。

📍Tawfiq Ziad St 53, Nazareth (在mall裡) | 📞 +972-4-888-8626 | 🕐 11:30～22:00 | 💲 沙拉 39NIS、烤雞飯79NIS | MAP P.225

提比哩亞彼得魚
(Avi's Restaurant)

來加利利湖非常想要吃到彼得魚的話 (雖然其實就是吳郭魚)，這家店評價高，且相較實惠。

📍HaKishon St 1, Tiberias(市中心內) | 📞 +972 -4-679-1797 | 🕐 週六21:00～23:30、週日～四11:30～23:00 | 休 週五、六 | 💲 烤或炸的彼得魚(含飯或薯條) 80NIS | MAP P.239

德魯茲人餐廳
(Nidal)

鷹嘴豆泥和烤肉都非常好吃的小餐館，別忘了點阿拉伯起司點心 Kanafe。

📍Mas'ada | 📞 +972-4-698-1066 | 🕐 09:00～20:00 | 💲 鷹嘴豆泥25NIS、烤雞肉串65NIS | MAP P.221

住宿

祝福之家
(Beit Bracha)

英國新教教會旅館，可以看到加利利湖，適合基督徒團體或喜歡安靜的人。

📍 Ha-Khartsit St 1, Migdal, 14950 | ☎ +972-4-679-2338 | 💲 雙人房$140、3人房$200，含早餐 | MAP P.239

提比哩亞朝聖者住宿
(Casa Nova Tiberias)

朝聖者旅館，完美的位置，站在陽台就看見加利湖，可輕鬆享受無敵日出。

📍 Yigal Alon Promenade, Tiberias | ☎ +972-4-671-2281 | 💲 雙人房300NIS、3人房450NIS，含早餐 | MAP P.239

拿撒勒
(Fauzi Azar Inn)

200 年前是土耳其的貴族豪宅，拿撒勒第一間青年旅館，非常古色古香，又有許多活動。

📍 6112 St 9, Nazareth | ☎ +972-4-602-0469 | 💲 床位(8人間)$25、雙人房$200，含阿拉伯早餐 | MAP P.225

抹大拉旅館
(Magdala Hotel)

超過五星級享受的旅館，現代舒適又寬敞的房間裡有 Ahava，專業廚師掌廚的自助餐超過期待，而且就在西元 1 世紀的抹大拉會堂遺跡旁邊，走路就能到加利利湖！

📍 Migdal Junction | ☎ +972-4-620-9900 | 💲 雙人房$300，含早餐 | MAP P.239

聯外交通攻略

加利利和戈蘭高地的人口稀少，大眾交通工具不便，因此若想要最大化一天可以去的景點，可能要等到自駕或跟團再安排去唷！

從提比哩亞出發

往耶路撒冷

在提比哩亞中央車站(Tiberias Central Bus Station)綠色Egged巴士的8號月台，可以搭乘#959、#961和#962巴士。
- 車程：約2.5小時(記得上車前先去洗手間)
- 車資：16NIS
- 車班：早上06:34發車，每一小時1～2班
- 末班：平日為21:59，週五為14:59，週六安息日結束前3小時重新發車，末班車為22:04

往海法

搭乘#430巴士在海法的中央車站「Merkazit Hami-frats」下車。
- 車程：約1小時
- 車資：16NIS
- 車班：早上05:10有車，約半小時一班
- 末班：平日為22:00，週五為15:30，週六安息日冬天16:45重新發車，末班車為22:15

往抹大拉

往抹大拉、Ginosar、五餅二魚教堂、彼得獻心堂、八福山的車都是路邊的站牌，較熱門的#450巴士。
- 車資：5.5～12NIS

■車班：早上05:30發車，約每40分鐘一班
■末班：平日為23:30，週五為14:49，週六安息日19:00重新發車，末班車為00:00

往拿撒勒

#431巴士，在靠近Big Fashion百貨的「Hamahtsavot Junction」下車，再步行15分鐘到天使報喜教堂。
■車程：約1小時
■車資：12NIS
■車班：早上06:15發車，從07:00～19:00整點發車
■末班：平日21:00，週五14:00，週六安息日22:00、22:30、23:00有發車

從貝特謝安出發

往提比哩亞

在「B.Sh.Term./Board」站搭乘#28巴士。
■車資：12NIS
■車班：每小時1～2班
■末班：平日為23:40，週五為15:10；或走路16分鐘到「Me'ir School/Begin Boulevard」站搭車，週五末班車為17:22

往約旦邊境北方關口

在「Ha'Arba'a Blvd/Motta Gur」站搭乘#16巴士，在「Rupin Junction」站下車。

■車程：約9分鐘
■車資：5.5NIS
■車班：早上05:41發車，每小時1～2班
■末班：平日為19:14，週五為12:36

從拿撒勒出發

往迦拿

往迦拿的#22、#26、#27、#28、#30、#33巴士在拿撒勒中央車站(Nazareth Central Bus Station)上車。
■車程：約21分鐘
■車資：5.5NIS
■車班：早上05:50發車，車次頻繁
■末班：平日約20:00，週六安息日正常發車

往提比哩亞

#431巴士，從天使報喜教堂要步行15分鐘到靠近Big Center百貨的「BIG Center」站牌上車。
■車程：約1小時
■車資：12NIS
■車班：早上05:11有車，約每小時一班
■末班：平日21:11，週五13:11，週六安息日20:56、21:26、21:56有車

往海法

#331巴士，從天使報喜教堂步行4分鐘到「Paulus

Hashishi / Tawfik Zayyad」站牌上車。也可以搭乘#332，在靠近Big Fashion百貨的「Hamahtsavot Junction」站牌上車。
■車程：約1.5小時
■車資：12NIS
■車班：早上05:10有車，約半小時一班
■末班：平日21:00，週五17:30，週六安息日整天有車

往約旦安曼

往約旦安曼搭乘Nazarene Tours巴士，上車位置在拿撒勒中央車站。
■車程：約21分鐘
■車資：90NIS，上車付款
■車班：週二、四、六早上08:30發車，約13:15抵達

省錢酷卡

死海一日遊必備 巴士一日票

拿撒勒、迦拿、抹大拉、迦百農、亞伯山、八福山、五餅二魚教堂、提比哩亞溫泉等之間的景點，可利用才24NIS的40km巴士一日票！若從海法來回玩以上景點，則可以買32NIS的75km巴士一日票！

The Mediterranean Coastal Plain

「但我必用感謝的聲音獻祭與你。我所許的願,我必償還。救恩出於耶和華。耶和華吩咐魚,魚就把約拿吐在旱地上。」
—— 約拿書 2:9-10

Caesarea National Park ISRAEL

#eye_love_israel #caesarea

地中海
沿岸平原

篳路藍縷
的回家路

在地中海沿岸平原上，以色列擁有273公里長的海岸線，有特拉維夫雅法、海法、阿卡、Netanya與亞實突(Ashkelon)等重要海港城市，與以色列復國息息相關。

拜占庭時期～近代

拜占庭時期，基督徒朝聖者便來到「雅法」，但西元1291年，馬木路克人將十字軍從阿卡擊退，趕走了所有的基督徒和摧毀了所有的教堂。西元1516年，打敗東羅馬帝國的鄂圖曼土耳其帝國版圖擴張到巴勒斯坦地區，在聖地一共統治了401年。許多清真寺、土耳其市場、澡堂、政府機關(Saraya)、客棧(Khan)在這期間被建立起來，耶路撒冷的城牆也被建立起來。

在這段時期，西元1555年義大利各城的猶太人，首次被教宗保祿四世關進隔離區。在西元1791年，俄國的猶太人，被限制居住在葉卡捷琳二世女皇制定的「猶太隔離屯墾帶」(Pale of Settle-

ment)，且不能擁有土地、不能上大學，就像《屋頂上提琴手》角色的生活，唯一的例外為號稱「以色列誕生地」的黑海城市敖德薩(Odessa)，這裡的猶太菁英包含了後來猶太復國主義領導人澤維‧賈鮑京斯基(Vladimir Jabotinsky)以及特拉維夫第一任市長梅厄‧迪岑哥夫(Meir Dizengoff)。

1897年，赫茲爾發起錫安主義運動，呼召猶太人回歸錫安。近代第一次反猶屠殺事件，發生在1905年發生於敖德薩，美國猶裔歌手巴布‧狄倫(Bob Dylan)的祖父因此毅然離開，前往美國。

英國託管時期

1917年，英國發表「貝爾福宣言」(Belfour Declaration)，支持猶太人在巴勒斯坦建立猶太人的家園。流亡中的猶太人，捐款支持猶太建國基金會(Jewish National Fund)，讓猶太人能向鄂圖曼土耳其帝國買故意被開高價的沙地。現代以色列，就是靠早期第一波貧窮猶太移民者，以社會主義的「奇布茲」模式，用一點一滴的汗水把乾旱荒蕪之地耕耘和開拓出來，用農業為國家經濟奠定了基礎，畫出國家疆界，也在建國時，抵擋下埃及軍隊。

英國託管時期開始，連接而來的幾波猶太移民潮，造成與阿拉伯民族的對立。1936年，雅法成了阿拉伯恐怖分子的溫床，英國人將海港重心移到新建的特拉維夫，雅法因而沒落。1939年，英國發表了限制猶太移民人數的白皮書，哈加拿民兵開始活躍於各種破壞英軍建築的活動，目的只是為了讓非法移民能成功留下。第二次世界大戰結束，納粹德國邪惡的「猶太人問題的最終解決方案」失敗，但英國仍拒絕大屠殺的倖存者回歸，猶太人一直無法落葉歸根。

1.從雅法山峰公園眺望特拉維夫／2.特拉維夫的拉賓廣場，拉賓在這裡遭到暗殺／3.緊鄰著黎巴嫩(古代的推羅)的海融洞景點／4.雅法聖彼得教堂

以色列建國時期

　　1947年，聯合國以33:13票通過181號決議案，本古里安作為當時的猶太領袖接受了分治，也以宗教猶太人不用當兵做為交換條件而得到這群猶太人的支持。因此當哈加拿轉變成以色列國防軍(IDF)後，這族群至今不用當兵。1948年5月15日，是英國離開巴勒斯坦的日子，卻是碰上安息日的週六。因此在14日，37個內閣成員展示了極大的決心與信任，如同簽空白支票一樣，簽署只是草稿的獨立宣言卷軸！

　　沿海城市雖然沒有強烈的朝聖與觀光氣氛，但卻充滿以色列建國開拓者的堅忍與辛勞。在豐富的古蹟和教堂景點行程中，不妨也安排在地中海海灘上愜意的坐坐，喝杯咖啡，感受一下這段來之不易的回家路。

1. 在英國託管巴勒斯坦時期，阿卡的城堡被英國當局用作監獄，用來監禁抗議以及反對英國統治的巴勒斯坦（猶太）人 ／ 2. 該撒利亞賽馬場／3. 特拉維夫的夜景

特拉維夫雅法
Tel Aviv-Yafo

窺探完全不同於耶路撒冷的以色列

雅法(Jaffa)，就是聖經中的約帕，是西元前12世紀的古老海港！硝皮匠西門的故居也在這裡，羅馬帝國之下的一小群猶太人開始向外邦人分享彌賽亞的死與復活，這裡可說是全球24億基督徒的起點，朝聖者搭船來聖地，第一眼看見的就是雅法！現在是個基督徒、猶太人和阿拉伯穆斯林混居的藝術老城市。

1950年，特拉維夫與雅法合併為一個城市。白色的特拉維夫，是美麗和適合居住的城市，在2003年因包豪斯建築，成為了UNESCO世界文化遺產城市。在1908年她只是雅法旁的一片沙地，猶太屯墾者卻打造出一座新城市，在獨立前起義軍活躍在此，現在居然以新創聞名世界！有許多博物館、藝術市集、海灘、咖啡館、酒吧和嚴格素食餐廳、商店。

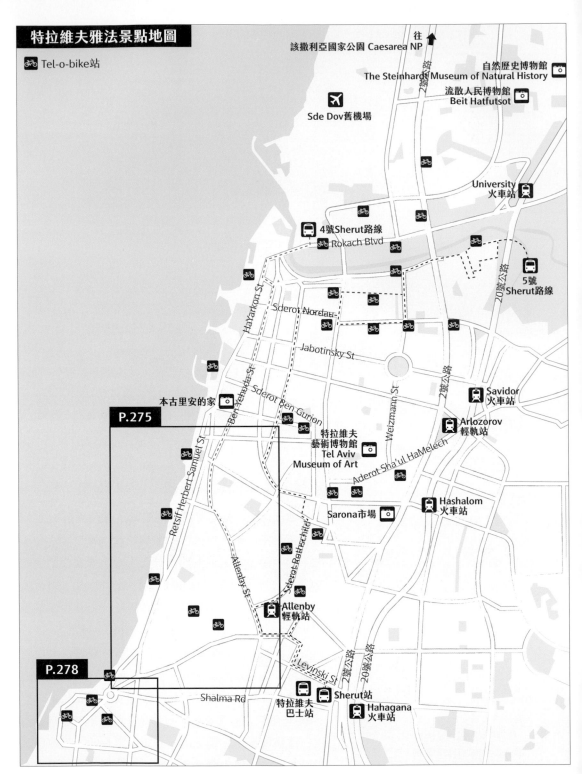

特拉維夫雅法景點地圖

🚲 Tel-o-bike站

往 該撒利亞國家公園 Caesarea NP

自然歷史博物館
The Steinhardt Museum of Natural History 📷

流散人民博物館
Beit Hatfutsot 📷

Sde Dov舊機場 ✈

University 火車站 🚉

4號Sherut路線 🚌
Rokach Blvd 🚲

5號 Sherut路線 🚌

Hayarkon St

Sderot Nordau

Jabotinsky St

20號公路

Ben-Yehuda St

Sderot Ben Gurion

本古里安的家 📷

Weizmann St

Savidor 火車站 🚉

Arlozorov 輕軌站 🚉

P.275

Retsif Herbert Samuel St

特拉維夫
藝術博物館
Tel Aviv
Museum of Art 📷

Aderot Sha'ul HaMelech

Hashalom 火車站 🚉

Sarona市場 📷

Allenby St

Sderot Rothschild

Allenby 輕軌站 🚉

P.278

Levinski St

2號公路

20號公路

Shalma Rd

特拉維夫 巴士站 🚌

Sherut站 🚌

Hahagana 火車站 🚉

特拉維夫景點地圖

🚲 Tel-o-bike站

海灘上的本古禮安
Ben Gurion's Statue at the Beach

4號Sherut路線

Dizengoff廣場
Dizengoff Square

Frishman St

Kaufmann St

Hayarkon St

Ben Yehuda St

Dizengoff St

Trumpeldor St

Ben Tsiyon Blvd

Ness Tsiyona St

特拉維夫膠囊旅館
WOM Allenby by
Brown Hotels

Allenby St

特拉維夫炸豆子球餅
Falafel Ritson

Carmel市場
Carmel Market

特拉維夫青年旅館
Abraham Hostel
Tel Aviv

HaMered St

Montefiore St

Ahad Ha'Am St

Neve Tsedek
社區

特拉維夫大會堂
Great Synagogue of Tel Aviv

Sderot Rothschild

Allenby
輕軌站

Nahalat Binyamin St

獨立大廳
Independence Hall
(Dizengoff House)

羅斯柴爾德大道
Sderot Rothschild

Shabazi St

葉門家常菜
Saluf & Sons

Kaufmann St

Barnet St

Derech Jaffa

Levinski St

Herzl St

舊火車站
Park HaTachana

Nahum Goldman St

雅法烤肉店
Big Itzik

Eilat St

雅法教會旅館
Beit Immanuel

David Razi'el St

沿著海濱大道走到特拉維夫。穿越Neve Tsedek社區到Carmel市場,再前往Dizengoff廣場,一路欣賞白色特拉維夫的包豪斯建築,若有時間再到海邊看日落。／路線長度:5公里／所需時間:至少3小時(路程1小時)

第一站:
舊火車站與 Neve Tsedek 社區

雅法舊火車站的附近是文創商圈,Neve Tsedek 是 1887 年猶太人離開雅法後,在特拉維夫興建的第一個社區,意思是「公義綠洲」,有滿多文青風藝廊、小店、和餐廳。 MAP P.275

第三站:
特拉維夫大會堂

建於 1925 年,不分派系的猶太會堂,若入內參觀被要求付 10NIS 的捐款,就再考慮看看吧! MAP P.275

第二站:
羅斯柴爾德大道上的獨立大廳

羅斯柴爾德大道上,有特拉維夫第一任市長 Dizengoff 的家,在歷史性的 5 月 14 日下午 4 點,本古里安在這裡宣布了以色列的獨立!但自 2019 年起只能在外面拍照囉! MAP P.275

第四站:
Carmel 市場

是特拉維夫最出名和最熱鬧的市場!可以買到當季蔬果、紀念品、熱炒和亞洲食物。

🕐 週日～四08:00～19:00、週五08:00～16:00 | 休 週六 | MAP P.275

第五站：
Dizengoff 廣場與包豪斯建築

廣場有噴泉和休息的綠蔭，是白色特拉維夫的心臟，附近有許多包豪斯建築，是 1930 年代由德國猶太學生帶回的一種俐落實用的建築方式。 MAP P.275

第六站：
本古里安的家

以色列第一任總理本古里安一直住在這裡，直到退休後才搬到曠野。這個家珍藏了本古里安生前擁有的 2 萬本書！

🕐 週日～四10:00～18:00、週五09:00～13:00、週六11:00～15:00 | 💲 免費(中文導覽機10NIS) | MAP P.274

旅遊指南

特拉維夫的博物館

特拉維夫充滿著文藝氣息，可以多利用週二或週四延長開放的晚上盡情探索唷！

流散人民博物館
Beit Hatfutsot

　1978 年成立，介紹猶太人的歷史、文化與民族身分，有各國猶太會堂模型，以及現代以色列的主流文化，多媒體的呈現非常棒，非常非常推薦！

🌐 www.bh.org.il | 📍 Tel-Aviv University, Klausner St, in Ramat Aviv | 📞 +972-3-745-7800 | 🕐 週六21:00～23:30、週日～三10:00～17:00、週四10:00～22:00、週五09:00～14:00、週六10:00～15:00 | 💲 49NIS MAP P.274

特拉維夫藝術博物館
Tel Aviv Museum of Art

　1932 年成立，蒐集國際與以色列現代藝術創作，包含畫作、雕像、攝影、藝術裝置、建築等，建築物很美，但展出物略少。

🌐 www.tamuseum.org.il/en | 📍 TSderot Sha'ul HaMelech 27, Tel Aviv | 📞 +972-3-607-7020 | 🕐 週一、三、六10:00～18:00，週二、四10:00～21:00，週五10:00～14:00 | 休 週日 | 💲 成人50NIS、學生40NIS、18歲以下免費 | MAP P.274

自然歷史博物館
The Steinhardt Museum of Natural History

　2013 年成立，外型是挪亞方舟，館內有超過 550 萬種來自歐亞非大陸的動植物，比較適合國中以下的學生參觀。

🌐 smnh.tau.ac.il/en | 📍 Klausner St 12, Tel Aviv-Yafo(在流散人民博物館旁邊) | 📞 +972-3-640-7070 | 🕐 週一、三10:00～16:00，週二、四、六10:00～18:00，週五10:00～14:00 | 休 週日 | 💲 成人50NIS、學生40NIS、孩童(5～18) 40NIS | MAP P.274

美角 Spotlight｜雅法半日玩法

雅法是很適合在巷弄迷路和自由散步的城市，趕時間的話，下面幾站不要錯過囉！從雅法的最高點開始，在老巷弄裡開始逛，經過雅法海港，再到跳蚤市場。／路線長度：2.5公里／所需時間：至少2小時 (路程30分鐘)

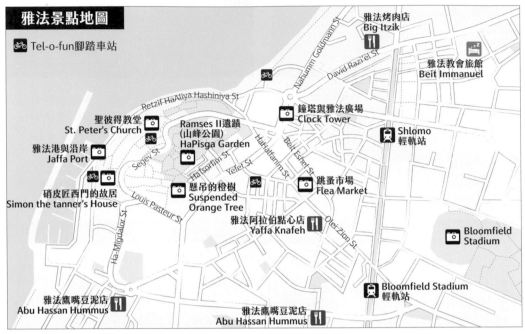

雅法景點地圖

- Tel-o-fun腳踏車站
- 雅法烤肉店 Big Itzik
- 雅法教會旅館 Beit Immanuel
- Retzif HaAtiya Hashiniya St
- 聖彼得教堂 St. Peter's Church
- Ramses II遺蹟 (山峰公園) HaPisga Garden
- 鐘塔與雅法廣場 Clock Tower
- Shlomo 輕軌站
- Nahumm Goldmann St
- David Razi'el St
- 雅法港與沿岸 Jaffa Port
- Segley St
- Hafsorfim St
- Yefet St
- HaHatfarim St
- Beit Eshel St
- 跳蚤市場 Flea Market
- 硝皮匠西門的故居 Simon the tanner's House
- Louis Pasteur St
- Ha-Migdalor St
- 懸吊的橙樹 Suspended Orange Tree
- 雅法阿拉伯點心店 Yaffa Knafeh
- Oter Zion St
- Bloomfield Stadium
- Bloomfield Stadium 輕軌站
- 雅法鷹嘴豆泥店 Abu Hassan Hummus
- 雅法鷹嘴豆泥店 Abu Hassan Hummus

第一站：懸吊的橙樹
Suspended Orange Tree

這是一顆活的樹！雅法港是海港，附近沙地種的柳橙，從這裡出口到歐洲，因而被稱為雅法橙！

MAP P.278

第二站：山峰公園
HaPisga Garden

舒適的綠地公園，雅法最高點，適合瞭望特拉維夫！公園裡留下西元前 13 世紀 Ramses II 遺跡，證明雅法在迦南時期就存在，並曾被埃及統治過。**MAP** P.278

第三站：聖彼得教堂
St. Peter's Church

位於中心的 Kedumim 廣場上，建於 1894 年的天主教方濟會教堂，最初由十字軍所建，紀念俏皮匠西門的家，但被馬木路克人摧毀。

MAP P.278

第五站：雅法港與沿岸
Jaffa Port

整體城牆是在鄂圖曼土耳其時期的加強防禦，建國之後，政府為了重建雅法和解決治安問題，因而將房子有條件的送給藝術家，現在已是畫廊和特色小店的聚集地！ **MAP** P.278

第四站：硝皮匠西門的故居
Simon the tanner's House

傳統上認為是硝皮匠西門的家，彼得來約帕時在他家見到異象，又剛好有個從該撒利亞來的羅馬軍官來訪，彼得開始向外邦人分享關於耶穌的福音，現場的人就被聖靈充滿了 (使徒行傳 9-11)。「彼得清真寺」於 1730 年建造於此，現在是亞美尼亞人的家產，怕引起宗教衝突，被政府規定不准開放。

MAP P.278

第六站：鐘塔與雅法廣場
Clock Tower

鄂圖曼土耳其時期的市中心廣場，以前是護城河，鐘塔建於 1901 年，據說是有個賣鐘錶的人，因為受不了一直被問時間而蓋的。左邊為以前的市議會，右邊為以前的監牢，這裡是免費導覽的集合地點。

MAP P.278

第七站：跳蚤市場
Flea Market / Shuk Hapishpishim

從家具、畫作、珠寶、衣物、破銅爛鐵的二手市場，到文青風精品小店，什麼都有！

🕐 週日～四09:00～17:00、週五09:00～14:00 | 休 週六 | MAP P.278

旅遊眉角

老雅法的「免費」導覽

免費導覽是快速認識一個城市的好方法，每天早上 10 點，Abraham Tours 與 Sandemans New Europe 有提供「免費」英文導覽，是由以色列領證的專業導遊做介紹，行程約 2 小時，內容很風趣實在，小費的行情價是一人 50NIS。

美角推薦

地中海旁的美麗羅馬城市

該撒利亞國家公園
Caesarea National Park

🌐 reurl.cc/jljOYZ；詳細介紹 reurl.cc/4Q7GvK | 📍 Caesarea | 📞 +972-4-626-7080 | 🕐 週日～四秋天(9～10月)08:00～17:00、冬天(11～4月)08:00～16:00、夏天(5～8月)08:00～16:00，週五秋天08:00～16:00、冬天08:00～15:00、夏天08:00～16:00 | 💲 成人39NIS、學生33NIS、孩童(5～18)24NIS | ➡️ 1.開車最方便。2.轉兩次巴士在「Rothschild/HaMigdal」下車後走15分鐘。3.Abraham-Tours當地團有專車 | ⌛ 4小時 | ⁉️ 1.有3個入口，提到彼拉多的碑在靠近劇場的入口。2.影音中心有放影片，30分鐘一場。3.水道(Adquduct)不在景區內，而是在右手邊的海灘那邊，免門票費。4.商店營業到晚上8點 | 🚌 徒9:30、徒18:22、徒12:19、徒25:13、徒25:4 | MAP P.274

　瘋狂建築師希律王，在美麗的地中海旁的蓋了羅馬風格城市，這裡有劇院、賽馬場、澡堂等等，也是使徒行傳中提到的「該撒利亞」！

　希律把希臘村莊司特頓堡，花了12年改造成了一個不同凡響的偉大羅馬城，並以羅馬皇帝「該撒奧古斯都」(Augustus Caesar)

來命名，這裡曾是國際港口、是官府，也有監牢。第二聖殿被毀後，基督徒、猶太人、撒瑪利亞人和異教徒，直到西元3～4世紀都住在這裡。

　入口處是可坐4,000人的羅馬劇場，走到海邊是希律宮殿，考古人員挖掘出的石碑上，居然提及了總督「彼拉多」。連接著是

寬50公尺、長250公尺，據說可容納1萬個觀眾，用來看戰車比賽的U型競技場！穿過羅馬拜占庭時期的街道，有收稅的地方，也可以看到希律設計的引水道，把迦密山泉水引來的高級澡堂區。

在最高點，希律蓋了加高的神廟舞台，原來用來祭祀奧古士督和羅馬守護神羅馬，後來改成了拜占庭教堂，阿拉伯人又蓋了清真寺，最後十字軍又蓋了教堂。靠近出口的城牆也是阿拉伯人所建，再由十字軍改建成的9公尺深的護城河。最後，不要錯過多媒體中心裡面的多媒體互動和免費影片！

---

1. 現在仍有辦音樂會的羅馬劇院／2. 海上宮殿剩下的馬賽克地板／3. 原本放羅馬神明的神廟舞台／4. 愛泡澡的希律，一定會蓋引水道

彼拉多後來怎麼了？

彼拉多的石碑，證實了真的有個叫做彼拉多的猶太巡撫。文獻記載彼拉多審判耶穌的 3 年後，因為鎮壓了撒瑪利亞起義者而被召回羅馬詢問，後來沒有再回來猶大省，但他回到義大利 Bisenti 村莊過晚年時，反而信了耶穌，成了基督徒。

▲彼拉多石碑

海法
Haifa

迦密山脈的一角，先知以利亞曾經來過，也有出名的巴哈伊花園！現代海法是以色列第三大城，是猶太人與阿拉伯人共存、居民認真生活與工作的美麗地中海城市。

海法散步路線：

搭乘短捷運到迦密山頂，參加巴哈伊上花園的導覽，經過Wadi Nisnas社區。下午可去Carmel海灘或阿卡，晚上在德國社區感受氣氛。

路線長度：約2公里／所需時間：至少3小時

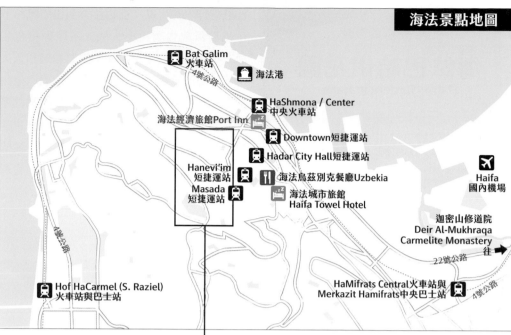

海法景點地圖

Bat Galim 火車站
4號公路
海法港
HaShmona / Center 中央火車站
海法經濟旅館 Port Inn
Downtown 短捷運站
Hadar City Hall 短捷運站
Hanevi'im 短捷運站
海法烏茲別克餐廳 Uzbekia
Masada 短捷運站
海法城市旅館 Haifa Towel Hotel
Haifa 國內機場
迦密山修道院 Deir Al-Mukhraqa Carmelite Monastery 往
22號公路
4號公路
Hof HaCarmel (S. Raziel) 火車站與巴士站
HaMifrats Central 火車站與 Merkazit Hamifrats 中央巴士站

海法小檔案

名稱與含意：可能是「美麗的海岸」
面積：64 km^2
人口：約 1,174,429
降雨量：500 mm
平均氣溫：9°～16°(1月)、
　　　　　23°～29°(7月)
海拔：7 m

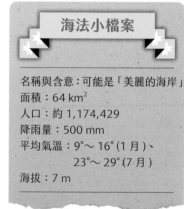

巴哈伊花園 (下花園入口) Lower Garden Entrance
Abbas St
巴孛陵墓 Shrine of the Báb
Shifra St
Hatzionut Ave
巴哈伊花園(上花園集合處) Bahai Gardens (upper garden)
HaNass Blvd
Yefe Nof St
觀景台 Louis Promenade
季科京日本美術館
Bnai Zion 短捷運站
海法動物園
HaCarmel Center 短捷運站

海法巴哈伊花園
Bahai Gardens in Haifa

🌐 reurl.cc/n7jAEv；詳細介紹 is.gd/kEmV89 | 📍 45 Yefe Nof Street, Haifa(上花園集合地點) | 📞 +972-4-831-3131 | 🕐 上花園必須跟導覽，中間陵墓09:00～12:00、下花園09:00～17:00(建議先確認官網與預約) | 休 週一 | 🚌 搭乘海法Carmelit到「HaCarmel Center」，下車走9分鐘到導覽集合地點 | ⏳ 1.5小時 | ⁉️ 1.不可以吃東西、也不可以嚼口香糖。2.手機要開到靜音。3.衣著需要端莊(不可露肩膀、短褲要及膝)。4.不可觸摸植物。5.下雨天地滑請小心。6.建議提早10～15分鐘到 | 🗺️ P.283

美麗的花園，創辦人巴孛在1909年被安葬於此，陵墓在1953年完工，階梯花園在2001年完工，在2008年被選為UNESCO世界遺產。

花園景色優美，可以俯瞰海法灣，導覽行程主要介紹巴哈伊教信仰。巴哈伊教是西元1844年由什葉派穆斯林巴孛，從伊朗發起的新宗教。全世界有600萬巴哈伊教徒，在台灣曾被稱為大同教。巴孛(Báb)，意思是「門」，他也說自己是彌賽亞，信仰一神，當時有18個信徒承認他，加上他自己就是19人，所以花園包含陵墓，一共是19層。

巴哈歐拉，意思是「神的榮耀」(Bahá'-u'lláh)，他是巴孛所預言，會將巴哈伊教發揚光大的繼承者，他被逼迫和關在鄂圖曼土耳其帝國各地的監獄。1909年他把創辦者巴孛的骨頭埋在海法的迦密山，也就是現在的「巴哈伊花園」。

巴哈歐拉寫了大部分巴哈伊教派的教義，

他們信仰一神，從「亞伯拉罕到巴哈歐拉」。巴哈伊教強調和平、個人靈修與禱告生活、不需要有固定聚集、不需要教師和人人平等。為了示範巴哈伊理念，他們透過由650位志願工作者，每天維護整個花園的寧靜和美麗，來宣達：先把所生活的這個世界努力維持美好。全世界只有7個巴哈伊教的靈曦堂，這裡也是9位巴哈伊最高領袖管理的辦公室。

---

1. 為了宣傳信仰，花園整理的非常漂亮，花園一共19大階，除了19階有象徵意義之外，花園其他的符號、種的植物都沒有特別的含義 / 2. 中間是巴孛陵墓，因為巴哈伊教也相信以利亞，所以選擇安葬於聖地迦密山

紀念大戰巴力先知的地方

迦密山修道院
Deir Al-Mukhraqa Carmelite Monastery

☎ +972-4-836-7269 | 🕐 暫時只開放週六09:00
～16:00 | 💲 4NIS | ➡ 離海法東南方約30分鐘的
車程 | ⏳ 0.5小時 | 📖 王上18:17-46 | 🗺 P.283

「你們心持兩意要到幾時呢？若耶和華是
神，就當順從耶和華；若巴力是神，就當順
從巴力。眾民一言不答。」
—— 列王記上 18:21

迦密山脈的天主教堂，海拔約474公
尺，由迦密會神父管理，紀念先知以利亞曾
在迦密山上挑戰事奉巴力的先知。

北國以色列的亞哈王，娶了推羅王的女兒
耶洗別，百姓因此轉為事奉巴力(Baal)，意
思是「主」。Mukhraqa，意思是「火」，因
為在眾人面前，耶和華降下火來證明誰才是
真神。

西元12世紀的猶太拉比Jacob of Paris曾

無敵海法灣夜景

在參加上花園導覽前，先經過 Louis
Promenade 觀景台看看海法灣的風景，
晚上也可以來觀賞浪漫的日落與夜景。

▲白天坐在這欣賞美景，也是一種享受

在十字軍蓋的小教堂裡看見12塊石頭，可
能是當時以利亞築壇求火的石頭，基順河也
真的在下方，現代小教堂建於1883年。記
得到屋頂陽台上看看遼闊的耶斯列平原！

---

1. 小教堂外觀／ 2. 以利亞的雕像

阿卡
Acre / Akko

UNESCO世界文化遺產

　　整個阿卡都在2001年成為UNESCO世界文化遺產，這個頗有鄂圖曼土耳其風格的城市，是聖地複雜歷史的縮影。迦南人曾住在「亞珂」，在希臘羅馬時期阿卡就像推羅一樣是重要的貿易之都，包含保羅也有在這裡停留，後來十字軍在這裡建立了城堡，拿破崙也想從鄂圖曼土耳其人手中打下阿卡。英國人也在此關押很多猶太地下組織運動的猶太人以及阿拉伯人。

　　這裡是進入加利利的門戶，風平浪靜時，是重要的貿易港，碰上戰爭時，又有良好的戰略位置，很難想

阿卡小檔案

名稱與含意：可能是「到此為止」
面積：14 km²
人口：約 48,330
降雨量：558 mm
平均氣溫：10°～17°（1月）、
　　　　　24°～31°（7月）
海拔：7 m

像歷史課本中提過的角色，幾乎都陸續在這裡出現過，來感受一下歷史吧！

阿卡散步路線：

　　先從舊城的訪客中心開始參觀十字軍騎士大廳，之後經過1782年蓋好的白清真寺(Al-Jazzar Mosque)，靜靜的在巷弄中穿梭，經過有綠色屋頂的橄欖清真寺(E-Zaitune Mosque)，在舊市集與土耳其市場(The Turkish Bazaar)逛逛，再去柱子客棧旁的地下隧道，花點時間享受大海風景，再到城牆博物館。

路線長度：約1.5公里／所需時間：至少2小時

阿卡景點地圖

- Burj Al-karim 觀景台
- 往海融洞 Rosh Hanikra Grottoes
- 民族文物博物館
- El Jazzar St
- 騎士大廳與遊客中心 Knights' Halls
- 阿卡Hummus Fadi
- 巴士站
- The Turkish Bazaar
- Salah ad Din St
- 阿卡鷹嘴豆泥店 Hummus Said
- Yehonatan Ha-Khashmonai St
- Zalman ha-Tsoref St
- 橄欖清真寺 E-Zaitune Mosque
- 馬沙灘
- 阿卡海鮮料理餐廳 Uri Buri
- 阿卡阿拉伯點心 Kashash
- Talmi St
- 十字軍隧道
- 前往海法的阿卡海港
- Salah&Bazri St
- 燈塔
- Leopld ha-Sheni St

▲ 防禦城牆地圖

▲ 阿卡海港

▲ 以黎邊境的打卡景點

阿卡古城與海融洞景點聯票

　　建議先在網上購買阿卡古城景點聯票，包含土耳其浴室、十字軍騎士大廳、聖殿騎士隧道、城牆內民族博物館和畫廊，價格為每人49NIS，或是購買包含海融洞的門票84NIS更划算！

http akko.org.il/en/Entrance-fees

▲阿卡門票購票網址

▲包含海融洞的門票購票網址

十字軍醫院騎士團城堡

騎士大廳
Hospitaller Fortress (Knights' Halls)

http www.akko.org.il/en；詳細介紹 reurl.cc/jljoOq | 📍 Weizman St 1, Acre | 📞 +972-4-995-6707 | 🕐 週日～六冬天08:30～18:00、夏天08:30～19:00，週五冬天08:30～17:00、夏天08:30～17:00 | 💲 49NIS(需買聯票) | ➡️ 在Acre Visitor's Center旁邊，從海法搭乘火車轉巴士到老阿卡(可用501一日票) | ⏳ 2小時 | ⁉️ 1.有中文語音導覽，需要押護照。2.導覽機有連Wi-Fi，不需輸入號碼會自動播放。3.騎士大廳裡面的虛擬實境20NIS，約8分鐘 | 🕌 ±1:31 | MAP P.287

翻修過的騎士大廳，是由醫院騎士團(Knights Hospitaller)建於西元12～13世紀的十字軍城堡，是十字軍在聖地最後的基地，也是阿卡的主要亮點！入口處免費的語音導覽機居然有中文選項，順著指示走，可以輕鬆而深入的了解阿卡城堡生活以及十字軍歷史。

西元1096～1099年，十字軍發動第一次東征成功，在哈丁戰役敗給伊斯蘭教徒薩拉丁後，發動了第三次十字軍東征，卻仍沒有拿回耶路撒冷，只好在阿卡做十字軍的基地。西元1291年，20萬馬木路克人來攻打只有1.2萬兵力的十字軍，十字軍在阿卡城堡結束了在聖地的統治。

為要顯示自己的財力，十字軍蓋了5公尺高的囚犯大廳，旁邊是7.5公尺高的美麗大廳。城堡內有聖約翰教堂和地下墓穴，可以看到3個墓碑。十字軍的收入來源，有向朝聖客賣贖罪券(Indulgences)，也有為國王和貴族生產蔗糖，當時在歐洲蔗糖是很稀少的，甚至能當藥吃。

5

穿過南街會看到城門，然後需要轉90度彎，這樣的防禦設計可以讓敵人攻下城門時，放慢速度。挑高到10公尺的十字軍餐廳，是十字軍吃飯的地方。穿過庭院，大廳裡有不少多媒體展示、遊戲和虛擬實境，以及騎士大廳也有多媒體展示與歷史文物。

1. 美麗大廳，有中文標示／2. 從12世紀保留到現在的大廳／3. 騎士大廳的多媒體展示／4. 別錯過分成4排的十字軍公廁／5. 阿卡城堡的入口

以色列版藍洞

海融洞
Rosh Hanikra Grottoes

http www.rosh-hanikra.com/en｜⊙ 1, Rosh HaNikra｜☎ 07-327-10100｜⊙ 09:00～17:00(最晚入場時間為16:00)｜$ 成人47NIS(可以線上購買與阿卡騎士大廳的聯票84NIS)｜➡ 搭火車到Nahariya火車站後，轉搭31號巴士約10分鐘後到「Rosh Hanikra Lookout」｜⧗ 1.5小時｜⁉ 1.下雨天若風太大，纜車會關閉。2.洞內有免費影片介紹，有中文字幕｜MAP P.221、287

以色列的夢幻觀光景點，在古代「推羅

之階」的山腳，是黎巴嫩與以色列邊境間的重要路口，從峭壁上的觀景台就能看見美麗的海岸線，搭乘短短的纜車下到懸岩後，將會抵達充滿歷史性的隧道口，以及因為海浪衝擊而產生的以色列版藍洞。

在1941年的英國託管時期，曾經興建了一條從埃及到推羅(黎巴嫩)的鐵路，但在1948年獨立戰爭時為了防止黎巴嫩偷偷運送武器到以色列，隧道就被猶太軍事組織Haganah炸毀。

---

1. 可愛的小纜車／2. 美麗的藍洞，現場比照片美麗

1

2

食住行最前線

餐廳

　　特拉維夫、海法、雅法、阿卡都能吃到很不錯的餐廳，除了當地小吃之外，也有異國料理的選擇，下面列幾個我覺得可以嘗試的餐廳，但大家更可以從 Google Maps 看評價找餐廳唷！

特拉維夫炸豆子球餅
(Falafel Razon)

超便宜的炸豆子球餅，物超所值，千萬不能讓它倒閉。

📍 King George St 17 Tel Aviv-Yafo(靠近Bezalel Market) | 📞 050-720-2099 | 🕐 週日～四 09:00～19:00、週五09:00～16:00 | 休 週六 | $ 8NIS | MAP P.275

雅法烤肉店
(Big Itzik)

非常好吃的烤肉店，全以色列唯一吃得到以色列產和牛沙威瑪的餐廳，價格實惠，小菜好吃。

📍 David Razi'el St 3, Tel Aviv-Yafo | 📞 +972-036-830-033 | 🕐 週六～四11:30～23:30 | 休 週五 | $ Kebab口袋餅40NIS、烤肉2串+20道小菜吃到飽約120NIS、檸檬汁12NIS | MAP P.278

葉門家常菜
(Saluf & Sons)

頗受當地人歡迎的葉門家庭餐廳，可以試蔥抓餅 Malawach。

📍 Nahalat Binyamin St 80, Tel Aviv-Yafo | 📞 035-221-344 | 🕐 週日～四11:00～22:00、週五10:00～16:30 | $ 蔥抓餅32NIS、燉肉或湯品約52NIS、週日到週四17:00～19:00有特價25NIS餐點和啤酒買1送1 | MAP P.275

雅法阿拉伯點心店
(Yaffa Knafeh)

400 年古屋內開的阿拉伯點心店，阿拉伯起司點心 Kanafe 跟玫瑰水奶酪 Malabi 都很好吃，店內有廁所跟 Wi-Fi，很值得來。

📍 Olei Zion St 24, Beit Eshel St 12, Tel Aviv-Yafo | 📞 +972-3-970-2051 | 🕐 11:00～00:30 | $ Kanafe 22NIS、Malabi奶酪12NIS、茶5NIS | MAP P.278

▶ 雅法鷹嘴豆泥店
(Abu Hassan Hummus)

雅法公認最好吃的鷹嘴豆泥老店！非常多當地人來吃。

📍 Ha-Dolfin St 1, Tel Aviv-Yafo | ☎ +972-3-682-0387 | 🕐 週日～五09:00～15:00 | 休 週六 | 💲 整份鷹嘴豆泥22NIS | MAP P.278

▶ 海法烏茲別克餐廳
(Uzbekia)

烏茲別克猶太人開的家庭餐廳，店內狹小，價格實惠又好吃，沒吃過烏茲別克菜可以試試看。

📍 Herzl St 39, Haifa | 🕐 週日～四11:00～19:00、週五11:00～14:00 | 休 週六 | 💲 Pulov牛肉飯40NIS、牛肉餅20NIS、Kinkali大餃子35NIS、Lagman牛肉麵 35NIS | MAP P.283

▶ 阿卡阿拉伯點心
(Kashash)

從 1932 開始賣阿拉伯點心 Kanafe 的老店，非常受當地人歡迎！

📍 Acre舊市場內(靠近Hummus Said) | 🕐 10:00～22:00 | 💲 15NIS、加冰淇淋的25NIS | MAP P.287

▶ 阿卡海鮮料理餐廳
(Uri Buri)

無敵美味海鮮料理的高級餐廳，值得一來！建議提早預約。

📍 11 Hagana, Acre(離十字軍隧道的出口不遠) | ☎ +972-4-955-2212 | 🕐 02:00～00:00 | 💲 半份餐點 60～90 NIS | MAP P.287

▶ 阿卡
(Hummus Fadi)

在進舊城前很熱鬧大街旁，竟然不是黑店，超划算的商業午餐，真的可以吃到兩串烤肉、飯、餅、薯條和 10 樣阿拉伯小菜，兩個女生點一份也夠吃了！需要注意，不想吃的話不需要加購鷹嘴豆泥 (28NIS) 跟可樂 (10NIS)。

☎ +972-4-991-6125 | 🕐 10:00～19:00 | 💲 商業午餐40NIS | MAP P.287

▶ 阿卡鷹嘴豆泥店
(Hummus Said)

當地熱門的鷹嘴豆泥百年專賣店，全以色列最好吃的鷹嘴豆泥，值得排隊。

📍 Acre舊市場內 | ☎ +972-4-991-3945 | 🕐 05:00～14:30 | 休 週六 | 💲 整份鷹嘴豆泥20NIS (可要免費紅茶) | MAP P.287

知識補給站
嚴格素食者的天堂

特拉維夫是全世界「嚴格素食」人口比例最高的城市，約有 5% 人口完全不吃蛋和肉！城市內有 400 間嚴格素食餐廳，大約占了城市的 10%。

住宿

特拉維夫、海法、雅法、阿卡的住宿選擇很多，建議以有早餐和位置方便度為優先考量，另外要發揮以色列「小」的優勢，可以選擇某個城市作為過夜城市，以放射性玩法去做一日遊，省下換旅館的舟車勞頓。

特拉維夫青年旅館
(Abraham Hostel Tel Aviv)

超大規模的青年旅館，活動豐富、交誼廳大，適合來這認識朋友和參加行程。

📍 Levontin St 21, Tel Aviv-Yafo(離Allenby St 輕軌站走路3分鐘) | ☎ +972-3-624-9200 | 💲 床位$29、雙人房$120，含早餐 | MAP P.275

特拉維夫膠囊旅館
(WOM Allenby by Brown Hotels)

靠近海邊的精品型膠囊旅館，位置靠海，適合單獨旅行又在乎隱私的人。

📍 21 Allenby St, Tel Aviv | ☎ +972-3-974-7045 | 💲 單人膠囊$40、雙人膠囊$70，不含早餐 | MAP P.275

海法經濟旅館
(Port Inn)

距離火車站和德國社區走路5分鐘，布置溫馨，有小花園。

📍 Derekh Yafo 34, Haifa | ☎ +972-4-852-4401 | 💲 床位$25，含早餐 | MAP P.283

海法城市旅館
(Haifa Towel Hotel)

辦公大樓內基本的旅館，位置和交通方便，可直接在床上看到無敵的日出，C/P值高。

📍 Herzl St 63, Haifa(14樓) | ☎ +972-54-355-1095 | 💲 雙人房$60 | MAP P.283

雅法教會旅館
(Beit Immanuel)

超過100年的英國新教教會旅館，位置方便，離雅法海邊走路10分鐘，離特拉維夫鬧區走路15分鐘，還有自己的停車場，適合基督徒或喜歡安靜的人，最少住兩晚。

📍 Auerbach St 8, Tel Aviv-Yafo(離Elifelet輕軌站走路3分鐘) | ☎ +972-3-682-1459 | 💲 雙人房$120、3人房$150、4人房$185，含早餐 | MAP P.278

聯外交通攻略

沿海城市，可多享受方便、舒適又划算的火車，班次都很多，是相對容易自助的地區！

前往特拉維夫

參考從機場、耶路撒冷前往特拉維夫的方式(P.143)。

前往耶路撒冷

從特拉維夫出發

參考從耶路撒冷前往特拉維夫的方式。平日和安息日都有共乘計程車前往耶路撒冷，上車地點在中央巴士站(Tel Aviv Central Bus Station)的旁邊。

特拉維夫中央巴士站就在Hahagana火車站旁，巴士站內部老舊又髒亂，電扶梯常常不能用，入口是Level 4，

商場在Level 3和Level 4，到Netanya等其他城市的月台在Level 6，通往耶路撒冷的月台在Level 7。

從海法出發

在郊區的中央車站「Merkazit Hamifrats」搭乘#960巴士，車程約2小時。或在「Hof HaKarmel Central Station」巴士站搭乘#940，車程約2小時。或是搭乘#947巴士。

- 車程：約2.5小時
- 車資：16NIS
- 車班：早上05:50發車，每小時1～3班車
- 末班：平日為20:30，週五為15:50，週六安息日結束後17:30重新發車，末班車為22:40

前往機場

可以參考從機場前往特拉維夫的方式，從海法前往機場，同樣為搭乘火車。遇上週五和週六，從海法有共乘計程車。

- 車程：約1.5小時
- 車資：119NIS
- 預約電話：04-8662324

前往海法

可參考從拿撒勒和提比哩亞前往海法的方式(P.266)。

從特拉維夫出發

特拉維夫從南到北一共有4個火車站：Hahagana(最常使用)、Hashalom、Savidor、University，可抵達海法從南到北的4個火車站Hof HaCarmel（S. Raziel，迦密山巴士站在這）、Bat Galim、HaShmona／Center(最常使用)、HaMifrats Central(中央巴士站和Metronit也在這)。

- 車程：約1.5小時
- 車資：27NIS
- 車班：早上05:47發車，每小時3～4班車
- 末班：約在21:49，週五週六不發車

▲ Hahagana 火車站前往市區的巴士站要從這個出口離開，因為到地面後不會有斑馬線，只能再下樓梯走人行地下道和再爬樓梯

從阿卡出發

從阿卡到海法有4種方式：

1. 從阿卡「Ako」火車站搭乘火車。
- 車程：22～30分鐘
- 車資：13.5NIS
- 車班：尖峰時段每小時3～4班車。晚上的車班時刻：

20:22、20:55、21:55、23:21、00:21、01:21、02:21，直到天亮仍陸續有車

- 注意：週五停駛，週六安息日結束後20:50開始發車

2. 從阿卡火車站前的巴士站牌搭巴士，抵達海法中央車站「Merkazit Hamifrats」。
- 車程：約30分鐘
- 車資：13.5NIS

3. 從阿卡舊城海港，可增加趣味搭乘渡輪前往海法，在「Haifa Port」下船。
- 船程：單程約1小時
- 船資：30NIS、來回55NIS，不可用Rav-kav卡，只收現金
- 船班：每週一、二、三的船班為10:00與15:00，每週六為09:30、12:30、16:30

▲普通的渡輪

4. 安息日可從阿卡搭乘共乘小巴到海法。
- 車資：單程費用為一人45NIS(平日30NIS)
- 預約電話：04-866-4444、04-862-2115

前往阿卡

從特拉維夫出發

參考前往海法的方式，同班火車也會前往阿卡。

從海法出發

渡輪的船班為每週一、二、三的11:00與16:00，每週六為11:00、13:30與17:30。

郵輪的靠岸觀光行程

若你是搭乘地中海郵輪來以色列觀光，抵達亞實突(Ashdod)海港時可以規劃前往耶路撒冷或死海，而抵達海法時則方便前往加利利。除了郵輪公司提供的行程，網路上也有不少一日遊行程，例如Viator或Tourist Israel提供的行程都可以參考。

▲ Viator 平台提供的從海法到加利利行程

▲ Tourist Israel 提供的亞實突去耶路撒冷與伯利恆行程

市區交通攻略

海法市區交通

在海法有3個獨特的大眾交通工具，用Rav-kav卡或Moovit APP的話，市區交通費都是單程票5.5NIS，包含90分鐘內的轉乘。

海法長巴士Metronit

有點介於巴士與捷運之間的長巴士Metronit，有自己的月台跟專用道，2022年後是上車後再刷Rav-kav卡或用Moovit APP掃QR碼來付款，沒有販售單程票。目前已有5條路線，觀光客最常用到的紅線(Hof Carmel Central-HaKrayot Central)尖峰時段每4～8分鐘一班，離峰時段10～20分鐘一班，24小時有車，就連安息日也有營運。

海法短捷運 Carmelit

在2019年才重新啟用的海法地下短捷運，一共只有6站，從海法HaShmona火車站走約10分鐘會到巴黎廣場的「Downtown」，這是起站，末站則是山上可前往巴哈伊上花園的「Carmel Center」，通常觀光客會用到就是頭尾這兩站！入站前感應Rav-kav卡或以Moovit掃QR碼來進站和付款，或是也有販售紙本單程票(不划算)。

營運時間為06:00~24:00，週五開到15:00，週六從19:00開始直到24:00。

其他交通工具

海法有兩種纜車，觀光纜車(Bat Galim cable car)是從Bat Galim到Stella Maris，距離非常短，單程票25NIS或來回票35NIS，要注意這不是大眾交通工具。另一種是屬於大眾交通工具的纜車(Rakavlit)，但可惜觀光客基本上用不到這條從中央巴士站(HaMifratz Central Bus Station)到海法大學的路線！

使用機器購買一日票步驟

海法Metronit車站幾乎都會放置1、2台機器，可以充值Rav-kav卡或購買一日票，步驟大同小異，非常簡單。

▲自動售票機：1.信用卡感應處／2.Rav-kav卡放置處／3.放晶片信用卡處／4.收據出口

Step 1 選擇方案

在月台的售票機放置Rav-kav卡後，點選第三個選項「New Periodical Contract」(新的短期合約)。

Step 2 選擇是否要包含火車

按照個人需要是否會搭到火車，還是搭巴士就好。

Step 3 選擇距離

有15km、40km、120km、225km等選項，海法市區內都選15km，跨市區選40km比較安全。

Step 4 完成扣款

用信用卡付款，請注意晶片式的信用卡容易被拒絕，建議用感應式的。

阿卡市區交通

從火車站出來斜對面有站牌可搭乘#13、#343巴士前往「The Old City」。

▲ #13 巴士

特拉維夫雅法市區交通

特拉維夫雅法的火車站都離市區不近。在市區內移動，可以考慮步行。另外安息日也有巴士會營運唷！

市區裡的共乘小巴

每天都有車，有4條路線，最常見的4號路線由南到北，從中央巴士站、Allenby St.、Ben Yehuda St.到特拉維夫海港的Reading Bus Terminal。而5號則是從中央巴士站走經過Dizengoff Center的路線，抵達Yarkon公園。

共乘小巴沒有時刻表，也沒有站牌，但經過路人時司機會觀察你是否需要搭車，非常貼心。車費8NIS，可用Rav-kav卡和一日票！

輕軌

特拉維夫的輕軌，終於在2023年開通紅線啦！15公里內單程票為5.5NIS，必須用Rav-kav卡或APP才能進站！

善用巴士火車一日票

特拉維夫和雅法可買15km 巴士一日票，海法市區內的交通也可以用，請參考 P.51。

實用旅遊資訊
Practical Information

旅遊生活小錦囊

▲善用便宜的食物

疫情後仍撐下來的旅遊業者，無論是機票、住宿、餐飲等都有調整價格，特別以色列是數一數二的高物價國家，因此建議暫時放棄窮遊心態，以能省則省的基本合理預算來破解以色列吧！

預算規劃

機票：台灣飛以色列約需要4～5萬台幣，可考慮國泰航空、阿聯酋航空和土耳其航空。

住宿：青年旅館的床位，一晚約台幣800～1200。旅館雙人房或3人房，每人約台幣1,000(2星)、台幣2,000 (3星)、台幣2,500 (4星)。

餐飲：以色列的小吃一份約台幣300～350，普通餐廳一份主餐約台幣700，高級餐廳一份主菜約台幣1,000起，飲料約台幣150、前菜約台幣500、甜點約台幣400。超市預算也需要一餐約台幣300。

交通：Rav-kav卡搭配一日票(台幣150～250)，租車約一天台幣3,000～4,000。

景點及購物：以色列有許多免費景點，甚至城市本身就很值得慢慢逛！在範例行程提到過的收費景點，約台幣6,000～8,000。

以色列旅遊 11 個省錢眉角

1 轉機省機票錢
如果看到飛歐洲的特價機票，可先飛歐洲再搭乘廉價航空來回以色列，能省機票錢又同時玩到歐洲！

2 利用沙發衝浪
以色列人頗為好客，若願意花時間在沙發衝浪網站 (www.couchsurfing.com) 上找接待主，會省下不少住宿費。

3 附早餐的青年旅館
以色列的咖啡館早餐都是台幣 400 起跳，所以在青年旅館吃很飽的早餐可以省下不少錢！

4 帶泡麵、帶米、帶悶燒壺
熱呼呼的泡麵或飯，可省下貴森森的外食費用，若有悶燒壺的話能在國家公園或是用餐不方便的景點隨時吃飯。

5 善用便宜的食物
以色列各城市都有 Cofizz 或 Cofix 連鎖店，咖啡 6NIS、可頌 10NIS，或在 Google Maps 搜尋關鍵字，找附近低單價又有飽食感的食物，Pizza 一片約 12NIS、Falafel 鷹嘴豆泥 20NIS。

6 善用超市
超市買東西自己煮比吃餐廳便宜至少一半，要買超市特價折價品時，要對商品的條碼數字是否和特價商品相同！可先下載 Baladi 的 APP 進行研究，若在耶路撒冷可以在手機下單（滿 400 舍客勒免運）。

7 善用交通一日票
好好研究「一日票」(Daily Pass)，可以省下很多交通費！

8 喝生水
以色列水龍頭的水，打開就可以生喝！不買礦泉水可省下不少錢。

9 到阿拉伯區逛逛
耶路撒冷、雅法、海法都有阿拉伯區，那邊的整體物價會比猶太區便宜約 7 折唷！

10 必買的國家公園年票
如果有計畫去超過 5 個以上的國家景點，建議要購買超級划算的國家公園年票。

11 選擇旅遊淡季出遊
9、10 月的秋天或 3、4 月的春天是最舒適的季節，但也是住棚節與逾越節的超級大旺季，旅遊成本會比較高。建議不妨利用農曆春假去以色列，因為 1、2 月剛好是當地的旅遊淡季，偶爾會下陣雨，但對台灣人來説，都還在可以接受的範圍內。

住宿選擇

每晚休息的地方，其實占了超過一半的旅行時間，也決定了你對以色列的印象！

朝聖者旅館／天主教教會住宿

完美的朝聖氣氛、悠久歷史(可能本身就是古蹟)、整潔乾淨和優良位置，早餐可能有火腿。通常是中年以上房客、親切友善的基督徒團體。房源通常不在訂房網站上，需要自己寫信詢價和訂房唷！

◀ 抹大拉朝聖者旅館，旁邊就是西元 1 世紀會堂

一般旅館

一般旅館房間舒適有隱私，房客通常是30歲以上的朋友、夫妻。不要住評分低於8的旅館，也要參考旅人給差評的理由。

http 訂房網站 www.booking.com、agoda.com、hotels.com

◀ 拿撒勒 Fauzi Azhar 的家庭房

青年旅館

活動多、有趣、社交性強、多人房的C/P值非常高且含簡單早餐，房客通常是各國背包客，要小心貴重物品不要被偷。

http 訂房網站 hostelworld.com

◀ 活動多又社交性強的青年旅館(特拉維夫 ABRAHAM HOSTEL)

公寓或民宿(Airbnb)

當地人的家，通常有廚房但不含早餐，適合獨立旅行的人或有開火計畫的家庭，若房東一起住則可以多聊天。

http 訂房網站 airbnb.com

◀ Airbnb 的公寓房型可以煮飯

沙發衝浪

當地人的家，為了文化或友誼交流，願意無償接待旅客。需要看完招待者的簡介和主動寫介紹信，適合有基本語言能力且想深入了解當地文化的有禮貌好客人。

http 訂房網站 www.couchsurfing.com

◀ 沙發衝浪，通常是睡客廳沙發或多餘的床墊上，有時候也會跟寵物一起睡

Kosher 的廚房

由猶太人經營的旅館為了要能接待敬虔的猶太人，廚房會嚴格保持「Kosher」（符合潔淨的條例），甚至還會每年花錢讓拉比認證！這針對的並不是客人，而是廚房環境，在安息日不能開火，包含不使用微波爐、不使用現榨果汁機……嚴守不同一餐吃奶與肉（所以只有教會住宿的早餐會有肉類）、不吃豬肉和蝦子。奶類與肉類的餐具會分開存放等等。

若住在猶太人的 Airbnb 或是沙發衝浪，在訂房和使用廚房前，最好先確認有什麼禁忌！另外為了尊重當地文化，千萬不要帶有豬肉的泡麵或食物到以色列人的家。

▲安息日會被收起來的現榨果汁機

▲拉比認證過的 Kosher 證書，旅館貼出來給敬虔猶太人看的

貨幣、匯率與換錢

以色列貨幣為新舍客勒(New Shekel)，通常被省略稱為舍客勒(Shekel)，在書寫上可用NIS或ILS代替，常見代號為「₪」。跟新台幣的誕生一樣，因為通貨膨脹的關係，在1985年，新舍克勒以1:1,000取代了舍克勒。在台灣換不到新舍客勒。

新舍客勒兌台幣通常在8.8～9之間，而且物價是台灣的2～3倍，真的是全世界最貴的國家之一。

▲紙鈔有 20、50、100、200NIS

▲硬幣從右到左為 0.1、0.5、1、2、5、10NIS

ATM的手續費不可忽視

以色列路邊的ATM會收每筆約13.2～15.9NIS的手續費，以及台灣的銀行各家通常會收台幣70元，這些手續費加起來也蠻多的。(去巴勒斯坦自治區的話，手續費只要5NIS)。

▲只有 Hapoalim 銀行的 ATM 不收手續費！建議在機場時就可以去 Hapoalim(紅色) 的 ATM 領約 500NIS，但不要跑到旁邊 Discount 銀行 (綠色) 的 ATM，因為只有 Hapoalim 不收手續費

換錢要注意的事

以色列各城市的主要逛街路段都有換錢的地方(Money Exchange)，有時需要護照，除了機場匯率較差和有很高的手續費(機場美金$1.1起，換超過$100收1.83%)，各地方匯率頂多每100美金差3NIS，用以色列的物價來看，並不是差那麼多！

有些換錢的錢莊會用很好的匯率吸引客人，換完錢才發現其實有收高額的手續費，

▲耶路撒冷以雅法門的 David Street 走到底的錢莊匯率最好，而且也沒有手續費

▲有些錢莊有收手續費，例如在耶路撒冷苦路上有間錢莊收了 12.9% 的手續費

所以除了詢問匯率以外，一定要先確認是否「No Commission」(不收手續費)，或先問清楚手續費多少。

另外，錢莊給的匯率，只適用於面值為100或50的美金或歐元，若拿出20或以下的紙鈔，雖然數字一樣，但店家會用較低的匯率購買你的貨幣，而硬幣也都是不收的。

刷卡最推薦

我最推薦的消費方式是：刷卡，因為信用卡消費的匯率會最接近網路報價，信用卡公司也有回饋活動，還不用擔心剩下零錢怎麼處理，但建議要確認帳單上商家沒有打錯金額或幣值。同時，觀光區有些商家會收美金和歐元，但建議身上一定要有100～200新舍客勒的現金。

國外上網

建議買張當地SIM卡，大多地方信號良好，價格也合理。註冊Moovit和Pango，都會需要使用當地的號碼才能做驗證。

在機場買手機上網卡

機場入境大廳有019櫃檯，網路價10天

▲在機場入境大廳，就會看到 019 櫃檯

美金$29(10GB)或30天$39(30GB)，可免費打國際電話到40個國家，包含台灣和香港，不能充值或保存使用。

http 019mobile.com(要先預約，不然現場價約$49，比網路價貴快要1倍)｜🕐 週六21:00～週五16:00，24小時營業，週五、六不能領卡

在市區買手機上網卡

以色列雜貨店和賣手機配件店都有賣SIM卡，目前常見的品牌為Pelefone、019，不需要任何證件、照片或是蓋手印就可買卡。

在市區買卡約80～100NIS，包含30天的100GB流量、3,000簡訊和3,000分鐘通話、Pelefone支持熱點分享。

SIM卡門號的有效時間為1年，從最後一次儲值開始計算，如果以後去以色列，就只需要花59NIS買網路流量！

▲耶路撒冷中央巴士站很多賣SIM卡的店，在這裡買會比在市區便宜，同時買超過3張卡可殺價看看

▲以色列的SIM卡收訊和價格大同小異

旅遊願身 寄明信片

明信片可能要1個月後才會抵達，有時候還會石沈大海！郵票可直接向旅館購買，機場航廈內有郵筒，旅館也能幫忙代寄，不建議去擁擠的郵局(而且疫情後還要預約才能去)，寄回台灣的郵資是7NIS，但通常會被建議買7.4或7.5NIS的郵票。

旅人必帶

以色列的溫差很大，耶路撒冷9度的時候，耶利哥可能26度！一天內可以經歷春夏秋冬，所以要帶能像洋蔥一樣穿脫的衣服。輕羽絨外套、帽子和圍巾一定要帶。另外還有這些小東西，記得要打包唷！

☐ 3C產品：轉接插頭(以色列的電壓是230V，一般手機、相機、電腦、吹風機等電器不需變壓，只要有歐洲規格的轉接插頭就可使用)、行動電源

☐水瓶或保溫瓶、圍巾或絲巾

☐冒險道具：手電筒、防水手機套、暗袋、行李鎖

☐盥洗用品：牙刷、牙膏、乳液、毛巾、衛生棉

☐防曬用品：防曬霜、帽子、折傘、太陽眼鏡

☐台灣零食與泡麵調料包

☐小禮物：台灣茶葉

☐藥物：維他命片、寶礦力粉末包、胃藥、阿斯匹靈、優點和OK蹦、蚊蟲藥、感冒藥等

跨境旅遊資訊

難得去一趟中東世界，規劃旅程時，也可考慮順便跨境去埃及(西奈半島)和約旦玩，更豐富完整認識這塊土地。3個國家在冬季沒有時差，但夏季因日光節約時間，以色列和約旦都會調晚1小時。過猶太和伊斯蘭節日時，關口會調整開放時間或關閉。每年的開放時間請上官網查詢。

http www.iaa.gov.il/en/land-border-crossings/alenbi/about

以色列、約旦、埃及4個關口資訊

以約之間有3個陸路關口，以埃有一個關口，可以輕鬆到西奈半島(半島之外的地區需要特別的簽證)，同個關口有兩個不同的名字。除了約旦中部關口之外，其他關口都會留下出入境章，若未來有意前往某些阿拉伯國家，建議旅遊結束後換護照！

走陸路關口要付離境稅！建議可提前在以色列郵局或網上付出境稅，還可省下6NIS手續費！

北部關口	關口開放時間	離境稅	簽證資訊	交通方式
以色列約旦河口岸 Jordan River Crossing	週日～四07:00～18:30 週五～六08:30～17:00	以色列 113NIS	免簽	16巴士(邊境～Beit She'an)
關口之間擺渡車費用5.5NIS				
約旦胡笙酋長口岸 Sheikh Hussein Crossing	週日～五08:00～18:00 週六08:30～18:00	約旦 10JOD	E-Visa、約旦通、有發落地簽(40JOD)	計程車 到安曼36JOD

中部關口	關口開放時間	離境稅	簽證資訊	交通方式
以色列艾倫比口岸 Allenby Bridge Crossing	週日～四08:00～00:00 週五～六08:00～11:00	以色列 197NIS	免簽	共乘巴士(到耶路撒冷47NIS)
關口之間擺渡車費用9JOD				
約旦胡笙國王橋口岸 King Hussein Bridge	週日～四07:30～22:00 週五～六07:30～13:00	約旦 10JOD	E-Visa、約旦通	計程車 到安曼25JOD 到死海25JOD 到馬達巴15JOD

南部關口	關口開放時間	離境稅	簽證資訊	交通方式
以色列以撒拉賓口岸 Yitzhak Rabin	週日～四06:30～20:00 週五～六08:00～20:00	以色列 113NIS	免簽	走路20分鐘 可搭公車到Rabin Border Crossing
走路				
約旦阿拉巴谷口岸 Wadi Araba Crossing	週日～四06:30～22:00 週五～六08:00～20:00	條件式免費 (需 待滿3晚)	E-Visa、約旦通、條件式免簽(需待在約旦2晚)	計程車 到佩特拉53JOD 到Wadi Rum沙漠37.5JOD

南部埃及關口	關口開放時間	離境稅	簽證資訊	交通方式
以色列貝金口岸 Menachem Begin Crossing	24小時	以色列 113NIS	免簽	搭#15或#30巴士到埃拉特(Eilat)
走路				
埃及塔巴口岸 Taba Border Passage	24小時	無	埃及400EGP	1.走路到Taba 2.搭乘下午3點巴士到Dahab或 　Sharm el Sheik (45EGP) 3.包計程車到Dahab或Sharm el 　Sheik (250～400EGP)

註：JOD為約旦第納爾，1JOD：45台幣；EGP為埃及鎊，1EGP：0.7台幣。

實用划算的約旦通

約旦政府推出非常划算的「約旦通」(Jordan Pass)，3種價格的套票是70JOD、75JOD、80JOD，包含簽證費(40JOD)及兩週內可參訪40個景點，例如Wadi Rum沙漠、傑拉什羅馬城市遺跡(Jerash)、馬達巴教堂的景點等，包含世界七大奇蹟佩特拉(Petra)的1天、2天、3天門票(價值50～60JOD)。但須符合在約旦待4天3夜的條件否則出境仍須補簽證費。

走約旦南部關口省下簽證與離境費

約旦南部關口提供免費落地簽(價值40JOD)，條件是在約旦住兩晚(若沒達成條件，出境時會被補收簽證費)，若住滿3晚且從南部關口離境，就不用付離境稅(10JOD)(不管住幾晚，從中部和北部關口離開都會徵收離境稅)。

從以色列參團玩約旦或埃及

以色列當地旅行社都有推出從耶路撒冷、特拉維夫、埃拉特出發的約旦一日遊、二日遊、三日遊行程，甚至也去到西奈半島和有金字塔的開羅，可以輕鬆解決通關、交通、語言、食宿等的問題，而且團體通關會比散客通關快，能夠在緊湊的假期中爭取玩樂的時間。

去巴勒斯坦西岸地區

在西岸地區，從以色列管理的西岸地區C區進入到巴勒斯坦權力機構管理的西岸地區A區時，會經過檢查哨(Check point)而不是關口，出入時不需簽證，但需出示護照和藍色入境卡。

▲付離境稅的 Milgam 官網

▲約旦通的 E-VIsa 官網

▲從以色列去約旦的團

▲從以色列去埃及的團

耶路撒冷、死海、拿撒勒、加利利

作　　　者	以色列美角 約阿咪	

總 編 輯	張芳玲
編輯主任	張焙宜
企劃編輯	張焙宜
主責編輯	張焙宜
特約編輯	劉怡靜
修訂編輯	張焙宜
美術設計	許志忠
地圖繪製	許志忠

太雅出版社
TEL：(02)2368-7911　FAX：(02)2368-1531
E-mail：taiya@morningstar.com.tw
太雅網址：http://taiya.morningstar.com.tw
購書網址：http://www.morningstar.com.tw
讀者專線：(02)2367-2044、(02)2367-2047

出 版 者　　太雅出版有限公司
　　　　　　106 台北市大安區辛亥路一段 30 號 9 樓
　　　　　　行政院新聞局局版台業字第五〇〇四號

讀者服務專線：(02)2367-2044 ／ (04)2359-5819 #230
讀者傳真專線：(02)2363-5741 ／ (04)2359-5493
讀者專用信箱：service@morningstar.com.tw
網路書店：http://www.morningstar.com.tw
郵政劃撥：15060393(知己圖書股份有限公司)

法律顧問　　陳思成律師
印　　　刷　　上好印刷股份有限公司　TEL：(04)2315-0280
裝　　　訂　　大和精緻製訂股份有限公司　TEL：(04)2311-0221

初版三刷　　西元 2024 年 05 月 06 日
定　　　價　　599 元

(本書如有破損或缺頁，退換書請寄至：台中市西屯區工業 30 路 1 號　太雅出版倉儲部收)

ISBN 978-986-336-470-2
Published by TAIYA Publishing Co.,Ltd.
Printed in Taiwan

國家圖書館出版品預行編目 (CIP) 資料

以色列：耶路撒冷、死海、拿撒勒、加利利 /
以色列美角—約阿咪 作 .
-- 初版 . -- 臺北市：太雅出版有限公司 , 2023.12
　面；　公分 . --（ 世界主題之旅；144）
ISBN 978-986-336-470-2（ 平裝 ）
1.CST：自助旅行　2.CST：聖地　3.CST：以色列
735.39　　　　　　　　　　　112014246

填線上回函

以色列：
耶路撒冷、死海
拿撒勒、加利利

reurl.cc/2W6Rya